Hans Glinz: Deutsche Grammatik II

Studienbücher
zur Linguistik und Literaturwissenschaft

herausgegeben von

Hans Glinz · Horst Sitta · Klaus Brinker · Josef Klein

Band 3

Hans Glinz

Deutsche Grammatik II

Kasussyntax – Nominalstrukturen – Wortarten – Kasusfremdes

Athenaion

2. verbesserte Auflage

Druck: Offsetdruckerei F. Wolf, Heppenheim

ISBN 3 - 7997 - 0647 - X

Vorwort zur zweiten Auflage

Die Grammatikbände I/II, die hier in neuer Auflage erscheinen (1. Aufl. 1970 bzw. 1971) sollen einführen in die wissenschaftliche Behandlung der deutschen Grammatik von einem operationalen Standpunkt aus. Sie sollen zeigen, wie man die elementaren grammatischen Begriffe (Wortarten, Wortformen, Satzglieder) gewinnt bzw. überprüft durch Anwendung systematischer Operationen auf verschiedene (grundsätzlich beliebige) Texte.

Dabei geht es in erster Linie um die *funktionierenden grammatischen Einheiten, Formklassen und Strukturen* (z. B. beim Verb um den Unterschied zwischen Grundformen und Personalformen, innerhalb der Grundformen um den Unterschied zwischen Infinitiv und Partizip, um den Unterschied von Präsens und Präteritum usw.), und es geht um die *generellen Bedeutungen*, die mit diesen funktionierenden Einheiten, Formklassen und Strukturen fest verbunden sind (z. B. um die Bedeutungsunterschiede zwischen Präsens, Futur, Präteritum, Perfekt, Plusquamperfekt, um die Bedeutungsunterschiede zwischen dem Indikativ und dem Konjunktiv I und II).

Es geht *nicht* um die verschiedene lautliche Darstellung der verschiedenen Einheiten und Formklassen (also z. B. um die verschiedene „Bildung" des Partizips, etwa bei „sehen – *gesehen*", „gehen – *gegangen*", „drehen – *gedreht*", „erkennen – *erkannt*".

Es geht auch zunächst noch *nicht* um die Bedeutungen und ganzen Bedeutungsstrukturen *als solche*, sondern es geht erst um diejenigen Bedeutungen, die fest mit bestimmten Formklassen verbunden sind – soweit das überhaupt der Fall ist (mit so wichtigen Formklassen wie Maskulin-Feminin-Neutrum oder Nominativ-Akkusativ-Dativ-Genitiv sind z. B. *keine* festen Bedeutungen verbunden, diese Formklassen stellen daher meistens reine grammatische Mechanismen dar).

Die beiden Bände behandeln also die *Morphosyntax* des Deutschen (= den Bereich der funktionierenden Einheiten, Formklassen und Strukturen) mit Einbezug einiger Bereiche der *Nomosyntax* (der Bedeutungsstrukturen an sich) dort, wo diese von der Morphosyntax her klar genug faßbar sind – das gilt vor allem für die Aussageweisen und die grammatischen Zeiten beim Verb (Modus und Tempus), für die beiden Passive gegenüber dem Aktiv, für den Plural (bei den Nomen, Pronomen und Adjektiven) gegenüber dem Singular und für den Aufbau der komplexen nominalen Ausdrücke („der X des Y mit dem Z").

Nicht behandelt wird die rein lautliche Darstellung (die Phonomorphie). Diese ist in der bisherigen Arbeit der Grammatiker (nicht nur des Deutschen, sondern so gut wie aller Sprachen) immer am meisten berücksichtigt worden, und es ist daher unökonomisch, hier weitere wissenschaftliche Arbeit zu investieren, solange noch viel wichtigere Bereiche zu wenig durchgearbeitet sind. Wer Orientierung über die rein lautliche Seite der Grammatik sucht, findet sie in allen gängigen Grammatiken, z. B. in der Duden-Grammatik (1. Aufl. 1959, ^{3}1973) oder in der Grammatik von J. Erben (1. Aufl. 1958, ^{11}1972, München).

Für die traditionelle Behandlung der deutschen Grammatik (und z. T. auch für moderne Darstellungen) ist es kennzeichnend, daß man meistens *keine* klare Unterscheidung macht zwischen den bloß lautlichen Erscheinungen (Phonomorphie), den funktionierenden Einheiten, Formklassen und Strukturen (Morphosyntax) und dem Bereich der Bedeutungen an sich (Nomosyntax). So ist z. B. die traditionelle Wortart „Zahlwörter" rein von der Bedeutung her abgegrenzt, die traditionellen Wortarten „Artikel, Demonstrativpronomen, Relativpronomen" werden rein von bestimmten grammatischen Mechanismen her bestimmt, und für die traditionelle Wortart „Adverb" ist eine meistens undurchschaute Mischung von Kriterien maßgeblich. Beim Verb werden oft die Begriffe „starke Konjugation" und „schwache Konjugation" im gleichen Rang gesehen wie die Begriffe von Modus und Tempus, und damit werden Unterscheidungen von sehr verschiedenem systematischem Rang in *einen* Topf geworfen.

Demgegenüber ist die hier gebotene Darstellung darauf angelegt, den *Stellenwert* der verschiedenen Bereiche im Gesamt der Sprachverwendung immer möglichst klar zu zeigen. Diesem Zweck dienen vor allem auch die Analyse-Aufgaben. An Hand dieser Aufgaben kann jeder Benutzer selbst feststellen, wie weit die entwickelten Verfahren und Begriffe allgemein anwendbar sind, welche Sicherheit erreichbar ist und wie häufig oder selten die betreffenden Phänomene sind. Bei den damit verbundenen quantitativen Betrachtungen kommt es nicht auf die genauen Zahlen an, wohl aber auf die Größenordnungen. Ein gewisses Augenmaß für die Häufigkeit bzw. Seltenheit der verschiedenen grammatischen Möglichkeiten dürfte nützlich sein für jeden, der sich wissenschaftlich mit Sprache und Literatur befaßt, und es dürfte unerläßlich sein für jeden, der auf irgendeiner Stufe Sprachunterricht zu erteilen hat.

Das *eigentliche Ziel* jeder Grammatik ist ohne Zweifel erst erreicht, wenn die *Bedeutungsstrukturen* der betreffenden Sprache in genügender Vollständigkeit erfaßt und beschrieben sind, wenn also die *Nomosyntax* der betr. Sprache vollständig bewußt gemacht worden ist. Dieses hohe Ziel ist in den vorliegenden Bänden noch nicht erreicht. Es wird auch erst erreichbar, wenn *zunächst* die Morphosyntax (der Bereich der funktionierenden Einheiten, Formklassen und Strukturen) klar genug ausgearbeitet ist und wenn der *Weg* zu einer Erfassung der Bedeutungen an sich gezeigt ist. So weit sollten die beiden Bände führen. Einen Weg zur Klärung der Verhältnisse im komplexen Satz zeigt der Band III (von W. Boettcher und H. Sitta). Eine ganz knappe Übersicht bietet der Artikel „Deutsche Standardsprache der Gegenwart" im „Lexikon der germanistischen Linguistik", hgg. von Althaus, Henne und Wiegand, 1973, S. 446—454. Eine genauere Darstellung ist in Arbeit und soll im Rahmen des Bandes „Textanalyse und Verstehenstheorie II" erscheinen.

Eine zusammenfassende Darstellung dessen, was der Grammatikunterricht bis zum Abschluß der Orientierungsstufe den Schülern klar machen sollte, findet sich in dem Band „Der Sprachunterricht im 5. Schuljahr", von E. und H. Glinz, Zürich (Sabe) 1975, Seite 44—102.

Aachen, Juli 1975 *Hans Glinz*

Lesehinweise zum vorliegenden Band

Die Tiefe der Behandlung ist gestuft, und zwar aus sachlichen wie aus lerntechnischen Gründen. Das Kapitel über die fallbestimmten Satzglieder konzentriert sich auf die Morphosyntax; Ausblicke auf die Nomosyntax werden nur soweit gegeben, daß klar wird, wie wenig man die Morphosyntax letztlich für sich allein sehen kann. In den folgenden Kapiteln wird nun das Nomosyntaktische, der semantische Wert von Strukturen und schließlich von einzelnen Einheiten immer mehr in den Mittelpunkt gerückt, bis zu umgreifenden semantischen Skizzen auf dem (oft vernachlässigten) Gebiet der Nominalstrukturen und der fallfremden Satzglieder.

Was den Umfang der Analysen und Beweisführungen betrifft, so gilt das gleiche, was schon zu Band I gesagt wurde: es sind grundsätzlich, zur Erzielung möglichst großer Sicherheit, *alle* einschlägigen Beispiele der Probetexte analysiert worden, auch wenn schon nach dem ersten oder zweiten Beispiel ziemlich deutlich zu sehen ist, was sich ergeben wird. Jeder Benutzer, der nicht die ganze Beweisführung kontrollieren und alle Proben „nachrechnen", sondern nur den Ansatz verstehen und die Ergebnisse zur Kenntnis nehmen will, kann daher solche Partien schnell durchblättern, insbesondere auch die petit gedruckten Abschnitte. Zur besseren Übersicht sind wichtige Stellen, vor allem die Definitionen, durch Balken am Rande markiert.

Inhaltsübersicht

Aufgaben zu 16

11 „Aktiv" und „Passiv"; operationale Bestimmung von Subjekt und Objekt (Akkusativobjekt)

11 A 1 Ausgangslage; Rekapitulation von Teil I

Wir haben in Teil I dieser Grammatik (= Band 2 der Reihe) auf Grund minimaler theoretischer Annahmen [Kapitel 1] durch an Texten durchgeführte Proben, die von jedem Benutzer nachzuprüfen sind, zunächst die folgenden Begriffe gewonnen (teils entsprechende Begriffe der traditionellen Grammatik bestätigend, teils sie präzisierend und korrigierend):

— *Satz* (Gesamtsätze — Teilsätze — einfache Sätze) und *Wort* [Kapitel 2].
— *Finitum* (Personalform des Verbs) als besonders ausgezeichnete von den Einheiten, die sich durch Anwendung von Verschiebeproben und Ersatzproben auf einfache Sätze ergeben, sowie *Verb im Infinitiv*, das sich durch Transformation aus dem Finitum ergibt [Kapitel 3].

Die Beobachtungen an der Transformation Finitum — Infinitiv und an den Gefügen dieser beiden gaben Anlaß zu einer Verfeinerung der theoretischen Grundlagen und zur Demonstration eines *Schichtenmodells* der Sprache: die Unterscheidung der *Phonomorphie* (= „bloße Lautung") von der „eigentlichen Sprachstruktur", der geistig-begrifflichen Seite, und innerhalb der geistig-begrifflichen Seite die Unterscheidung von *Nomostruktur* (= „unmittelbar geltende Einheiten, Klassen und Strukturen") und *Morphostruktur* (= „zwar funktionierende, aber nicht unmittelbar geltende Einheiten, Klassen und Strukturen"); die Nomostruktur erwies sich als der Bereich, den man auch „semantisch" nennt.

Nach der Aufstellung dieses Modells gewannen wir durch weitere Operationen folgende Begriffe:

— *F-Endstellung* und *F-Spitzenstellung* (gegenüber der im einfachen Satz gewöhnlich angetroffenen Zweitstellung des Finitums oder *F-Zweitstellung)*; diese Begriffe gehören in die *Morpho*struktur [Kapitel 5];
— *Infinitiv, Partizip I* und *Partizip II* als Formen des Verbs, *Infinitiv, Partizip II* und *Verbzusatz* als *verbale Teile* (in Gefüge mit Finitum stehend, mit besonderer Stellungs- und Ersatzfestig-

keit); auch diese Begriffe gehören in die Morphostruktur [Kapitel 6];
— *Imperativ; Person* und *Zahl* beim Verb [Kapitel 7]; diese Begriffe gehören teils zur Morpho-, teils zur Nomostruktur.

Im Anschluß an die Diskussion von *Person* und *Zahl* und, im Zusammenhang damit, des sprachtheoretischen Begriffs der *Redundanz* wandten wir uns dann zu den Problemen von *Modus* und *Tempus*, als den wichtigsten und schwierigsten verbalen Kategorien. Ausgehend von Ersetzbarkeit und Kombinierbarkeit (einfache Finita, *haben/sein* + Partizip) bestimmten wir die folgenden Begriffe:
— *Indikativ* („ohne besondere Einschränkung")
— *Konjunktiv I* („nur referierend")
— *Konjunktiv II* („nur gedacht, nur denkmöglich").

Dabei zeigte sich ein kompliziertes Ineinander von Morpho- und Nomostruktur.

Ein noch komplizierteres Bild (Zwischenstellung zwischen Modus und Tempus) zeigten die Gefüge *werden* + Infinitiv (die *Futurformen)* und ihre Kombination mit den Konjunktiven und dem Indikativ [Kapitel 9].

Schließlich diskutierten wir zusammenfassend die Kategorien des *Tempus* für das deutsche Verb:
— bei den Konjunktiven das *Präsens* und das *Perfekt*
— beim Indikativ das *Präsens,* das *Perfekt,* das *Präteritum,* das *Plusquamperfekt* [Kapitel 10].

Dabei gewannen wir wichtige Einsichten in die *Fiktionalität* der Darstellung von „Zeit" in der Sprache und die Fiktionalität alles Sprachlichen überhaupt.

Damit haben wir alle Kategorien behandelt, die durch die Formen des einfachen Finitums und durch in ihrer Kombination beschränkte Gefüge *(haben/sein* + Partizip II, *werden* + Infinitiv) signalisiert werden. Es blieben noch unbehandelt: die verbalen Gefüge von *werden* + Partizip II, die mit ihnen strukturell austauschbaren Gefüge von *sein* + Partizip II und die freien Infinitivgefüge *(wollen, können, müssen usw.* + Infinitiv, *versuchen, beginnen, Absicht usw.* + *zu* + Infinitiv).

Wir beginnen nun mit den Gefügen *werden* + Partizip II und den mit ihnen strukturell austauschbaren Gefügen *sein* + Partizip II, wobei wir zugleich auf die beiden ersten Begriffe für nichtverbale Satzglieder stoßen: auf das *Subjekt* und das *Objekt* (Akkusativobjekt).

11 A 2 Die zwei Passive und ihre Tempora

Die Gefüge *werden* + Partizip II und *sein* + Partizip II wurden von der traditionellen Grammatik als *eine* einzige Kategorie bildend aufgefaßt, und es wurden alle Tempora und Modi im Aktiv und im Passiv vorgeführt:

jemand *tut* etwas	etwas *wird getan*
jemand *tat* etwas	etwas *wurde getan*
jemand *hat* etwas *getan*	etwas *ist getan worden*
jemand *hatte* etwas *getan*	etwas *war getan worden*

und die zugehörigen Konjunktive und Futurformen.

Das Gefüge *sein* + Partizip II wurde dann als bloße „Verkürzung" (Ellipse) des *werden*-Gefüges aufgefaßt, also „die Arbeit *ist getan*" als Kurzform für „die Arbeit *ist getan worden*".

Heute ist allgemein anerkannt, was erstmals mit vollständiger Begründung in „Innere Form des Deutschen" 1952 vorgeschlagen wurde: die *sein*-Gefüge, die mit *werden*-Gefügen austauschbar sind, sind nicht einfach als „Verkürzungen" aufzufassen, sondern als eine eigene Art des Passivs. Man ordnet also heute:

jemand *tut* etwas	etwas *wird getan*
jemand *tat* etwas	etwas *wurde getan*
jemand *hat* etwas *getan*	etwas *ist getan worden*
jemand *hatte* etwas *getan*	etwas *war getan worden*
„Aktiv"	„*werden*-Passiv"
	etwas *ist getan*
	etwas *war getan*
	etwas *[ist getan gewesen]*
	etwas *[war getan gewesen]*
	„*sein*-Passiv"

11 A 3 Informationsunterschied zwischen „werden"-Passiv und „sein"-Passiv

Der Informationsunterschied zwischen *werden*- und *sein*-Passiv ist leicht zu greifen. Beim *werden*-Passiv wird der Verbalinhalt als

Handlung präsentiert, ob diese Handlung nun noch im Gang ist oder erst bevorsteht („Er *wird* sogleich massiert; im Augenblick *wird* er noch bestrahlt") oder ob sie schon abgeschlossen ist („Er *wurde* massiert; er *ist* massiert *worden* und *war* schon vorher auch bestrahlt *worden*").

Beim *sein*-Passiv wird dagegen nicht eine Handlung signalisiert, sondern ein *Zustand,* der entweder als das Ergebnis einer voraufgegangenen Handlung („Er *ist* schon *bestrahlt,* er kann sogleich massiert werden") oder als unveränderliche Gegebenheit erscheint („Das Tal *ist* durch einen Hügelzug vor dem Nordwind geschützt.") Demgemäß dient das *sein*-Passiv weniger für den Ausdruck des erst Kommenden; es kann zwar auch dafür benutzt werden („Die Sache *ist* bald *gemacht;* in fünf Minuten *ist* das Loch *gebohrt* = ist die Bohrung zu Ende"), dann muß aber ein besonderes Signal *(„bald", „in fünf Minuten")* eingeführt werden. Ohne ein solches Signal wird das *sein*-Passiv als „schon erfolgt" bzw. als „dauernd geltend" betrachtet, während das *werden*-Passiv ebensowohl als „eben im Gange" wie als „erst bevorstehend" aufgefaßt wird; man vergleiche:

der Prozeß *ist eingeleitet* (schon, seit einiger Zeit)	der Prozeß *wird eingeleitet* (im Augenblick, bald, in einem bestimmten Moment)

Man benützt daher das *sein*-Passiv meist nur im Präsens und Präteritum („... *ist getan, war getan*"), nur mit besonderen stilistischen Wirkungen (Alltagssprache, Mundartnähe) auch im Perfekt und Plusquamperfekt („es *ist getan gewesen, war getan gewesen*").

11 A 4 Von ihrer Form her doppeldeutige Beispiele

In einigen Fällen kann die gleiche Kombination von *sein* + Partizip II einmal als Zustandspassiv, ein anderes Mal als Perfekt Aktiv aufzufassen sein; welche Kategorie vorliegt, zeigt lediglich der jeweilige Kontext bzw. der Redezusammenhang. Man vergleiche:

er *ist gestürzt*	Man hat ihn *gestürzt* und er ist jetzt völlig einflußlos (*ist gestürzt* = *sein*-Passiv)
	er *stürzte* auf der Treppe (*ist gestürzt* = Perfekt Aktiv)

er *ist verzogen*
- A *verzieht* den B (hat ihn verzogen = falsch erzogen) (*ist verzogen* = *sein*-Passiv)
- er verzieht nach A (= verlegt seinen Wohnsitz dorthin) (*ist verzogen* = Perfekt Aktiv)

Weitere Proben zeigen, daß es sich hier um „verschiedene Verben" handelt, genauer: um verschiedene semantische Werte, die von *einem* Wortkörper getragen werden. Wir haben also je *zwei* Einheiten der Nomostruktur auf je *eine* Einheit der Morphostruktur:

stürzen 1: jemanden stürzen, ihn zu Fall bringen
stürzen 2: selber stürzen, den Halt verlieren, fallen

verziehen 1: jemanden verziehen = falsch erziehen
verziehen 2: wegziehen, seinen Wohnsitz verlegen

11 A 5 Informationsunterschied Passiv-Aktiv

Schwerer zu fassen (obwohl auf den ersten Blick leicht erscheinend) ist der Informationsunterschied beider Passive gegenüber dem Aktiv. Zunächst muß man hier die irreführende Vorstellung beseitigen, aus der heraus der unglückliche Schulterminus „Leideform" geschaffen worden ist: daß das Passiv irgendwie mit „Leiden", mit „Inaktivität", und demgegenüber das Aktiv mit „Handeln", „Tätigkeit" zu tun habe. Wie unzutreffend eine solche Deutung ist, zeigt vor allem die Betrachtung des sog. unpersönlichen Passivs: „Es *wird* noch darüber gesprochen" = „man spricht noch darüber"; oder: „man hat intensiv daran gearbeitet, und es *wird* ebenso intensiv daran weitergearbeitet".

Einen ersten Hinweis gewinnt man, wenn man fragt, was als „markierte Form" und was als „demgegenüber neutrale, unmarkierte Form" betrachtet werden soll. Offensichtlich ist es sinnvoll, die beiden Passive als „markierte Formen" zu betrachten, durch deren Gebrauch etwas Besonderes signalisiert wird, während das Aktiv demgegenüber als „unmarkiert" zu betrachten ist.

Der Unterschied liegt nun offensichtlich im Verhältnis des Verbalinhalts (der *Handlung*) zu den daran beteiligten handelnden oder betroffenen *Wesen:*
Der A schlägt (überwindet, betrügt usw.) *den B*
Der B wird (ist) *von A* geschlagen (überwunden, betrogen usw.).

Das führt uns nun dazu, neben dem Verb erstmals auch die nichtverbalen Einheiten im Satz genauer ins Auge zu fassen: zunächst das *Subjekt* und das bei der Transformation zum Subjekt werdende *Objekt*.

11 A 6 Besonderes Gewicht der Passivtransformation für die generative Transformationsgrammatik

Werden- und *sein*-Passiv kommen nicht sehr häufig vor; im geschriebenen Deutsch der Gegenwart macht das *werden*-Passiv nur etwa 5%, das sein-Passiv sogar nur etwa 2% aller finiten Formen bzw. Verbalgefüge aus. Trotz dieser geringen Häufigkeit der Passive spielt die Aktiv-Passiv-Relation in der Transformationsgrammatik eine besondere Rolle (Chomsky, Hartung, Bach, Katz/Postal u. a.).

Immer wieder haben die Transformationsgrammatiker gerade die Aktiv-Passiv-Transformation für die Vorzüge ihres transformationellen Modells angeführt. Der Grund dafür ist in dem klar faßbaren Kasus- und Positionswechsel von nicht-verbalen Einheiten bei der Transformation zu sehen (und zwar: Objekt → Subjekt; Subjekt → Präpositionalphrase mit „von" oder „durch").

11 A 7 Der Begriff des Subjekts; verschiedene Operationen für die Identifikation

Beim *Subjekt* handelt es sich um eine uralte Kategorie der Grammatik (die allerdings sorgfältig von der *logischen* Kategorie zu unterscheiden ist).

Das „grammatische Subjekt" ist tatsächlich diejenige nichtverbale Einheit, die am leichtesten und am sichersten zu bestimmen ist. Wir haben dafür folgende Operationen:

a) *Transformation* des Verbs aus der finiten Form in den Infinitiv; sozusagen alle andern nichtverbalen Einheiten kommen nämlich auch in Infinitivkomplexen vor, das Subjekt nicht:
morgen *will* er mit neuer Kraft dieses Problem *anpacken*
morgen mit neuer Kraft dieses Problem *anpacken wollen // er*

b) *Ersatz* der Singularform des Finitums durch die Pluralform oder umgekehrt; Subjekt = Einheit, die sich mit ändert:
morgen *könnte er* (einer) diese Analyse anfangen
morgen *könnten sie* (mehrere) diese Analyse anfangen

(zum grammatischen Vorwissen: wir benutzen dabei unser schon überprüftes Wissen, daß das Finitum im Singular oder Plural stehen kann, und wir setzen einen entsprechenden Unterschied für die nichtverbalen Einheiten wie „er/einer — sie/mehrere“ voraus);

c) *fester Nominativ* (Ersatzprobe: Ersatz durch „er, dieser“, nicht durch „ihn“, „diesen“);
(zum grammatischen Vorwissen: wir vermuten schon, daß die *vier Kasus* des Deutschen eine zutreffende Kategorialisierung sind, und wir benutzen daher hier neben den vom Kasus unabhängigen Proben a und b auch schon Ersatzproben mit den Wörtern, die diese Kasus am deutlichsten zeigen, nämlich „er, einer, der x — ihn, einen, den x“); die genaue Behandlung erfolgt in Kapitel 12;

d) bei passivfähigen Verben: Entsprechung der Einheit *„der X“* im Aktiv und der Einheit *„von X“*, *„durch X“* im Passiv, ebenso die Entsprechung der Einheit *„den X“* im Aktiv und der Einheit *„der X“* im zugehörigen Passiv.

Es kann auffallen, daß hier der *Kasus* (fester Nominativ) erst als drittes Kriterium genannt ist. Tatsächlich ist es frappant, daß sich die Begriffe „Subjekt“ und „Objekt“ auch für die Transformationsgrammatik, die alles vom Englischen her sieht, aufdrängen (wenn sie auch nicht im einzelnen begründet, sondern von vornherein benutzt werden) — dabei kann man im Englischen gar nicht von „Fällen“ reden. Tatsächlich ergibt sich vom Passiv wie von der Umwandlung in die infinite Form aus ein guter Zugriff auf die Kategorie „Subjekt“, so daß die (nachher unerläßliche) Hilfs-Annahme, die Kasus seien funktionierende Signale des Deutschen (mit der in „Innere Form des Deutschen“ 1952 allein gearbeitet wurde), entsprechend mehr gestützt wird.

Schwierigkeiten bei der eindeutigen Bestimmung von Subjekten können z. B. in folgenden Fällen auftreten:

— bei den sog. Gleichsetzungssätzen („Die Schriften Kants sind wichtige Werke. Oder sind sie das etwa nicht! Das sind sie doch auf jeden Fall“. — „Dort kommen drei Männer. Es sind Kaufleute“.).
— bei den sog. Impersonalien („Es regnet, schneit“ usw.)
— bei bestimmten festen Wendungen („Es gibt ..., es handelt sich ...“). Für die Lösung ist auf Kapitel 12 zu verweisen (S. 50 und 55).

11 A 8 Der Begriff „Objekt" (Akkusativobjekt)

Der Begriff *Objekt* umfaßt in der hier gewählten Herleitung zunächst nur diejenige nichtverbale Einheit in einem Satz mit passivfähigem Verb, die bei Transformation ins Passiv zum Subjekt wird:

Dort sah der A *den B*	Dort wurde von A *der B* gesehen
fand	gefunden
versteckte	versteckt
usw.	usw.

Ersatzproben zeigen aber, daß diese Fassung des Begriffs wenig praktisch ist, weil man dann nicht selten trennen muß, was offensichtlich kategorial kaum trennbar ist:

A begrüßte *seinen Freund*	*Objekt,* weil Passiv möglich: „sein Freund wurde von ihm begrüßt"
A hatte *einen Freund*	*nicht Objekt,* weil unmöglich „ein Freund wurde von A gehabt"
A schätzte *den B sehr*	*Objekt* „der B wurde von A sehr geschätzt"
A kannte *den X* seit langem	*Objekt?* „Der X wurde seit langem von A gekannt?"
er hatte *den X* letztes Jahr kennengelernt	*nicht Objekt,* weil unmöglich „der X war letztes Jahr von ihm kennengelernt worden".

Offenbar hat es wenig Sinn, den Begriff Objekt *nur* an die Austauschbarkeit mit Subjekt bei passivfähigen Verben zu binden — so wie auch der Begriff „Subjekt" nicht an diese Austauschfähigkeit gebunden ist. Wir definieren daher „Objekt" von der *Festigkeit des Kasus* her und sagen: als Objekt betrachten wir *diejenige nichtverbale Einheit, die im Akkusativ steht und nur durch einen Akkusativ ersetzbar ist.* Wir machen dabei also die Annahme, daß die Kasus funktionierende Signale in der deutschen Syntax sind. Für die Durchführung dieses Vorgehens auch für alle andern fallbestimmten Satzglieder vgl. Kapitel 12.

11 A 9 Objekt und Adverbialakkusativ

Durch die Probe auf die Fallfestigkeit unterscheidet sich sofort:

Er erwartete *diesen Abend* voll Ungeduld
ihn
diese Zeit
sie
sein Eintreffen
es

also: *Objekt*

Er wartete *diesen Abend* voll Ungeduld
diesmal
heute
an diesem Abend
(aber nicht: ihn)

also: *nicht Objekt*

Wo die Passivprobe möglich ist, ergibt sich das gleiche:
Dieser Abend war von ihm voll Ungeduld erwartet worden
(Umwandlung in Subjekt)
Diesen Abend war voll Ungeduld gewartet worden
(Akkusativ bleibt).

Wir sprechen in einem solchen Fall, wo der Akkusativ *nicht* ersatzfest ist und Ersatz durch „ihn, sie, es" ausgeschlossen ist, von einem *Adverbialakkusativ*.

Objekt und Adverbialakkusativ können auch im gleichen Satz auftreten:

Er schleppte	*den schweren Koffer*	*den ganzen Weg*
	ihn	auf dem ganzen Weg
		sehr weit
	Objekt	Adverbialakkusativ

Der Ersatz durch „ihn" ist für die Einheit „den ganzen Weg" hier ausgeschlossen.

11 A 10 Genauere Fassung des Informationsunterschiedes Aktiv-Passiv

Nach der Begriffsbestimmung von Subjekt und Objekt kehren wir nochmals zum Informationsunterschied zwischen dem Aktiv und den zwei Passiven zurück.

Der Kern des Unterschieds liegt offenbar darin, daß in den Passiven die Handlung als „an anderer Stelle ansetzend" gesehen wird (oder vorsichtiger formuliert: „Primär an anderer Stelle angeknüpft"). Das ist nur eine inhaltliche Interpretation der Tatsache, daß beim Passiv eine andere nichtverbale Einheit zum Subjekt wird als beim Aktiv.

Wesentlich ist nun gerade auch die Möglichkeit, das Subjekt des Aktivsatzes (oft „Agens" genannt), *gar nicht* zu nennen, sei es, daß man es nicht nennen *will* oder gar nicht nennen *kann.*

Daher rührt die semantische Ähnlichkeit des sog. unpersönlichen Passivs und des aktiven Ausdrucks mit „man":

Es wird oft behauptet, ... *Man hört oft* die Behauptung, ...

Von solchen Erwägungen ausgehend, hat Weisgerber das Passiv überhaupt als die „täterabgewandte" bzw. „täterfreie" Aussageform des Verbs betrachtet wissen wollen (vgl. Die vier Stufen in der Erforschung der Sprachen, 1963, S. 233 f.). Das muß aber insofern eingeschränkt werden, als de facto der Agens oft genannt wird, sogar beim *sein*-Passiv (Belege bei Brinker, Das Passiv im heutigen Deutsch, 1971, S. 85 ff.), und das implizite Vorhandensein eines Agens, ob genannt oder ungenannt, gerade das Wesentliche des Passivs ausmacht, ganz besonders des *werden*-Passivs.

11 A 11 Restgruppen; auf wenige Verben beschränkte Gefüge

Neben den Passiven, die für die Mehrzahl aller deutschen Verben möglich sind, gibt es noch einige Gefüge von Finitum + Partizip II, die auf kleine Verbgruppen beschränkt sind. Zu nennen sind die Typen:

a) Das Geschäft *bleibt* heute *geschlossen*
b) Es *steht* im Gesetz *geschrieben*
c) Er *kommt gelaufen*
d) Er *bekommt* das Buch von uns *geschenkt*
e) So einer *gehört bestraft*

Typ a und b können als Varianten des *sein*-Passivs betrachtet werden, bei denen zwecks intensiverer Wirkung das „ist" durch „bleibt" bzw.

„steht" ersetzt ist (Beleg: Transformation „es *steht* geschrieben — es *ist* geschrieben")

Typ b ist semantisch eng beschränkt, nämlich auf „graphische Festlegung von Sprachlichem":

„Es steht geschrieben — es steht gedruckt in der Zeitung — es steht doch dick aufgemalt auf dem Plakat." Dagegen würde man kaum sagen: *„Auf dem Bild steht folgende Szene gemalt . . ."*

Typ a ist semantisch offener: *Wir bleiben vereinigt — das bleibt verboten;* das „bleibt" dient als intensiveres, die Dauer betonendes Äquivalent zum „ist" des *sein*-Passivs.

Bei Typ c ist jedes Partizip eines Bewegungsverbs einsetzbar: „Er kommt *gelaufen — gerannt — geflogen — gehüpft — getrudelt" usw.* Nächstliegender Ersatz ist oft eine nichtverbale Einheit: *„Er kommt in schnellem Lauf, mit großen Schritten".* Vom Standpunkt einer „Sprachlogik" aus würde man hier eher ein Partizip I erwarten, wie „er kommt *hüpfend* daher"; als formale (aber kaum gebräuchliche) Transformation (Auflösung in zwei Verben) läßt sich bilden: „Er kommt, *indem er läuft"*, „er kommt *und läuft dabei".*

Typ d und noch mehr Typ e wirken umgangssprachlich. Als nächstliegender Ersatz erscheint oft ein nichtverbaler Ausdruck:

„Er *bekommt* das Buch von uns *geschenkt*
zum Geschenk."

„So einer *gehört bestraft* — so einem gehört *Strafe"* (mit Umwandlung des Subjekts in Dativobjekt; zum Begriff „Dativobjekt" siehe 12 A 12, S. 57—58).

Wenn man vor allem auf das Verhältnis von Subjekt und Agens achtet, kann man Typ e als Variante zum Passiv stellen:

So einer — *gehört bestraft*
— *muß bestraft werden,* sollte *bestraft werden*

Typ d steht in der Mitte. Wenn man vor allem auf die Agensangabe achtet („von jemandem ...") kann man es zum Passiv stellen, weil auch dort die Agensangabe in gleicher Form erfolgt:

Er *bekommt* das Buch *von seinem Vater geschenkt*
Das Buch *wird* ihm *von seinem Vater geschenkt*

Wenn man aber vor allem auf das Objekt achtet, müßte man den Typ zum Aktiv stellen, denn das Objekt bleibt Objekt:

Er bekommt *den Betrag* gutgeschrieben
Man hat ihm *den Betrag* gutgeschrieben
Man wird ihm *den Betrag* gutschreiben.

Insgesamt dürften diese Typen bei weitem nicht so wichtig sein, wie man sie im Rahmen der Diskussion um die Passive gelegentlich aus Gründen der Systemkonformität genommen hat.

11 A 12 „sein" + Partizip II und „sein" + nichtverbale Einheit (Adjektiv)

Schließlich ist noch darauf hinzuweisen, daß bei der Bestimmung von Gefügen mit *sein* + Partizip II gelegentlich Schwierigkeiten auftreten können. Hier muß der Grundsatz gelten: Als *sein*-Passiv können nur *die* Gefüge mit *sein* + Partizip betrachtet werden, die eine Transformation ins *werden*-Passiv oder ins Aktiv zulassen. Man vergleiche z. B. die folgenden Sätze:
„Der Artikel *ist gefragt*" — „danach *ist* nicht *gefragt*".

Der erste Satz zeigt kein *sein*-Passiv, da die folgenden Transformationen nicht möglich sind: „Der Artikel *ist* gefragt *worden*", „Man *hat* den Artikel gefragt"; das „gefragt" ist als Adjektiv zu betrachten (vgl. dazu Kap. 15 und 16).

Anders ist es dagegen in dem Satz „danach *ist* jetzt nicht gefragt". Hier liegt *sein*-Passiv vor, da folgende Transformationen möglich sind: „Danach *ist* jetzt *gefragt worden*"; „danach *hat* man (hat einer, haben einige) jetzt *gefragt*".

Entsprechend sind verschieden zu beurteilen:
Der Mensch *ist* noch nicht *verloren*" (kein sein-Passiv, sondern *sein* + Adjektiv), aber: „Die Bücher, die Aufzeichnungen *sind verloren*" (= *sein*-Passiv; man *hat* sie verloren, sie *wurden verloren*, von jemand).

Weitere Einzelheiten (vor allem auch Häufigkeitsangaben) zum Aktiv-Passiv-Bereich finden sich in der Monographie von K. Brinker: „Das Passiv im heutigen Deutsch, Form und Funktion", 1971 („Heutiges Deutsch", Bd. I/2).

Aufgaben zu 11

11 B 1 Verschiedene Linguisten und Sprachpolitiker über das Passiv

Diskutieren Sie die folgenden Ausführungen über Aktiv und Passiv.

11 B 1.1 K. Vossler 1925

Die Hauptsache bleibt, daß das Passivum als Leideform anerkannt wird (S. 404)

. . ., wenn ich sage: „Er hat nicht geheiratet, er ist geheiratet worden; er ist gegangen worden; er ist besiegt worden . . .?" Kann man wirklich behaupten, daß der arme Mensch, dem dies alles widerfuhr, etwa nicht gelitten habe am Heiraten, am Gehen, am Siegen, daß er willenlos, ruhig und zuständlich unbewegt dabei gewesen sei, wie das Kornfeld, in das der Hagel fährt? Ich möchte für wahrscheinlicher halten, daß er ein wenig mitgeheiratet hat, aber ungern, daß er die Beine bei seinem Gegangenwerden geregt hat, aber ungern, daß er sogar ein bißchen gesiegt hat, aber unvollkommen, halb und halb, wie die meisten Besiegten.

Ein anderer Fall. Mein Begleiter, auf belebter Straße neben mir hergehend, sagt zu mir: „Sie werden gegrüßt; warum danken Sie nicht?" Das heißt doch wohl: ich werde gemeint, ich bin betroffen von einem Gruß, und dies ist, wenn ich es auch nicht sofort empfinde, ein Leiden (S. 402).

Karl Vossler, Das Passivum, eine Form des Leidens oder des Zustandes? In: Die neueren Sprachen, Zeitschrift für den Unterricht, Bd. 33, 1925, Heft 6, S. 401—407

11 B 1.2 Wustmann 1955

Grundsätzlich sei für den Gebrauch der Leideform bemerkt, daß sie den deutschen Stil beschwert, zumindest bei häufiger Anwendung. Die Leideform ist nun einmal bei uns keine Urform, sondern eine zusammengesetzte Wortgruppe. Das in Hilfsstellung befindliche „werden", das gleichwohl durch seine Beugsamkeit zum Hauptzeitwort wird, zusammen mit dem oft weitgetrennten Mittelwort machen den Satz unweigerlich schwerfällig. Natürlich läßt sich nun nicht jeder Leideformsatz ohne Umstände in einen Tatformsatz verwandeln. „Rom ist nicht an einem Tag erbaut worden" oder: „Es ist angeordnet, daß dieser Tag schulfrei bleibt" führen ihre Form zu Recht. Aber wo es angeht, zumal da, wo die Leideform durch *von* oder *durch* näher bestimmt wird, ersetzen wir sie durch die Tatform und schreiben nicht: Durch die Satzung kann vorgeschrieben werden, sondern einfach: Die Satzung schreibt vor; nicht: Wenn der Antrag vom gesetzlichen Vertreter oder mit dessen Zustimmung gestellt wird, sondern: Wenn der gesetzliche Vertreter den Antrag stellt oder ihm zustimmt. Nur die Tatform des Satzes stellt den Handelnden klar und bestimmt in den Vordergrund; in der Leideform erscheint die Person nicht als handelnd, sondern nur als Veranlasser eines Vorgangs. In den „Fingerzeigen für die Gesetzes- und Amtssprache" (Heliand-Verlag 1951) weisen die Verfasser darauf hin, daß die Leideform den Handelnden sogar gelegentlich zweifelhaft macht. „Das darf von dem Fahrdienstleiter nicht verlangt werden", bedeutet entweder: er darf es nicht verlangen oder: niemand darf es von ihm verlangen!

Ja die Verbannung der Leideform wird geradezu ein Hauptmittel zu bewußter Stilpflege. Der Klageruf eines Sprachpflegers (Dr. Rosenthal in Lübeck) besteht zu vollem Recht: „Überall wird etwas getan, nur ganz wenige Menschen tun etwas. Wohin man blickt, überall sprechen die Menschen im Passivum: es wird bekanntgegeben, eine Verfügung wird aufgehoben, Leute werden gesucht, morgen wird Extemporale geschrieben oder ein Ausflug gemacht, durch Gottes Güte wurde uns ein Sohn beschert. So muß selbst der liebe Gott aus seinem Regimente weichen. Unterstreiche einmal rot in einem Zeitungsblatt alle passiven Formen, und du wirst erstaunen, wie rot es da brandet. Es ist nämlich so außerordentlich bequem, sich mit seiner eigenen Person zu drücken und dadurch die Verantwortung von sich abzuwälzen. Das häufige Passivum im Schreiben und Reden trägt den Makel der Energielosigkeit und des vorzeitigen Alters auf seiner Stirn. Es gehört schon ein Teil Mut dazu, sich selber als Subjekt zu bekennen und damit die Verantwortung zu tragen. Darum verrät das Aktivum Jugend und Energie. Also fasse den wahrhaft männlichen Entschluß: schreibe nie mehr ein Passivum!"

Wustmann, Sprachdummheiten, [13]1955, S. 78—80
(Der Abschnitt findet sich nicht in der Originalausgabe von 1891, sondern ist erst nach 1928 eingefügt worden)

11 B 1.3 M. Regula 1951

Die bei der gedanklich-sprachlichen Analyse des Bewußtseinsinhalts bestehenden Darstellungsmöglichkeiten der pragmatischen Komponente spiegeln sich in den Genera verbi, welche die Verhaltungsweise des Subjekts zur Handlung kennzeichnen.
Man unterscheidet:

I. die Tätigkeitsform, das Aktivum, bei dem das Subjekt als Urheber (Vollführer oder Träger) der Handlung dargestellt wird.

II. die Leideform, das Passivum, bei dem an dem Subjekt eine Handlung von einem genannten oder zum mindesten gedanklich erfaßbaren Urheber vollführt wird. Das Richtungsverhältnis zwischen Ausgangs- und Zielpunkt (Urheber und Erleider) ist umgedreht. So ist das Passiv die Reziprokform des Aktivs. Aus diesem Wechsel des aktiven und passiven Subjekts erklärt sich die Tatsache, daß nur Verba mit einem Akkusativobjekt — mit Ausnahme von „haben", das überhaupt kein Passiv zuläßt — ein vollständiges Passiv bilden können, während bei den andersbezüglichen und unbezüglichen Verben nur ein unpersönliches oder überhaupt kein Passiv möglich ist.

Moritz Regula, Grundlegung und Grundprobleme der Syntax, 1951, S. 115/119

11 B 1.4 L. Weisgerber 1963

Aktiv — Passiv, das ist also hier verbale Forderung nach einem aufweisbaren ‚Täter', dort Belassen (oder Zurückversetzen) des Agens, des ‚tatsächlichen' Trägers, unter den anders geordneten Komponenten eines Geschehens, das man nicht auf einen dafür Verantwortlichen zurückführen will. Es handelt sich tatsächlich um zwei geistige Verfahrensweisen, die aller Aufmerksamkeit wert sind. Kann man die erstere zur Not mit *aktiv* fassen, wenn man darunter eine täterbezogene Sehweise versteht, so sollte man für das in falsche Richtung weisende *passiv* eine angemessenere Kennzeichnung suchen; sie müßte etwas von der täterfreien, täterfernen Sicht aussagen, die für die passivischen Verfahrensweisen wesentlich ist, wenn sie auch bei der Grundstruktur des indogermanischen Verbs nie voll erreichbar ist. Die täterabgewandte Diathese bleibt eine Reaktion gegen die vorherrschende täterbezogene; daher auch die Vielfalt der Ansätze, die sich gewiß aus der gemeinsamen Opposition inhaltlich zusammenfinden, aber nicht die dauerhafte Geschlossenheit des aktiven Formensystems erreichen.

L. Weisgerber, Die täterabgewandte Diathese, in: Die vier Stufen in der Erforschung der Sprachen, 1963, S. 248

11 B 2 Aktiv und Passive in einem modernen Sachtext; Proben auf gegenseitige Vertretbarkeit

Bestimmen Sie im folgenden Text alle Passive. Bestimmen Sie auch alle nicht im Passiv stehenden Verbgefüge und einfachen Verben, stellen Sie den zahlenmäßigen Anteil der Passive fest.

Versuchen Sie jeweils das werden-Passiv durch ein sein-Passiv zu ersetzen, und umgekehrt, und beurteilen Sie, wie weit das möglich ist und welche Informationsänderungen ggf. dadurch eintreten.

Versuchen Sie auch die aktiven Verbgefüge und einfachen Verben durch Passiv zu ersetzen und beurteilen Sie die Stärke der Veränderungen, die dadurch eintreten.

Niemand wird die Richtigkeit der Forderung nach größtmöglicher Anschaulichkeit im Unterricht bezweifeln. Jeder, der unterrichtet wurde oder der unterrichtet hat, weiß aus Erfahrung, daß der Unterricht am fruchtbarsten ist, bei dem die Anschauung am stärksten berücksichtigt wird. Es ist heute keine Unterrichtslehre im Gebrauch, in der nicht die Notwendigkeit der Anschauung eingehend erörtert wird. Diese Begründungen stützen sich fast durchweg auf Unterrichtserfahrungen und sind einleuchtend. Auch wir selber können an uns immer wieder feststellen, daß die anschaulichsten Darlegungen von uns am leichtesten verstanden und am besten behalten werden.

Sucht man nun aber nach einer möglichst exakten empirischen Bestätigung für die Zweckmäßigkeit der Anschauung im Unterricht, so wird man kaum eine Untersuchung hierüber finden. Selbst in der sehr umfangreichen Literatur der amerikanischen Lern- und Erziehungspsychologie, z. B. in den bekannten eingehenden Veröffentlichungen von Boring, Langfeld und Wold (1), Davis (2), Gates, Jersild McConnel und Challman (5), McGeoch (6), Munn (8), Pressey und Robinson (9), Thorndike und Gates (11) sowie in den psychologischen Zeitschriften sind keine Arbeiten aufzufinden, die eine empirisch begründete Antwort auf die Frage nach der Auswirkung der Veranschaulichung auf das Lernen geben.

Die Unterlassung solcher Untersuchungen liegt vielleicht darin begründet, daß man empirische Arbeiten über die Zweckmäßigkeit der Anschauung im Unterricht für überflüssig hält, da ja, so könnte man argumentieren, die große Bedeutung der Veranschaulichung durch die Unterrichtserfahrung hinreichend erwiesen ist.

Heinrich Düker und Reinhard Tausch, Über die Wirkung der Veranschaulichung von Unterrichtsstoffen auf das Behalten, in: Pädagogische Psychologie, hrsg. v. Franz Weinert, 1970, S. 201

11 B 3 Subjekte, Objekte und Adverbialakkusative

Bestimmen Sie alle Subjekte, alle Objekte und alle Adverbialakkusative in den drei folgenden Stücken von Brecht:

Gerechtigkeitsgefühl

Herrn K.s Gastgeber hatten einen Hund, und eines Tages kam dieser mit allen Anzeichen des Schuldgefühls angekrochen. „Er hat etwas angestellt, reden Sie sofort streng und traurig mit ihm", riet Herr K. „Aber ich weiß doch nicht, was er angestellt hat", wehrte sich der Gastgeber. „Das kann der Hund nicht wissen", sagte Herr K. dringlich. „Zeigen Sie schnell Ihre betroffene Mißbilligung, sonst leidet sein Gerechtigkeitsgefühl".

Über Freundlichkeit

Herr K. schätzte Freundlichkeit sehr. Er sagte: „Jemanden unterhalten, wenn auch freundlich, jemanden nicht nach seinen Möglichkeiten beurteilen, zu jemandem nur freundlich sein, wenn auch er zu einem freundlich ist, jemanden kalt betrachten, wenn er heiß, heiß betrachten, wenn er kalt ist, das ist nicht freundlich".

Warten

Herr K. wartete auf etwas einen Tag, dann eine Woche, dann noch einen Monat. Am Schlusse sagt er: „Einen Monat hätte ich ganz gut warten können, aber nicht diesen Tag und diese Woche".

B. Brecht, Gesammelte Werke in acht Bänden, Bd. 5, 1967, S. 396 und 399

12 Die verschiebbaren fallbestimmten Einheiten überhaupt; „fallbestimmte Satzglieder"

12 A 1 Vorbemerkung; Material; „unmittelbare Textelemente"

An der Stelle, die wir erreicht haben, bieten sich nun zwei Wege der weiteren Analyse an: wir können uns den freien Infinitivgefügen zuwenden (*will/kann/muß* usw. + Infinitiv, *versucht, beginnt, hat die Absicht* + *zu* + Infinitiv), oder wir können die Untersuchung der nichtverbalen Einheiten fortsetzen, die wir mit den Begriffen „Subjekt" und „Objekt" schon begonnen haben. Wir wählen den zweiten Weg und verschieben die weitere Behandlung der freien Infinitivgefüge auf unseren Teil III, wo diese Möglichkeiten als Übergang vom einfachen zum komplexen Satz gut hineinpassen.

Bei der Untersuchung der nichtverbalen Einheiten achten wir zuerst auf die *Fälle*. Wir sind im vorigen Kapitel schon auf die Vermutung geführt worden, daß bei den nichtverbalen Einheiten der Fall eine wichtige Rolle spielt und daß die Beobachtung der vier Fälle (Nominativ, Akkusativ, Dativ, Genitiv) und ihrer Ersetzbarkeit oder Nichtersetzbarkeit einen guten Ansatzpunkt für die Behandlung aller nichtverbalen Einheiten bietet. Wir führen daher nun genauere Analysen durch, um zu prüfen, ob sich unsere Vermutung bestätigt. Dabei arbeiten wir vor allem mit streng strukturgebundenen Ersatzproben, und wir bewegen uns, mindestens zunächst, wieder ganz im Bereich der Morphosyntax. Wir wählen als Materialgrundlage ein geschlossenes Textstück. Da die fallbestimmten Satzglieder eine sehr große „Wiederholungsdichte" zeigen, können wir uns zunächst mit dem folgenden, recht kurzen Stück begnügen (das sich auch thematisch mit Fragen der Sprachanalyse befaßt):

Hier jedoch interessiert uns nicht die Frage, auf welchen Wegen seit Hamann, Herder, Wilhelm von Humboldt die Sprache mehr und mehr in das Blickfeld der deutschen Philosophie vorgerückt ist oder in welcher Weise die seit Frege, Russell, Wittgenstein neu aufblühende Logik die Sprachanalyse im angelsächsischen Raum vorbereitet hat, also auch nicht die historische Frage, inwiefern Sprachkritik als Parole gegenwärtiger Philosophie gelten kann. Auch nicht darum geht es hier, die Sprache für einen hervorragenden Gegenstand der Philosophie zu erklären. Zwar ist und bleibt die Sprache Gegenstand zahlreicher Wissenschaften und auch der Philosophie, etwa der philosophischen Anthropologie. Damit sie das aber sein kann, damit es überhaupt vernünftige Erforschung von Gegenständen geben kann, müssen wir „immer schon" sprechen. Die Sprache ist, mit Kant zu reden, „Bedingung der Möglichkeit" jeglicher Wissenschaft und Philosophie. Sofern die Kantische Vernunftkritik als Untersuchung der Möglichkeit jeglicher Erkenntnis „Transzendentalphilosophie" hieß, ließe sich also sagen, daß die Sprachkritik das Erbe der Kantischen Transzendentalphilosophie anzutreten hat. Zwar kann die „Sprach-Philosophie" (Sprach-Anthropologie) die Sprache auch zum Gegenstande haben, ähnlich wie die Rechts-Philosophie, die Religions-Philosophie, die Natur-Philosophie, die Existenz-Philosophie sich jeweils mit ihrem Sachbereich befassen. Logische Propädeutik als Sprachkritik aber ist wie allen Wissenschaften, so auch allen solchen Bindestrich-Philosophien vorgeordnet.

Wilhelm Kamlah/Paul Lorenzen, Logische Propädeutik, 1967, S. 14—15

Diesen Text schreiben wir nun so, daß nach Möglichkeit jede Untereinheit, die auf einem eigenen Verb ruht, auch auf einer eigenen Zeile erscheint, ggf. auch (wenn nämlich eine solche Einheit von einer andern unterbrochen wird) auf zwei oder mehr Zeilen. Wir arbeiten also nicht mehr mit dem Begriff „Teilsatz"; dieser Begriff ist zu wenig genau, wir haben ihn bisher erst von der Klangprobe her bestimmen können. Dazu kommt, daß der Terminus „Teilsatz" leicht eine gliedmäßige Vollständigkeit suggeriert („eigenes Subjekt"); einen solchen Vorgriff aber wollen wir mit Bedacht vermeiden. Daher führen wir für die Einheiten, die im folgenden je auf einer Zeile erscheinen, den Hilfsbegriff „unmittelbares Textelement" ein.

Wir markieren nun überall die verbalen Teile (VF = Finitum, VJ = Infinitform, VJz = Infinitform mit Verbzusatz). Dann grenzen wir die nichtverbalen Einheiten ab und markieren diejenigen, die (gemäß unserem Vorwissen aus der traditionellen Grammatik) einen *Fall* enthalten.

Anmerkung zur 2. Auflage (1975)

Es hat sich in der seitherigen Arbeit gezeigt, daß man gut ohne den hier für die Darstellung benutzten Hilfsbegriff „unmittelbares Textelement" auskommt und sofort mit dem Begriff „verbale Proposition" arbeiten kann: eine verbale Proposition ist das Stück Text, das auf einer und nur einer verbalen Wortkette beruht, unabhängig davon, ob es unmittelbar zusammenhängt oder durch eine andere Proposition unterbrochen ist, vgl. „Textanalyse und Verstehenstheorie I", S. 53—60 sowie E. und H. Glinz, „Der Sprachunterricht im 5. Schuljahr" (Sabe) Zürich 1975, S. 58—72 und 90—97. Die Schlüssigkeit des im vorliegenden Kapitel durchgeführten Analysegangs wird durch diese Vereinfachung nicht berührt.

12 A 2 Text in unmittelbaren Textelementen mit Markierung der für sich verschiebbaren fallbestimmten Einheiten

1.1

VF

Hier jedoch *interessiert* uns nicht die Frage, . . .

Proben zur Abgrenzung: „*Hier* interessiert *uns jedoch* . . .", „*Uns* interessiert *jedoch hier* . . .", „*Die Frage* interessiert *uns jedoch* hier *nicht*"; die Einheiten „*hier*" und „*jedoch*" sind offensichtlich hier zu *einer* Einheit zusammengefaßt; allgemein zeigt sich, daß viele fallfremde Einheiten nicht so eindeutig abgrenzbar sind wie die meisten fallbestimmten Einheiten; im Zweifelsfall entscheiden wir uns für das Ansetzen der *kleinsten* möglichen Einheiten, so daß wir z. B. „*nicht*" als eigene Einheit betrachten und es nicht zu „*nicht die Frage*" zusammennehmen. Für generelle Aussagen über die Relativität aller Verschiebeproben und ihre Ergänzung und ggf. Korrektur durch strukturgebundene Ersatzproben vgl. unten S. 38—39 und S. 143—44.

1.2

. . . , auf welchen Wegen seit Hamann, Herder, Humboldt die Sprache mehr und mehr in das Blickfeld der deutschen Philosophie

VJz VF

vorgerückt ist . . .

Probe: „*auf welchen Wegen* ist *seit Hamann, Herder, Humboldt die Sprache vorgerückt in das Blickfeld der deutschen Philosophie?*" „*Die Sprache* ist *seit* . . ."

1.3

. . . oder in welcher Weise die seit Frege, Russell, Wittgenstein neu aufblühende Logik die Sprachanalyse im angelsächsischen Raum

VJ VF

verbreitet hat, . . .

Probe: „*in welcher Weise* hat *die seit Frege, Russell, Wittgenstein aufblühende Logik im angelsächsischen Raum die Sprachanalyse* verbreitet?"

1.4

. . . , also auch nicht die historische Frage, . . .

in der Probe ist zu ergänzen: „(*uns* interessiert) *also auch nicht die historische Frage*" — „*die historische Frage* interessiert *uns also auch nicht*"

1.5

. . . ., inwiefern Sprachkritik als Parole gegenwärtiger Philosophie
VJ VF
gelten kann.

Probe: „*Sprachkritik* kann (nur) insofern *als Parole gegenwärtiger Philosophie gelten*

2.1

VF
Auch nicht darum *geht* es hier, . . .

Probe: „*es* geht hier auch nicht darum", . . .

2.2

. . ., die Sprache für einen hervorragenden Gegenstand der Philosophie
VJ
zu erklären.

Probe: „*die Sprache* erklärt man heute *für einen hervorragenden Gegenstand der Philosophie*"

3.1

Zwar *ist* und *bleibt* die Sprache
Gegenstand zahlreicher Wissenschaften und auch der Philosophie, . . .

Der Ausdruck „*und auch der Philosophie*" muß noch zur Einheit „*Gegenstand zahlreicher Wissenschaften*" gerechnet werden, denn eine Probe „*Gegenstand zahlreicher Wissenschaften ist sie und auch der Philosophie*" wird wohl kaum anerkannt; wenn es allerdings hieße „*Gegenstand zahlreicher Wissenschaften, auch der Philosophie*", so müßte man mit „*auch*" ein neues Textelement ansetzen, das dann als „Nachtrag zu einem Teil der letzten Einheit des vorhergehenden Textelements" zu bestimmen wäre; der Fall tritt gleich ein bei Textelement 3.2

3.2

. . ., etwa der philosophischen Anthropologie.

zum Einbezug von *„etwa"*: Das *„etwa"* läßt sich auch nachstellen (*„der philosophischen Anthropologie etwa"*), aber es läßt sich nicht abtrennen.

4.1

VJ VF
Damit sie das aber *sein kann*, . . .

Probe: *das* kann *sie* aber nur sein, . . .

4.2

. . ., damit es überhaupt vernünftige Erforschung von Gegenständen
VJ VF
geben kann, . . .

Probe: die Umstellung „damit *es von Gegenständen* überhaupt *eine vernünftige Erforschung* geben kann" ändert die Information, wenn auch nicht sehr stark.

4.3

VF VJ
. . ., *müssen* wir „immer schon" *sprechen*.

Zur Trennung von *„wir"* und *„immer schon"*: *„wir* müssen immer schon davon sprechen".

5.1

VF
Die Sprache *ist*, . . .

5.2

VJ
. . ., mit Kant zu *reden*, . . .

Das VJ ist hier nicht verbaler Teil zu *„ist"*, denn man kann umformen in *„um mit Kant zu reden"*; es liegt aber nicht ein finaler Infinitiv vor, sondern ein „Ausdruck der Redesituierung", als ganzes ersetzbar durch *„wenn wir mit Kant reden wollen"*, *„mit Kants Worten"*; die Behandlung solcher Ausdrücke wird erst später zureichend möglich (Teil III), hier nur dieser Hinweis als Vorgriff.

5.3

. . ., ‚Bedingung der Möglichkeit' jeglicher Wissenschaft und Philosophie.

6.1

Sofern die Kantische Vernunftkritik

als Untersuchung der Möglichkeit jeglicher Erkenntnis

VF

„Transzendentalphilosophie“ *hieß, . . .*

Probe: *„Als Untersuchung der Möglichkeit jeglicher Erkenntnis* hieß *die Kantische Kritik* (berechtigterweise) *Transzendentalphilosophie*

6.2

VF VJ

. . ., *ließe* sich also *sagen, . . .*

Proben: „So daß *sich* sagen ließe, . . .“; die Kennzeichnung des „sich“ als fallbestimmte Einheit gemäß den Umformungen „das läßt *sich* als das bezeichnen — ich lasse *mich* als das und das bezeichnen“

6.3

. . ., daß die Sprachkritik das Erbe der Kantischen Transzendental-

VJ VF

philosophie *anzutreten hat.*

7.1

VF

Zwar *kann* die „Sprach-Philosophie“ (Sprach-Anthropologie) die Sprache

VJ

auch zum Gegenstande *haben, . . .*

Der Ausdruck in der Klammer kann durch *„oder“* mit dem vorhergehenden verbunden werden; man kann aber auch grundsätzlich alle Klammerausdrücke als eigene Textelemente abgrenzen — es ist eine Sache der Vereinbarung; für die Abgrenzung des *„auch“*: „die Sprache selbst zum Gegenstand haben, das kann sie *auch*“; die Probe ist etwas hart, doch halten wir uns hier an die Regel, im Zweifelsfall die kleineren Einheiten anzusetzen.

7.2

. . ., ähnlich wie die Rechts-Philosophie, die Religions-Philosophie,

die Natur-Philosophie, die Existenz-Philosophie sich jeweils

VF

mit ihrem Sachbereich *befassen.*

Begründung für die Zusammenfassung der vier „Bindestrich-Philosophien“ zu *einer* nichtverbalen Einheit: man kann *„und“* oder

„oder" einfügen; es liegt nicht Nachtrag vor, das folgende ist nicht Kommentar zum Vorhergehenden, sondern alles wird summiert.

8.1

VF

Logische Propädeutik als Sprachkritik aber *ist*, ...

„als Sprachkritik" könnte auch als eigene Einheit gefaßt werden, gemäß der Umformung *„Logische Propädeutik* ist *als Sprachkritik* aber auch, ..."; für die Zusammengehörigkeit spricht aber das Einnehmen des ersten Platzes, vor dem VF; für eingehenderen Kommentar zu dieser Stelle vgl. S. 78.

8.2

..., wie allen Wissenschaften, ...

Probe: „wie *sie* allen Wissenschaften *vorgeordnet ist"*

8.3

VJ

..., so auch allen solchen Bindestrich-Philosophien *vorgeordnet.*

12 A 3 Die Bestimmung des Falls durch Ersatzprobe; „Gesamtfallwert" einer Einheit; der Terminus „Satzglied"

Wir bestimmen nun die Fälle, und zwar nicht durch irgendwelche Fragen (wie in der Schule alten Stils: *„Wer oder was* sieht hier *wen oder was"*), sondern durch Ersatzproben mit den deutlichen Formen *„der x—den x—dem x—des x"* oder *„Er—ihn—ihm—dessen" usw.*

Dabei fällt zunächst auf, daß wir in manchen Einheiten zwei oder drei verschiedene Fälle finden:

„die Untersuchung der Möglichkeit jeglicher Erkenntnis":

Nominativ Genitiv Genitiv

„die seit Frege, Russell, Wittgenstein neu aufblühende Logik":

Dativ

No- . . . . -minativ

Gegenproben zeigen, daß praktisch alle vier Fälle in *einer* nichtverbalen Einheit beisammen sein können: *„die durch die Proteste bei der Aufführung des Stückes ‚Der Stellvertreter' entstandene Lage"* (*„die Lage"* = Nom. oder Akk., *„die Proteste"* = Akk., *„der*

Aufführung" = Dat., *„des Stückes"* = Gen., *„Der Stellvertreter"* = Nom.).

Für die grammatische Beziehung der ganzen Einheit zum Verb (und zum Satz als Ganzem) ist aber nur *ein* Fall relevant, gewissermaßen der *„umgreifende"* oder „dominierende" oder „Gesamtfallwert". Er ist leicht durch Ersatzproben festzustellen.

die (durch . . . entstandene) Lage *führte dazu*
der (durch . . . entstandene) *Zustand führte dazu*
also: *Nominativ* (nämlich Subjekt);

die (durch . . . entstandene) Lage *führt man darauf zurück . . .*
den (durch . . . entstandenen) *Zustand*
also: *Akkusativ* (nämlich Objekt).

Zur Vereinfachung der Sprechweise benutzen wir von jetzt an für die in diesem Kapitel zu untersuchenden fallbestimmten Einheiten den geläufigen, allerdings in der älteren deutschen Schulgrammatik etwas anders verstandenen Terminus *„Satzglied"*. Zuerst fassen wir nochmals zusammen, was wir als *Begriff* bisher gewonnen haben; es gibt in den Sätzen *fallbestimmte Einheiten*, die sich *nur geschlossen verschieben lassen* und die einen (oft von der Zugehörigkeit zu einem Verb bedingten) *dominierenden Fallwert* oder *Gesamtfallwert* haben; als solche Einheiten haben wir bisher erkannt: das *Subjekt* (Gesamtfallwert: Nominativ) und das *Objekt* (Gesamtfallwert: Akkusativ); wir können auch den gleichfalls schon definierten *Adverbialakkusativ* einbeziehen; er hat den „Gesamtfallwert Null". Nun gibt es offensichtlich noch weitere Einheiten dieser Gesamt-Klasse, und Subjekt und Objekt erweisen sich nur als die häufigsten und wichtigsten, aber keineswegs die einzigen Einheiten, die hier einzubeziehen sind.

Wir diskutieren nun alle diese Einheiten, wobei wir nochmals mit Subjekt und Objekt beginnen und dann die weiteren anzutreffenden Einheiten eine nach der andern definieren. Dabei dient uns die Verschiebeprobe (auf S. 33—37 durchgeführt) als Ausgangspunkt, und auf ihre Resultate wenden wir die Ersatzprobe an. Zur Vermeidung von Mißverständnissen scheinen aber noch folgende Anmerkungen erforderlich:

1. Nicht jede Einheit, die wir im folgenden auf Grund kombinierter Proben (Verschiebbarkeit *und* begrenzte Ersetzbarkeit) als fallbestimmtes Satzglied erweisen, kann für sich allein den ersten Platz bei F-Zweitstellung einnehmen (Restriktionen z. B. bei „sich").

2. Bei Beispielen wie „Er hatte *keine Angst — Angst* hatte er *keine*" nehmen wir „*keine Angst*" trotz der möglichen Trennung als *ein* Satzglied zusammen, und zwar weil ausgeschlossen ist „*keine* hatte er *Angst*" und weil sich bei der Annahme, es seien hier *zwei* Satzglieder anzusetzen, gravierende Widersprüche mit den Befunden der Ersatzprobe und mit der großen Masse der Befunde der Verschiebeprobe ergäben. Das gilt auch für Beispiele wie „Äpfel sah ich schöne (aber keine schönen Birnen)" usw.

3. Insgesamt betrachten wir grundsätzlich nicht eine einzige Operation als beweiskräftig, sondern nur eine Kombination von mindestens zwei, oft auch mehr Operationen, und wir beziehen auch die Häufigkeit oder Seltenheit des Vorkommens als nicht zu unterschätzenden Hinweis ein. Es ist also insbesondere *nicht* so, daß wir *zuerst* auf Grund der Verschiebeprobe *allein* die „Satzglieder" bestimmen und dann auf Grund der Ersatzprobe die genauere Kategorialisierung vornehmen (wie das für den Anfänger-Unterricht aus didaktischen Gründen durchaus sinnvoll ist, vgl. „Deutscher Sprachspiegel", Band 1 für Gymnasien, S. 107); wir gehen überhaupt nicht von einem *generellen Begriff* „Satzglied" aus, sondern wir *benutzen* den Begriff „fallbestimmte Satzglieder" als Sammelbegriff für alle mit spezielleren Operations-Kombinationen gewonnenen Einheiten der Gesamtklasse „fallbestimmte nichtverbale Wortgruppen, die in der weitaus überwiegenden Zahl der Fälle nur geschlossen verschiebbar sind". Für eine besonders auffällige Korrektur des Befundes der Verschiebeprobe auf Grund der anderen Proben vgl. S. 143 bis 144. Für die Übertragbarkeit des Satzgliedbegriffs auf den Bereich der fallfremden Ausdrücke vgl. unten S. 213—14 und 226.

Exkurs zur Geschichte des Terminus: Der Terminus „Satzglied" geht wohl zurück auf die Bezeichnung „membre de phrase", die der französische Grammatiker Gabriel Girard in seinem epochemachenden Buch „Les vrais principes de la langue française" von 1747 einführte, um die unmittelbaren Bestandstücke des Satzes zu unterscheiden von den Wortarten und Wortformen, durch die sie dargestellt werden. Girards Arbeit hatte sehr großen Einfluß, nicht nur in Frankreich, sondern auch in Deutschland, und so wurden als deutsche Lehnübersetzungen die Ausdrücke „Satzglied" und „Satzteil" geschaffen und weithin nebeneinander gebraucht. Weisgerber versuchte nachzuweisen, daß die Existenz zweier verschiedener Namen auch auf die Existenz einer begrifflichen Verschiedenheit führe, und er unterschied die drei Stufen „Satzstücke — Satzteile — Satzglieder", wobei er unter „Satzteilen" die traditionellen fünf Satzglieder, unter „Satzgliedern" eine feinere, erst aufzudeckende

Einteilung verstand (vgl. z. B. „Die vier Stufen in der Erforschung der Sprachen", 1963, S. 80 oben, 80 Mitte, 84 Mitte). Gelegentlich wurde (und wird) der Terminus auch dahin überdeutet, daß man annahm, jedem *Satzglied* müsse ein *Gliedsatz* gegenüberstehen, und umgekehrt. Trotz all dieser Belastungen dürfte aber „Satzglied" der beste kurze Terminus sein, den wir finden für die hier zu behandelnde Gesamtklasse „selbständig und (mit wenigen Ausnahmen) nur geschlossen verschiebbare nichtverbale Einheiten, die oft in sich strukturiert sind und sich teils auf die verbalen Teile insgesamt, teils auf einzelne verbale Teile in einem Satz beziehen".

12 A 4 Phonomorphie, Operationen und Semantisches bei der Identifikation von Subjekt und Objekt

Wir diskutieren nun die fallbestimmten Satzglieder im einzelnen. Dabei fangen wir wieder mit dem uns schon bekannten Subjekt und Objekt an, und wir prüfen, wie weit sich auch diese beiden rein vom Kasus aus bestimmen lassen — auch wenn sich das als recht umständlich erweist. Dazu sei noch einmal betont, daß es sich in diesem Kapitel erst um die Satzglieder als ganze handelt, d. h. um ihre Gesamtfallwerte. Das Problem der „eingefügten Fälle" (attributive Kasus, Unterglieder von Satzgliedern) behandeln wir in Kapitel 13.

Im Textelement 1.1. finden wir als fallbestimmte Satzglieder die beiden Einheiten *„uns"* und *„die Frage"*. Wenn wir nur auf die Phonomorphie achten wollten, könnten wir *„uns"* als Akkusativ oder Dativ und *„die Frage"* als Akkusativ oder Nominativ auffassen. Klare Auskunft über den *hier* anzusetzenden Wert gibt erst die Ersatzprobe, bei der das Verb identisch bleibt:

uns ... interessiert hier ...	*die Frage*
den Forscher	*der* Fragenkomplex
ihn	*er*
fester Akkusativ Objekt	fester Nominativ Subjekt

Man sieht leicht: die Erkenntnis, was in diesem Teilsatz als Subjekt und was als Objekt verstanden werden soll, ist auf dem Wege über die Kasus nur mit einigem Aufwand zu gewinnen, und unter Umständen überhaupt nicht („weil hier die Forschung die Frage interessiert ..."). Noch weniger ist die *Stellung* maßgeblich (das

Subjekt steht hier hinter dem Objekt). Maßgeblich ist offenbar in erster Linie der *semantische* Zusammenhang, und dieser wird *operational* meist am besten faßbar, wenn man den dem Satz zugrundeliegenden infiniten Ausdruck herauslöst, d. h. den Satz in den Infinitiv transformiert (Infinitprobe).

Dadurch ergibt sich eine verbale Wortkette, und was *in* dieser Wortkette stehen bleibt, ist *nicht* Subjekt:

uns interessiert die Frage
→ uns interessieren // die Frage

die Forschung interessiert das Problem
→ die Forschung interessieren // das Problem.

Dabei ist es oft vorteilhaft, speziellere Ausdrücke durch allgemeinere zu ersetzen („uns" durch „jemanden"), so daß man schließlich zu allgemeinen verbalen Wortketten („Semantemen") kommt wie: „jemanden interessieren // jemand-etwas".

Eine Passivtransformation (in deren Zusammenhang wir zum ersten Mal auf den Begriff „Subjekt" gestoßen sind) ist hier kaum möglich.

Dagegen führt eine Pluralprobe (Kongruenzprobe) sofort zur Identifikation:

uns interessier*t* die Frag*e*	uns interessier*en* die Frag*en*
mich interessier*t* die Frag*e*	mich interessier*en* die Frag*en*

Das Satzglied *„die Frage"* muß also in Bezug auf Singular-Plural mit dem Finitum übereinstimmen — diese Übereinstimmung nennt man in der Grammatik seit alters *„Kongruenz"*, und sie besteht allgemein zwischen Finitum und Subjekt. Zwischen Finitum und Objekt ist dagegen keine solche Kongruenz erforderlich (obwohl sie bestehen *kann:* „A ißt einen Apfel — A und B essen Äpfel").

12 A 5 Subjekt und Präpositionalkasus; der Begriff „Präposition"

In Textelement 1.2 finden wir vier fallbestimmte Satzglieder:

Auf welchen Wegen ist seit Hamann, Herder, Wilhelm von Humboldt die Sprache in das Blickfeld der deutschen Philosophie vorgerückt

Wir bestimmen zunächst die Fälle:

auf *welchen Wegen* → auf *welchem Weg*	*auf* + Dativ
seit *H., H., W. v. H.* → seit *diesen Männern*	*seit* + Dativ
die Sprache → *der Gegenstand „Sprache"*	Nominativ
in *das Blickfeld* → in *den Gesichtskreis*	*in* + Akkusativ

Der Nominativ *„die Sprache"* ist das Subjekt. Die Identifikation erfolgt am schnellsten über die Pluralprobe („die Sprache *ist* vorgerückt — die Sprach*probleme sind* vorgerückt").

Bei der Infinitprobe fällt neben dem Subjekt zunächst auch das Satzglied mit *„seit ..."* heraus (*„auf bestimmten Wegen in das Blickfeld vorrücken"); doch* läßt es sich auch einbeziehen (*„seit dieser Zeit mehr und mehr auf verschiedenen Wegen in das Blickfeld der Philosophie vorrücken//die Sprache"*).

Im praktischen Verstehen dürfte allerdings zur Identifikation des Subjekts keines der drei Verfahren angewendet werden (Fallbestimmung, Pluralprobe, Infinitprobe), die wir hier zwecks wissenschaftlicher Kontrolle und Akribie vorgeführt haben, sondern es dürfte etwa so gehen: man sucht ein Subjekt zu *„vorrücken"*, und da hierzu weder das Satzglied mit *„auf"* noch das mit *„seit"* noch das mit *„in"* tauglich erscheinen, bleibt nur *„die Sprache"* übrig.

Doch müssen wir nun diese drei Satzglieder genauer untersuchen. Wir führen Ersatzproben durch, und zwar für jedes der drei Satzglieder gesondert, aber mit dem gleichen Verb:

1.2.1 *auf bestimmten Wegen* vorrücken
über bestimmte Wege
darauf

Der Fall ist abhängig von dem Wort *„auf"* oder *„über"*. Das fallbestimmte Satzglied als Ganzes ist durch fallfremden Ausdruck ersetzbar (hat also den Gesamtfallwert Null), wobei allerdings die Information erheblich undeutlicher wird.

Eine Kombination des Wortes *„auf"* mit *Akkusativ* ist auch möglich, und zwar beim gleichen Verb, aber mit deutlich anderem Informationswert:

auf bestimmt*en* Weg*en* vorrücken *auf* + Dativ	*wo* rückt man vor? (welche Wege *geht man dabei?)*
auf bestimmt*e* Weg*e* vorrücken *auf* + Akkusativ	*wohin* rückt man vor? (welche Wege *erreicht man dadurch?)*

1.2.2 *seit Hamann, Herder, Humboldt* vorgerückt sein
seit jenen Männern
seit dem Wirken jener Männer
seither
seitdem
unterdessen
schon lange

Das fallbestimmte Satzglied als Ganzes ist ersetzbar durch fallfremden Ausdruck. Der Dativ ist fest, offensichtlich bedingt durch das *„seit"*.

1.2.3 *in das Blickfeld* vorrücken
in den Gesichtskreis
dorthin

Der Akkusativ ist fest, solange man das Wort *„in"* beibehält. Wählt man (mit etwas Informationsänderung) z. B. das Wort *„zu"*, so tritt Dativ ein: *„zum* Blickfeld vorrücken". Dativ nach *„in"* ist grundsätzlich ebenfalls möglich, doch ändert sich dann die Information in sehr klarer Weise:

in das Blickfeld vorrücken *in* + Akkusativ	das Blickfeld wird erst durch das Vorrücken erreicht; es ist das Ziel des Vorrückens
im Blickfeld vorrücken *in* + Dativ	man befindet sich bereits im Blickfeld und rückt nur darin an einen weiteren Punkt vor

Es ist die gleiche Informationsverschiedenheit, die wir im fallbestimmten Satzglied 1.2.1 schon für *auf* + Akkusativ oder Dativ konstatiert haben. Das Satzglied als ganzes ist auch hier durch fallfremden Ausdruck *(„dorthin")* ersetzbar.

Schon die drei Beispiele dieses einzigen Satzes gestatten eine ziemlich weitgehende Verallgemeinerung, die sich durch beliebige Gegenproben stützen läßt:

a) In Satzgliedern dieses Typs ist der Fall *nicht vom Verb aus* bedingt, sondern *von einem fallfremden Wort im Satzglied selber.* Der „Gesamtfallwert" ist daher gleich Null — in klarer Verschiedenheit von Subjekt und Objekt. Wir sind auf den Begriff „Präposition, Präpositionalkasus" der traditionellen Grammatik gestoßen. Diesen Begriff können wir gut gebrauchen, wenn wir ihn in einem wichtigen Punkt berichtigen: die Qualität „Präposition" haftet *nicht* am Wort als solchem, sondern gilt nur, wenn das Wort eine bestimmte *Funktion im Satzglied* übernimmt. So kommt das Wort *„auf"* auch als Verbzusatz vor („er stand *auf*"). Das Wort *„seit"* dient auch als subordinierende Konjunktion, wie *„daß"*, *„wenn"* (*„seit* man das erkannt hat"). Das Wort *„in"* kann nur als Präposition dienen. Hier könnte man also nicht nur von einer „Funktion im Satzglied", sondern von einer „Wortart" sprechen. Eine Gegenprobe bestätigt aber, daß es nur wenige Wörter gibt, die *nur* als Präpositionen dienen („in", *„neben"*, ggf. *„gegen"*, *„von"*, *„zwischen"*).

Die meisten als Präpositionen benutzten Wörter können auch anders gebraucht werden (*„auf"*, *„mit"*, *„unter"*, *„über"* usw. auch als Verbzusätze, *„um"*, *„ohne"* und *„zu"* auch als Verbindungsteile für Infinitive, *„gemäß"*, *„entsprechend"* auch als Adjektive usw.). Wir definieren also „Präposition" folgendermaßen: Als *Präposition bezeichnen wir ein an sich fallfremdes Wort, wenn es in einem Satzglied mit einem bestimmten Fall verbunden ist, so daß der Gesamtfallwert des Satzgliedes gleich Null wird.*

Dabei kann die Präposition vor oder hinter dem fallbestimmten Teil des Satzgliedes stehen (*„nach* meiner Information", „meiner Information *nach"*). Man muß sich also hüten, aus dem Namen *„Prä-position"* auf *Voran*stellung zu schließen — darum ist auch der deutsche Schulterminus „Vorwort" denkbar ungeeignet.

b) Die meisten Präpositionen verbinden sich nur mit einem bestimmten Fall (*„für diesen* Komplex, *mit diesem* Komplex, *wegen dieses* Komplexes").

Bei einigen Präpositionen konstatieren wir den Gebrauch verschiedener Fälle, ohne daß ein Informationsunterschied faßbar wird: trotz *des* Regens — trotz *dem Regen; dem* Weg entlang — *den* Weg entlang — entlang *des Weges.*

Z. T. handelt es sich dabei um unterschiedlichen Gebrauch in verschiedenen Gegenden des deutschen Sprachgebiets, z. T. auch in verschiedener Sprachhöhe und Stilschicht. Für Einzelnachweise vgl. Duden-Grammatik, [3]1973, Ziff. 821—843 (Seite 331—336).

c) Für eine kleine, aber wichtige Gruppe von Präpositionen (*„in"*, *„an"*, *„auf"* usw.) gilt die zusätzliche Regularität, daß sie in sonst genau gleicher Konstruktion mit genau gleichen oder mit semantisch sich entsprechenden Wörtern *sowohl* mit Akkusativ *wie* mit Dativ auftreten können, und zwar so, daß in der Regel ein fester

Informationsunterschied faßbar wird: „Das Auto rollte auf *die* Fahrbahn — Das Auto rollte auf *der* Fahrbahn". Die Verbindung mit dem *Akkusativ* signalisiert dann eine Bewegung *auf etwas hin;* der im Akkusativ genannte Ort oder Raum wird erst durch die im Verb genannte Bewegung erreicht. Die Verbindung mit dem *Dativ* signalisiert demgegenüber ein Vorhandensein oder eine Bewegung *in einem Bereich drin;* der im Dativ genannte Raum wird als schon erreicht betrachtet, nicht erst als zu erreichen, und wenn dann im Verb noch eine Bewegung dargestellt wird, so bleibt sie innerhalb dieses Raumes.

Dieser Unterschied ist oft recht wichtig, und er wird nicht selten für besondere stilistische Wirkungen ausgenutzt. Er kann aber gelegentlich für die Information unerheblich werden und nur noch eine Nuance der Präsentation darstellen — eine Nuance, die für den einen Sprachteilhaber wirksam ist (in seinem Idiolekt vorhanden ist), für den andern Sprachteilhaber dagegen nicht: Die Sonne versank *im Meer* — die Sonne versank *ins Meer.*

d) Noch kompliziertere Zwischenstufen von „informationswichtig" und „für die Information irrelevant" finden sich dort, wo zwar Präpositionen nach c) vorliegen, aber nicht bei gleichem oder semantisch entsprechendem Verb die Konstruktion mit Akkusativ *und* Dativ, sondern nur eines von beiden:

in *ein Geheul ausbrechen*	(nicht: in einem Geheul sein)
unter *diesen* Umständen verzichten	(nicht: unter diese Umstände geraten)
an *einer* Arbeit sein	(hierzu: an eine Arbeit gehen)
über *ein* Problem nachdenken	*(daneben* aber, *nicht* in Opposition: über einem Problem brüten, schwitzen)

Hier öffnet sich das weite Feld von Werten an sich semantischer Natur, die aber nicht für alle Sprachteilhaber gleich sind und gleich sein müssen, sondern von einem Sprachteilhaber, von einem Idiolekt zum andern verschieden sein können, *ohne* daß dadurch das Verstehen beeinträchtigt wird. So kann der eine Sprachteilhaber bei *„in ein* Geheul ausbrechen" durchaus eine Richtungsvorstellung haben, wie bei *„in einen* Zustand *geraten"* gegenüber *„in einem* Zustand *sein";* ein anderer Sprachteilhaber kann aber den gleichen Ausdruck *„in ein Geheul* ausbrechen" genau so als feste Wendung verstehen wie *„zu Tränen* gerührt werden", und er kann in beiden ein Richtungsmoment empfinden (aus dem Verb heraus) oder nicht empfinden, obwohl *„in"* mit Akkusativ, *„zu"* mit Dativ verbunden ist.

Wir können das Problem des „Idiosemantischen" oder „Subsemantischen" gegenüber dem „Nomosemantischen" (dem für alle Sprachteilhaber Verbindlichen) hier nur eben berühren, noch nicht ausdiskutieren. Es scheint aber nötig, das Problem zu zeigen, damit man hier keine falschen Vereinfachungen vornimmt, weder in der einen noch in der andern Richtung. Vor allem muß man auch sehen, daß es sich gar nicht um eine „Semantik der Präpositionen" an und für sich handelt, sondern um die Funktion von Präposition und Fall als „Teilträger" des semantischen Wertes einer ganzen verbalen Wortkette.

So ist der Gesamtbefund zur morphosyntaktischen Struktur „Präposition + Kasus" recht kompliziert; die Verschiedenheit des Falles ist z. T. *nur* morphosyntaktisch, ohne jede semantische Relevanz („ohne *den A,* aber mit *dem B"),* sie ist z. T. einwandfrei von (oft großer) semantischer Relevanz („auf *die* Fahrbahn rollen — auf *der* Fahrbahn rollen") und sie bietet z. T. bloße Möglichkeiten semantischer Beachtung und Ausdeutung, wobei diese Möglichkeiten vom einen Sprachteilhaber in bestimmtem Sinn ausgenutzt werden, vom andern anders oder gar nicht.

12 A 6 Subjekt, Objekt und Präpositionalkasus

In Textelement 1.3 finden wir vier fallbestimmte Satzglieder:

In welcher Weise hat die neu aufblühende Logik die Sprachanalyse im angelsächsischen Raum verbreitet?

Die Präpositionalkasus sind leicht zu bestimmen:

in welcher Weise	*im angelsächsischen* Raum
in welchem Grade	*dort*
wie	*in* + Dativ
in + Dativ	

Nun stehen noch zwei Satzglieder zur Wahl, die als Subjekt und Objekt in Frage kommen: *„die Logik"* und *„die Sprachanalyse"*. Die Phonomorphie gibt (was wir schon gewohnt sind) keine Auskunft, denn beide Satzglieder können ihrer Phonomorphie nach sowohl Nominativ wie Akkusativ sein. Auch Infinitprobe und Pluralprobe hängen offenbar davon ab (besser: sie machen deutlich), wie man das im Satz Gemeinte *sachlich* nachzuvollziehen vermag: „Was hat was verbreitet, die Logik die Sprachanalyse oder die Sprachanalyse die Logik?"

Antwort: Die Logik blühte zuerst auf, sie zog die Sprachanalyse nach sich. Wenn wir das wissen, können wir nun auch in der Reihenfolge der Satzglieder ein stützendes Indiz finden und sagen, daß das zuerst Kommende, nämlich „die Logik" Subjekt sein dürfte, und das nachher Kommende, nämlich „die Sprachanalyse" Objekt. In einem Satz mit F-Zweitstellung wäre aber auch diese Reihenfolge der Satzglieder nicht aussagekräftig, denn der Satz kann durchaus lauten: „Die Sprachanalyse hatte schon die Logik verbreitet (nicht erst der Strukturalismus)". Wir sehen einmal mehr, wie sehr die *schnelle Identifikation des Subjekts und des Objekts* aus den dafür in Frage kommenden fallbestimmten Satzgliedern *von der semantischen Gesamtauffassung* gesteuert wird und *wie wenig dazu die Signale der Morphosyntax beitragen* (Kasus, Stellung), vor allem weil die Phonomorphie der Kasus so undeutlich ist. Trotzdem wird die Korrektheit dieser Signale vom durchschnittlichen Sprachteilhaber sehr hoch bewertet; wer Morphosyntax und Phonomorphie vernachlässigt oder nicht beherrscht, der wird zwar meist trotzdem verstanden, aber als „falsch sprechend" eingestuft.

12 A 7 Fortführungen, Nachträge

Das Textelement 1.4 („also auch nicht die historische Frage") stellt ein neues Problem: es ist offenbar ein eigenes Textelement (Kommasetzung, die durch eine Klangprobe als relevant bestätigt wird), aber wir finden weder Finitum noch infinite Teile, auf die sich doch sonst die fallbestimmten Satzglieder beziehen. Offensichtlich muß der Leser, wenn er richtig verstehen will, zurückgreifen auf ein früheres Textelement, in welchem ein vergleichbares Satzglied im Zusammenhang mit einem Verb vorkam.

Das gesuchte frühere Textelement ist hier 1.1: „Hier jedoch *interessiert* uns nicht *die Frage*"; wir müssen also als Leser über die Textelemente 1.3 und 1.2 zurückgreifen, diese beiden Textelemente als bloße erläuternde Einschaltungen zu *„Frage"* begreifen (obwohl sie in sich „vollständige Sätze" sind), und wir müssen nun das Element 1.4 unmittelbar mit dem Verb des Elements 1.1 in Verbindung bringen. In 1.1 ist *„die Frage"* Subjekt, und demgemäß verstehen wir nun auch das Satzglied *„die historische Frage"* als ein weiteres Subjekt zu *„uns interessieren"*. Wäre *„Frage"* in 1.1 als Objekt einbezogen, so müßte das auch für *„historische Frage"* in 1.4 gelten: „Wir *behandeln* hier nicht *die Frage,* auf welchen Wegen ... und in welcher Weise ..., also auch nicht *die historische Frage ...*" Das läßt sich beweisen durch Ersatzproben: „Wir *behandeln* hier nicht *den Fragenkomplex,* auf welchen Wegen ... oder in welcher Weise ..., also auch nicht *den historischen Fragenkomplex ...*" oder: „*Es geht* hier nicht um die Behandlung *des Fragenkomplexes,* ... auf welchen Wegen ... oder in welcher Weise ..., also auch nicht *des historischen Fragenkomplexes ...*"

Wir stellen also fest: *zu einem beliebigen schon gesetzten Satzglied kann ein weiteres in gleicher syntaktischer Funktion in einem neuen Textelement oder als neues Textelement hinzugesetzt werden.* Das weitere Satzglied wird dann morphosyntaktisch gleich gekennzeichnet (hat den gleichen Kasus) wie das schon gesetzte Satzglied, auf das es beim Verstehen zu beziehen ist. Wir sprechen hier von *„Fortführung"*.

Die syntaktische Struktur „Fortführung" gibt aber *keine Auskunft* darüber, ob der als solche Fortführung gesetzte Ausdruck als etwas sachlich *Neues, Anderes* zu verstehen ist oder als eine weitere Kennzeichnung des sachlich *schon im ersten Satzglied Intendierten:*
„Wir behandeln die Frage, ob ... und wie ... *(dazu) die Frage ...*"
„Wir behandeln die Frage, ob ... und wie ..., *(also) eine sehr wichtige Frage.*"

Da diese Unterscheidung für das genaue Verstehen eines Textes unter Umständen recht wichtig ist, empfiehlt es sich, schon in der Elementargrammatik in der Schule unterscheiden zu lassen, ob *„weiteres Subjekt* zu ..." (Objekt zu ... usw.) vorliegt oder ob *„Nachtrag zum Subjekt* ..." („zum Objekt" usw.) vorliegt. Man muß sich aber klar sein, daß diese Unterscheidung *nicht zur Morphosyntax* gehört, sondern zur *Nomosyntax,* obwohl sie u. U. durch zusätzliche morphosyntaktische Signale verdeutlich wird (*„eine* ..." gegenüber *„die* ..." o. ä.).

In dieser Möglichkeit des Hinzusetzens und Nachtragens ist auch eine Schwierigkeit begründet, der man bei der Abgrenzung der unmittelbaren Textelemente (also einer ganz praktischen Frage) immer wieder begegnet: liegt glatte Addition vor, nur ohne *„und"*, und sind daher u. U. viele gleichartige, durch Komma getrennte Satzglieder zu *einem* Textelement zusammenzunehmen, oder liegt Zusatz und Nachtrag vor, und ist daher ein neues Textelement anzusetzen? Eine ideale Lösung ist kaum möglich; Konventionen für eine befriedigende praktische Lösung werden später gegeben, doch soll schon hier auf das Problem hingewiesen sein.

12 A 8 Satzglieder, die durch „als" oder „wie" zugeordnet sind

Das nächste Textelement — das letzte des Gesamtsatzes 1 — lautet: „... inwiefern Sprachkritik als Parole gegenwärtiger Philosophie gelten kann."

Die Fälle sind undeutlich, Nominativ und Akkusativ von der Phonomorphie her in gleicher Weise möglich. Die Infinitprobe ergibt *„als Parole gelten können"*; das Satzglied *„Sprachkritik"* wird dadurch als Subjekt erwiesen. Daß „Sprachkritik" Nominativ ist, läßt sich durch Ersatzprobe zeigen: „inwiefern *der sprachkritische Ansatz* als Parole gelten kann". Auf die gleiche Weise läßt sich zeigen, daß auch das Satzglied *„als Parole gegenwärtiger Philosophie"* den Gesamtfallwert „Nominativ" hat: „inwiefern Sprachkritik *als der zentrale Bereich* gelten kann".

Eine Gegenprobe zeigt, daß die Gleichheit des Gesamtfallwertes der beiden Satzglieder für das syntaktische Verhältnis konstitutiv ist: „inwiefern man *den* kritischen Ansatz als *den zentralen* Bereich betrachtet", „inwiefern man sich *dem* kritischen Ansatz als *dem* zentralen Bereich stellt", „inwiefern es sich um die Durchleuchtung *des* kritischen Ansatzes als *des* zentralen Bereichs handelt". Wir haben also eine ganz ähnliche Beziehung wie bei der Fortführung, dem mit gleichem morphosyntaktischem Wert zugesetzten oder nachgetragenen fallbestimmten Satzglied, nur daß hier mit dem Wort *„als"* ein besonderes Signal für die Zuordnung gegeben ist. Dieses *„als"* hat keinen Einfluß auf den Fall, es ist also nicht in die Klasse der Präpositionen zu rechnen, sondern muß als „Satzgliedkonjunktion" verstanden werden.

Gegenproben zeigen, daß eine ähnliche, semantisch aber oft etwas anders getönte Zuordnung durch „wie" erfolgen kann: „Der sprachkritische Ansatz wirkt auf uns *wie* ein Anspruch der gegenwärtigen Philosophie". Wir stoßen auch hier wieder auf ein Gebiet, wo Morphosyntaktisches und Nomosyntaktisches auf komplizierte Weise zusammenhängen. Zum Teil ist nämlich die Verteilung von *„als"* und *„wie"* streng morphosyntaktisch geregelt und für die Information kaum relevant: „A ist *größer als* B — A ist *ebenso groß wie* C — A ist *nicht so groß wie* D". Es ist denn auch bemerkenswert, daß in manchen Gegenden auch nach einem Komparativ allgemein *„wie"* gebraucht wird („größer *wie* ich").

Zwischen „etwas wirkt *als* ein Hemmnis" und „etwas wirkt *wie* ein Hemmnis" kann man dagegen einen wenn auch leichten Informationsunterschied konstatieren, und zwar in dem Sinne, daß das *„als"* eher eine feste Gleichsetzung ausdrückt, während das *„wie"* mehr den bloßen Vergleich betont und offener wirkt. Es gibt denn auch genügend Beispiele, wo ein *„als"* nicht durch ein *„wie"* ersetzbar ist.

Noch anders ist der Gebrauch des *„wie"* für *„sowie, und"*, der deutlich vom hier diskutierten Gebrauch zu unterscheiden ist („Er behandelte seine Freunde *sowie (wie)* seine Gegner *wie (als)* einen zu vernachlässigenden Faktor").

Schließlich ist als weitere Komplikation die Tatsache zu anerkennen, daß als Ersatz für ein durch *„als"* zugeordnetes fallbestimmtes Satzglied auch ein Präpo-Akkusativ mit „für" eintreten kann. Wir werden gleich ein Beispiel antreffen, nämlich in Textelement 2.2: „die Sprache *für einen hervorragenden Gegenstand der Philosophie* zu erklären".

Vorher ist aber noch das Textelement 2.1 zu analysieren (auf das 2.2 als „Inhaltsinfinitiv" zu beziehen ist): „Auch nicht darum geht es hier", ... Hier ist „es" das Subjekt (Nachweis am sichersten durch die Ersatzprobe: „Auch nicht darum geht der Disput, der Streit").

Das hier vorliegende „es" (auch in *„es* gibt hier ...", *„es* regnet") ist zu unterscheiden von dem *„es"*, das gar nicht als fallbestimmtes Satzglied zu betrachten ist, sondern nur als „Platzhalter" für die erste Stelle bei F-Zweitstellung. Die beiden verschiedenen *„es"* lassen sich sofort trennen, wenn man die Verschiebeprobe anwendet:

Es gab hier etwas	Hier gab *es* etwas	(*„es"* = Subjekt).
Es war hier etwas	Hier war etwas	(*„es"* fällt weg, bloßer Platzhalter).

Im Textelement 2.2, das uns hier besonders interessiert, ist kein Finitum, also auch kein Subjekt enthalten; das Satzglied *„die Sprache"* ist Objekt (Ersatz durch *„den ganzen Komplex Sprache"*; Passivtransformation, wobei das vorherige Objekt zum Subjekt wird: *„die Sprache wird für einen wichtigen Gegenstand erklärt"*).

Und das Satzglied *„für einen hervorragenden Gegenstand der Philosophie"*? Es ist, wie die Morphosyntax klar ausweist, ein Präpositionalakkusativ; es ist als ganzes ersetzbar durch den fallfremden Ausdruck *„dafür"*, und es ist ersetzbar durch *„als einen Gegenstand ..."*. Dabei fällt auf, daß hinter *„für"* der Fall festgelegt ist, nämlich Akkusativ, während hinter *„als"* der Fall sich nach dem Satzglied richtet, dem der *als*-Ausdruck zugeordnet ist: *„der* Punkt wird *als der* wichtigste Punkt betrachtet" — aber: *„der* Punkt wird *für den* wichtigsten Punkt gehalten".

Wir treffen hier auf eine Stelle, wo der Unterschied von Morphosyntax und Nomosyntax besonders eklatant ist. Offensichtlich gleiches nomosyntaktisches Verhältnis, nämlich „Einreihung eines Etwas in eine umgreifende Klasse", wird bald durch *„als"* mit Kongruenz des Falles, bald durch *„für"* mit festem Akkusativ signalisiert. Dabei ist *„als"* das allgemein Mögliche, und *„für"* ist beschränkt auf wenige verbale Wortketten (Semanteme) wie *„etwas für etwas halten"*, *„etwas für etwas erklären"*. Umgekehrt kann *„für"* in gleicher morphosyntaktischer Kombination mit Akkusativ noch ganz anderes signalisieren: „Man kann *für* diesen Zweck *für* diesen Abend diesen Punkt *für* den wichtigsten Punkt betrachten".

Dazu noch eine Anmerkung: eine weitere Anomalie zeigt das *„für"* in dem Ausdruck *„was für ein ..."*, wo der Fall frei veränderlich ist, je nach Satzgliedfunktion („was für *einen* hast du gesehen? mit was für *einem* bist du gekommen? was für *einer* war das?") In diesem Ausdruck muß das *„für"* morphosyntaktisch als Satzgliedkonjunktion, nicht als Präposition klassiert werden.

Insgesamt zeigt sich einmal mehr, wie wichtig es ist, Morphosyntax und Nomosyntax sorgfältig zu unterscheiden, nicht nur generell, sondern unter Umständen an jedem einzelnen Punkt; es zeigt sich aber auch, wie diffizil die Unterscheidung an manchen Stellen sein kann, und inwiefern unter Umständen ad hoc verschiedene Kriterien und Operationen heranzuziehen sind.

Um nun den Befund für die fallbestimmten Satzglieder mit „wie" und „als" zusammenzufassen: wir führen hier den Terminus ein *„zugeordnete Satzglieder"*, und wir definieren: unter *zugeordneten Satzgliedern* verstehen wir *Satzglieder (zunächst fallbestimmte, dann aber auch fallfremde), die durch die Satzgliedkonjunktionen „wie" und „als" eingeleitet sind;* diese Satzgliedkonjunktionen unterscheiden sich von den Präpositionen durch die Tatsache, daß sie keinen bestimmten Fall fordern, sondern den Fall des betreffenden Satzglieds unberührt lassen; oft sind sie auf bestimmte andere Satzglieder des betreffenden Satzes zu beziehen, dann stehen sie im gleichen Fall wie diese („*er* als *ein* ..., *ihn* als *einen* ..., jeman*dem* wie ein*em* Freund vertrauen"); die zugeordneten Satzglieder können aber auch ohne solchen Bezug stehen, vor allem wenn es sich um Präpositionalkasus handelt („das ist *wie in der Philosophie* ...").

12 A 9 Das Prädikativ (der Gleichsetzungsnominativ oder -akkusativ); Blick auf die Geschichte der Grammatik

Von den nachgetragenen und von den durch *„als"* und *„wie"* zugeordneten Satzgliedern kommen wir ganz sachgerecht zu der syntaktischen Struktur, in der zwei fallbestimmte Satzglieder ohne weitere Spezifizierung einander gleichgesetzt, das im einen Genannte in die Klasse des im andern Genannten eingereiht wird: zum *Prädikatsnomen, Prädikativ, Prädikat, Gleichsetzungsnominativ.* Ein Beispiel bietet gleich das nächste Textelement (3.1): „Die Sprache *ist und bleibt* der Gegenstand zahlreicher Wissenschaften und auch der Philosophie."

Wir haben zwei fallbestimmte Satzglieder, beide mit dem Gesamtfallwert „Nominativ": *„die Sprache"* — *„der Gegenstand zahlreicher Wissenschaften und auch der Philosophie"*. Die Infinitprobe erweist *„Gegenstand"* als Teil der verbalen Wortkette *„der Gegenstand zahlreicher Wissenschaften sein und bleiben"*. Demgemäß ist *„Sprache"* Subjekt. Die Pluralprobe wäre hier nicht so eindeutig, weil beide Satzglieder in den Plural gesetzt werden können: „die *Sprachen* sind *Gegenstände* ...".

Wie ist nun aber *„der Gegenstand zahlreicher Wissenschaften"* syntaktisch zu qualifizieren? Eine Ersatzprobe zeigt verschiedene Möglichkeiten: *der Gegenstand* sein und bleiben

der Inhalt

unter den Gegenständen

grundlegend

wichtig

Wir finden also neben einem Ersatz im Nominativ auch (wenn auch etwas hart) einen Präpositionaldativ, und wir finden fallfremde Ausdrücke. Diese Ersatzreihe ist aber bei genauerer Prüfung etwas anders zu interpretieren als die entsprechende Ersatzreihe bei den Präpositionalkasus. Zu dem Ersatzstück *„unter den Gegenständen"* kann immer noch der Nominativ *„einer"* hinzugefügt werden, so daß dann der Gesamtfallwert „Nominativ" erhalten bleibt. Beim Ersatz durch *„wichtig, grundlegend"* finden wir eine zwar feine, aber durchaus faßbare Informationsänderung: es ist nicht „Einordnung in eine Klasse von Gegenständen", sondern „Zuordnung eines Merkmals" gegeben. Das kommt zwar rein logisch meistens auf das Gleiche hinaus, aber für die sprachliche Information ist es *nicht* das Gleiche. Man vergleiche den Satz von Hölderlin *„Die* blindesten aber sind Göttersöhne" (zwei Nominative, *„der blindeste* ist *der Göttersohn")* mit der Umformung *„Am* blindesten aber sind Göttersöhne" (ein fallfremder Ausdruck und ein Nominativ: *„am blindesten / blinder* als alle andern / *besonders blind* sind *Göttersöhne* — ist *der Göttersohn")*. Der Unterschied zeigt sich auch in der verbalen Wortkette: „ein Blinder sein — blind sein". Dieser Befund rechtfertigt es, bei dem hier zur Diskussion stehenden Satzglied nicht den Gesamtfallwert Null, sondern den Gesamtfallwert „Nominativ" anzusetzen und demgemäß ein eigenes fallbestimmtes Satzglied aufzustellen „Nominativ, der nicht Subjekt ist (und nicht Nachtrag), sondern neben dem Subjekt vorkommt"; zugleich ergibt sich als semantischer Wert: *das in diesem Nominativ Genannte wird dem im Subjekt Genannten gleichgesetzt* — oder allgemein formuliert: dieser Nominativ *gibt eine allgemeinere Klasse (von Gegenständen, von Begriffen) an, in die das im Subjekt Genannte gehören soll.* Dabei ist aber festzuhalten, daß hier der Übergang von fallbestimmtem Satzglied zu fallfremdem Satzglied besonders leicht ist, etwa an Beispielen wie „Großvater ist *Katholik* — Großvater ist *katholisch*".

Das fallbestimmte Satzglied, das wir hier vor Augen haben, ist denn auch lange Zeit gar nicht als eigene nichtverbale Einheit betrachtet, sondern mit dem Verb *„sein"* zusammengenommen worden; man hat dann das Ganze als „Prädikat" bezeichnet, und das *„sein"* als die „Kopula".

Nun besteht zweifellos zwischen *„sein"* und *„ein Gegenstand"* in der verbalen Wortkette *„ein Gegenstand sein"* ein sehr enger Zusammenhang. Aber der Zusammenhang ist nicht enger als in der Wortkette *„einen Gegenstand bedeuten"*; oder wie wollte man begründen, daß *„ein Unterschied sein"* als *eine* Einheit im Satz gefaßt sein soll (Prädikat bestehend aus Kopula + Prädikativ), dagegen *„einen Unterschied ausmachen"* als *zwei* Einheiten (Prädikat + Objekt)?

Die verschiedene Behandlung dieser strukturell so gleichartigen Satzglieder läßt sich nur verstehen als eine Inkonsequenz in der Entwicklung der deutschen grammatischen Begriffe — eine Inkonsequenz, die 130 Jahre lang an allen Schulen gelehrt wurde. Ursprünglich hieß nämlich *alles, was nicht Subjekt war,* „Prädikat". Das entsprach dem logischen Begriff, aber auch dem Begriff der „Verbalphrase" in der Transformationsgrammatik und dem Begriff der verbalen Wortkette in der hier entwickelten Grammatik. Nun schien es nötig, diesen sehr umfangreichen Komplex „Prädikat" zu untergliedern, und damit löste man die „Objekte" und „Adverbialien" ab und beschränkte den Begriff „Prädikat" auf das Verb. Aber man tat das (im Deutschen; im Französischen war man konsequenter) nur für die sog. „Vollverben"; für das Verb *„sein"*, mit dessen Hilfe das logische Urteil ausgedrückt wird *(„A ist B")* glaubte man beim alten Begriff bleiben zu müssen. So entstand der in sich widersprüchliche Prädikatsbegriff der traditionellen deutschen Grammatik, der bis vor kurzem allgemein gelehrt wurde. Heute hat man (im wesentlichen auf Grund der 1952 in dem Buch „Die innere Form des Deutschen" vorgetragenen Argumente) die Konsequenzen gezogen, und man betrachtet allgemein auch das „Prädikatsnomen" als eine eigene nichtverbale Einheit, also als fallbestimmtes Satzglied.

Zur Terminologie: In „Innere Form des Deutschen" wurde (im Rahmen einer ganzen Serie aufeinander bezogener Termini) der Name „Gleichgröße" vorgeschlagen („Größe" = fallbestimmtes Satzglied). In den von 1956 an erscheinenden Schulbüchern wurde als lateinischer Parallel-Terminus der Name „Prädikatsnominativ" dazugefügt. Die Verfasser der Duden-Grammatik 1959 prägten den Ausdruck „Gleichsetzungsnominativ". Nun ist es aber wünschenswert, für die *drei* elementaren Rollen der fallbestimmten Satzglieder kurze Namen zu haben, die *nicht* mit dem Namen des Falles gekoppelt sind, und zwar weil diese Satzgliedstellen oft nicht durch einfache Satzglieder besetzt sind, sondern durch ganze Teilsätze (eingeleitet durch Relativ) in völlig gleicher Form:

Hier steht, *was er uns gesagt hat*	(Teilsatz als Subjekt)
Das ist, *was er uns gesagt hat*	(Teilsatz als „Gleichgröße")
Wir lesen, *was er uns gesagt hat*	(Teilsatz als Objekt).

Das Eleganteste wäre, für das Satzglied, das der Duden „Gleichsetzungsnominativ" nennt, den alten Namen „Prädikat" zu benutzen. Dieser Name ist ja dadurch frei geworden, daß man für Finitum, infiniten Teil und Verbzusatz zusammen den Namen „verbale Teile" hat und daher den Namen „Prädikat" (den der Duden neben „verbale Teile" braucht) dort gar nicht mehr benötigt. Dafür spräche ferner, daß keine andere Sprache den Namen „Prädikat" für die verbalen Teile benutzt: im Lateinischen spricht man vom Verbum, im Französischen ist es „le verbe" („prédicat" ist der offiziellen französischen Terminologie fremd), und auch im Englischen heißt es „the verbe". Gegen diese Lösung spricht aber, daß die Gleichsetzung der Termini „Prädikat" und „Verb" im Deutschen noch weitherum Tradition ist (Ergebnis des Schulunterrichts), und daß daher eine neue Verwendung des Terminus „Prädikat" (auch wenn sie de facto eine Rückkehr zu noch älterem, logischem Gebrauch ist) Mühe bereitet und Mißverständnisse hervorrufen kann. Wir benutzen daher von jetzt an den an „Prädikat" anklingenden Namen „Prädikativ".

Dabei ist zur Vermeidung von Mißverständnissen darauf hinzuweisen, daß andernorts der Name „Prädikativ" auch für das unflektierte Adjektiv als Satzglied benutzt wird. Es scheint aber besser, diesen Nachteil in Kauf zu nehmen, als auf den so praktischen Namen an dieser Stelle zu verzichten.

Schließlich hat der Terminus „Prädikativ" noch einen Vorteil: er läßt sich ebenso wie zum *Subjekt* auch zum *Objekt* in Beziehung setzen.

Das „Prädikativ zum Objekt" [„Man nennt *diesen* Mann *den* Begründer"] kommt zwar im Deutschen selten vor, da die entsprechende nomosyntaktische Kategorie meist durch Präpositionalkasus oder zugeordnetes Satzglied dargestellt wird: „Man wählt ihn *zum* Präsidenten, betrachtet ihn *als* den gegebenen Leiter, sieht ihn *für* einen führenden Mann an" usw. Aber das einfache Hintereinandersetzen zweier Akkusative (*„den x einen y* nennen") kommt doch auch als morphosyntaktische Möglichkeit vor, und dafür haben wir dann den Terminus „Prädikativ zum Objekt".

12 A 10 Sichere Unterscheidung von Subjekt und Prädikativ

Die Unterscheidung von Subjekt und Prädikativ bereitet dem Anfänger oft Schwierigkeiten, und sie ist gelegentlich auch objektiv schwer zu treffen.

Gleich der nächste Teilsatz in unserm Text lautet (4.1): Damit *sie das* aber sein kann, . . .

Die Kasus geben für die Unterscheidung nichts her. Gemäß dem Zusammenhang ist mit *„sie"* die Sprache gemeint und mit *„das"* wird der Ausdruck *„Gegenstand zahlreicher Wissenschaften und auch der Philosophie, etwa der philosophischen Anthropologie"* aufgenommen. Demgemäß ist *„sie"* als Subjekt, *„das"* als Prädikativ zu verstehen. Der Beweis ist auch durch die Infinitprobe leicht zu führen: *„das* sein können, *so etwas* sein können, *ein solcher Gegenstand* sein können".

Ohne Kontext ist aber der gleiche Satz doppeldeutig (wenn auch nicht für alle Informanten). „Kann sie das sein?" Diese Frage kann expliziert werden:

a) „Kann diese Frau ein solch seltsames Wesen sein, einen solchen Charakter zeigen"? Dann ist *„sie"* = Subjekt, *„das"* = Prädikativ
b) „Kann das, was ich in der Ferne sehe (vielleicht als undeutliche Gestalt) diese Frau sein (auf die ich warte)?" Dann ist *„sie"* = Prädikativ und *„das"* ist Subjekt.

Die Schwierigkeit ist bisher selten beachtet worden, und sie fällt für die Information kaum ins Gewicht: wenn man nämlich nicht, wie sonst meistens, eine Größe (als Subjekt gegeben) in eine allgemeine Klasse (als Prädikativ gegeben) einreiht, sondern zwei Größen gleichen Umfangs einander gleichsetzt, dann ist es meist unwichtig, mit welcher von diesen Größen man den Anfang macht. Man führt ohne weiteres die Kommutation durch, an die man von der Mathematik gewöhnt ist — tatsächlich ist die Verbindung von sprachlichem Subjekt und Prädikativ ja die Urform sowohl der mathematischen Gleichung wie des logischen Urteils — und wenn A = B, dann auch B = A. Für die saubere grammatisch-sprachtheoretische Erfassung ist es aber nützlich, daß man auch hier so genau wie möglich unterscheidet, und in den allermeisten Fällen führt die Infinitprobe, verbunden mit Ersatz durch verdeutlichende Ausdrücke, einwandfrei zum Ziel, weil sie den semantischen Zusammenhang verdeutlicht.

12 A 11 Überprüfung der bisher gewonnenen Begriffe an den Sätzen 4 bis 7 des Probetextes

Wir können nun die folgenden Sätze schneller durchgehen.

Textelement 4.2 *„Damit es überhaupt vernünftige Erforschung von Gegenständen geben kann“*: Das *„es“* ist Subjekt (allerdings unersetzbar), *„vernünftige Erforschung ...“* ist Objekt. Der Beweis ist hier schlecht durch die Infinitprobe zu führen, weil *„es gibt“* eine feste Formel darstellt und das *„geben“* in *„etwas geben“* spontan anders aufgefaßt wird. Dafür ist aber hier die Ersatzprobe beweiskräftig: „damit es überhaupt *einen vernünftigen Weg* der Erforschung geben kann ...“

Textelement 4.3 *„... müssen wir immer schon sprechen“*. Das *„wir“* ist Subjekt, eindeutig sowohl durch den Fall wie durch die Kongruenzprobe (*„wir müssen — ich muß“*).

Textelemente 5.1 und 5.3: *„Die Sprache ist Bedingung der Möglichkeit jeglicher Wissenschaft und Philosophie“*. Die beiden Textelemente, die durch den Einschub *„mit Kant zu reden“* getrennt sind, bilden zusammen *einen* grammatischen Teilsatz, sie ruhen auf *einer* verbalen Wortkette „die Bedingung ... sein//etwas“. *„Die Sprache“* ist Subjekt, *„Bedingung der Möglichkeit ...“* ist Prädikativ; Beweis: Infinitprobe.

Textelement 5.2: In diesem redesituierenden Einschub *„mit Kant zu reden“* steckt der Präpositionaldativ *„mit Kant“*; Beleg für Dativ: „mit *dem alten Kant“*.

Textelement 6.1 *„Sofern die Kantische Vernunftkritik als Untersuchung der Möglichkeit jeglicher Erkenntnis Transzendentalphilosophie hieß, ...“* Der Teilsatz enthält drei fallbestimmte Satzglieder; *„die Vernunftkritik“* ist Subjekt, *„als Untersuchung der Möglichkeit jeglicher Erkenntnis“* ist zugeordnetes Satzglied zum Subjekt, ersetzbar durch bloßen Nachtrag *(die Kantische Vernunftkritik, die Untersuchung der Möglichkeit jeglicher Erkenntnis, heißt ...“)*; das letzte Satzglied, *„Transzendentalphilosophie“* ist Prädikativ; man kann die verbale Wortkette bilden *„als Untersuchung* *der Möglichkeit jeglicher Erkenntnis (mit Recht) Transzendentalphilosophie heißen".*

In Textelement 6.2 *„..., ließe sich also sagen, ..."* ist das *„sich"* problematisch. Eine unmittelbare Ersatzprobe ist nicht möglich, da in dem Gefüge *„läßt sich"* keine erste oder zweite Person denkbar ist, der Kasus eines *„sich"* aber nur durch Umwandlung in erste oder zweite Person (*„mir — mich, dir — dich"*) erkennbar wird. Immerhin sind morphosyntaktische Analogien möglich: „etwas läßt *sich* sagen — man *kann etwas* sagen"; „ich lasse *mich* belehren — man *kann mich* belehren". Auf Grund solcher Analogien bestimmen wir das *„sich"* als Objekt. Das gesamte Problem „reflexiv" müssen wir für eine spätere Behandlung aufschieben. Es ist eines der Gebiete, wo Morphosyntax und Nomosyntax in komplizierter Weise ineinander greifen.

In Textelement 6.3 finden wir ein Objekt, *„das Erbe der Kantischen Philosophie (antreten)"* und ein Subjekt *„die Sprachkritik"*, ersetzbar durch *„der sprachkritische Ansatz"*.

Ein neues Problem bietet Textelement 7.1 *„Zwar kann die Sprachphilosophie die Sprache auch zum Gegenstande haben."* Wir haben ein Subjekt (*„die Sprachphilosophie"*), ein Objekt (*„die Sprache"*) und einen Präpo-Dativ (*„zum Gegenstande"*); dieser Präpo-Dativ ist aber ersetzbar durch ein zugeordnetes Satzglied zum Objekt „die Sprache auch *als Gegenstand* (als den zentralen Gegenstand) haben". Nomosyntaktisch liegt etwas ähnliches vor wie beim Prädikativ zum Objekt; eine Transformation ergibt nämlich „die Sprache *ist der* zentrale Gegenstand (*der* Sprachphilosophie oder *für die* Sprachphilosophie)". Wir sehen einmal mehr, wie vielfältig die morphosyntaktische Kategorie „Präpo-Kasus" im Dienste der Nomosyntax verwendet werden kann (vgl. oben S. 50—51 über die Ausdrücke mit *„für"*) und wie wichtig es oft sein kann, Morphosyntax und Nomosyntax sorgfältig zu unterscheiden.

Textelement 7.2 (*„ähnlich wie die Rechts-Philosophie, die Religions-Philosophie ... sich jeweils mit ihrem Sachbereich befassen"*) enthält wieder ein Reflexiv *„sich befassen"*; hier ist die Identifikation als Objekt einfach, weil man umformen kann „ich befasse *mich*" „du mußt *dich* mit ... befassen". Das lange, aus vier Doppelwörtern bestehende Satzglied *„die Rechts-Philosophie, die Religionsphilosophie, die Natur-Philosophie, die Existenz-Philosophie"* ist als ganzes als Subjekt zu klassifizieren, und das Satzglied *„mit ihrem Sachbereich"* als Präpo-Dativ. Die verbale Wortkette heißt *„sich mit seinem Sachbereich befassen"*.

12 A 12 Das Dativobjekt

Wir kommen zum Satz 8: *Logische Propädeutik als Sprachkritik aber ist, wie allen Wissenschaften, so auch allen Bindestrich-Philosophien vorgeordnet.*

Dieser Satz ist kompliziert durch das als eigenes Textelement eingeschobene zugeordnete Satzglied *„wie allen Wissenschaften"*. Dazu ist das Subjekt unmittelbar mit einem zugeordneten Satzglied gekoppelt *„Logische Propädeutik als Sprachkritik ist ..."*. Vereinfacht, aber mit Beibehaltung der grammatischen Gesamtstruktur heißt der Satz *„Sprachkritik ist allen Wissenschaften und allen Philosophien vorgeordnet"*.

Was für ein Satzglied ist nun *„allen Wissenschaften und Philosophien"?* Die Phonomorphie weist es als Dativ aus, die Ersatzprobe zeigt, daß es sich um festen Dativ handelt:

allen Wissenschaften und Philosophien vorgeordnet sein
    ihnen
    allem Denkbaren

Wir haben das *Dativobjekt*. Es ist definiert als der feste Dativ (einfachster Ersatz *„ihm"*). Allerdings ist es nicht immer so eindeutig ersatzfest, sondern kann gelegentlich auch durch Präpositionalkasus ersetzt werden:

jemandem sagen	*jemandem* vertrauen	das ist *mir* zu billig
zu ihm	*auf jemand*	*für mich*

Trotz diesen weiteren Ersatzmöglichkeiten ist die Definition „fester Dativ" (= stets Ersetzbarkeit durch „ihm, ihr, ihnen") praktisch völlig ausreichend. Zu betonen ist, daß es sich auch beim Dativobjekt, wie bei allen in diesem Kapitel behandelten fallbestimmten Satzgliedern, um eine Kategorie der *Morphosyntax* handelt. Ob wir also ein „eigentliches Dativobjekt" vor uns haben („man gibt *ihm* etwas") oder ob es sich um den sog. „dativus ethicus" handelt (er hat *mir* etwas zu viel geplaudert") — das tut hier nichts zur Sache. Die mit diesen Begriffen der traditionellen Grammatik angezielten Unterscheidungen gehören in die Nomosyntax, nicht in die Morphosyntax.

12 A 13 Genitivobjekt und Adverbialgenitiv

Wenn wir mit der traditionellen Grammatik vergleichen, so fehlt uns nun noch das Genitivobjekt, und auch einen Adverbialgenitiv (den Adverbialakkusativ haben wir schon S. 23 vom Objekt unterschieden) haben wir in unserm Probetext noch nicht angetroffen. Das ist kein Zufall, sondern bestätigt nur, was quantitative Analysen an anderen Texten zeigen. So fanden sich in den ersten 22 Sätzen des Romans „Stiller" von Max Frisch (437 Wörter) folgende Zahlen: 59 Finita, 25 infinite Teile (z. T. mit Zusatz), 4 Verbzusätze (nicht mit Infinitum verbunden), 57 Subjekte, 38 Objekte, 26 Präpositionalkasus, 8 Prädikative, 5 Dativobjekte, 2 Adverbialakkusative, 1 Adverbialgenitiv, *kein* Genitivobjekt. Solche Zahlenverhältnisse scheinen schon ziemlich lange zu gelten, denn eine Probe aus dem Prosa-Tristan von 1486 enthält (Kapitel 1, bestehend aus 7 Sätzen, 290 Wörtern): 33 Finita, 13 Infinita, 3 Verbzusätze, 29 Subjekte, 10 Objekte, 3 Prädikative, 20 Präpositionalkasus, 9 Dativobjekte, 2 Adverbialgenitive, *kein* Genitivobjekt.

Das Genitivobjekt ist aber in der Wissenschaftssprache durchaus zu belegen. So lesen wir im Vorwort der „logischen Propädeutik", der der Probetext dieses Kapitels entnommen ist (datiert 1967) den Satz: *„Erfahrungsgemäß ist aber die Einübung in ihre Kalküle"* (nämlich der formalen Logik) *„ungeeignet, dem Philosophen oder Geisteswissenschaftler die Disziplinierung des Redens zu vermitteln, derer er so bitter nötig bedarf"*. Wir haben im ersten Textelement ein Subjekt (*„die Einübung in ihre Kalküle"*, ersetzbar durch *„der Umgang mit ihren Kalkülen"); es* folgt ein Inhaltsinfinitiv mit dem sofort zu identifizierenden Dativobjekt *„dem Philosophen oder Geisteswissenschaftler"* und dem Objekt *„die Disziplinierung des Redens"* (Ersatz: *„einen klaren und nüchternen Sprachgebrauch vermitteln");* die verbale Wortkette ist, zum Semanten verallgemeinert *„jemandem etwas vermitteln"*.

An das Objekt schließt sich nun ein weiteres, erläuterndes Textelement an: *„derer er so bitter nötig bedarf"*. Ersatzproben zeigen *„er* bedarf *dieses Hilfsmittels,* er bedarf *dieses Anstoßes"*; die verallgemeinerte verbale Wortkette (das Semantem) ist *„eines Dinges bedürfen // jemand"*.

In der Einleitung der „Logischen Propädeutik" finden sich darüber hinaus folgende Genitivobjekte: „das Reden bedarf *der klärenden und ordnenden Kritik"* (S. 13) und „die Rationalisten bedienen sich *der logischen Ableitung"* (S. 18); hier ist der Ersatz: sie bedienen sich *des logischen Instrumentariums"*; die verallgemeinerte Wortkette (das Semantem) ist: *„sich eines Dinges bedienen"*.

Für den Adverbialgenitiv findet sich auf den 11 Seiten ein einziges Beispiel: „die Ursachen sind *weit älteren Datums"* (S. 11). Die verbale Wortkette ist *„älteren Datums sein"*, und eine Ersatzprobe ergibt *„älter* sein, *von höherem Alter* sein"; wir finden also als Ersatz reinen Genitiv, Präpositionalkasus und fallfremden Ausdruck, *nicht* aber die Wörter *„seiner"*, *„dessen"*; damit entspricht der Befund genau dem Befund beim Adverbialakkusativ *„einen Tag* warten", wo auch der Ersatz durch *„ihn"* ausgeschlossen ist. Es fällt auf, daß die Autoren der „Logischen Propädeutik" den Adverbialakkusativ fast gar nicht verwenden.

12 A 14 Überblick

Wir können die bis jetzt entwickelten Begriffe der fallbestimmten Satzglieder folgendermaßen zusammenstellen:

	ist, bleibt	jemand einer ein . . .		
jemand einer ein . . .	*hat, sucht* *macht, kennt*	jemanden einen	für jemanden durch einen usw.	[einen Augenblick]
	vertraut	jemandem einem	mit jemandem von einem . . . usw.	
	bedarf	[jemandes eines . . .]	wegen jemandes angesichts eines Gegenstandes usw.	[eines Tages]

also:

	(ist)	Prädikativ		
Subjekt	*(hat, sucht)* *macht, kennt*	Objekt	Präpositional- akkusativ	[Adverbial- akkusativ]
	(vertraut)	Dativobjekt	Präpositionaldativ	
	(bedarf)	[Genitiv- objekt]	Präpositional- genitiv	[Adverbial- genitiv]

Zu jedem dieser Satzglieder gibt es *Fortführungen* (oft als Nachträge) und durch *„als"* und *„wie"* *zugeordnete* Glieder.

12 A 15 Anredenominativ

Nun gibt es aber noch fallbestimmte Ausdrücke, die gar nicht in diesen Zusammenhang gehören, wie sich an ihrem Verhalten bei Verschiebeproben zeigt. Der Einfachheit halber sei hier ein Beispiel konstruiert:

Sie haben etwas übersehen, *meine Herren.*
Meine Herren, Sie haben etwas übersehen.
Sie, *meine Herren,* haben etwas übersehen.
Sie haben, *meine Herren,* etwas übersehen.
Sie haben diesen Tatbestand, *meine Herren,* leider übersehen.

Daß der Ausdruck *„Meine Herren, mein Herr"* Nominativ ist, geht aus der Ersatzprobe hervor:

Sie haben, *mein Herr,* das übersehen.
Du hast, *du dummer Kerl,* das übersehen.

Ausdrücke dieser Art nennen wir *Anredenominative.* Die Definition ist mit den oben durchgeführten Operationen gegeben: Nominativ, der verschoben werden kann, ohne daß sich an der Stellung der andern Satzglieder etwas ändert, und der insbesondere nicht als erstes Glied für F-Zweitstellung zählt. Der Unterschied zum Subjekt ist klar in folgendem Beispiel:

Du hast das übersehen (*„Du"* = Subjekt)
Du, er hat das übersehen (*„Du"* = Anredenominativ,
„er" = Subjekt).

12 A 16 Absoluter Nominativ

Eine letzte Gebrauchsweise des Nominativs, die von Subjekt und Prädikativ zu unterscheiden ist, zeigt folgende Stelle (aus der „Logischen Propädeutik" S. 12):

... ja obwohl es geradezu Mode geworden ist, sich für die „bestürzenden Errungenschaften" der elektronischen Technik, der Atomphysik, der Kybernetik und dergleichen aufgeschlossen zu zeigen, bleibt der Graben (sc. zwischen mathematischer Logik und dem allgemeinen Bewußtsein der Gebildeten) nach wie vor tief, *eine Situation,* die sich noch verhärtet durch das Bündnis, das die Logik in der Wiener Schule und in den angelsächsischen Ländern mit dem Positivismus eingegangen ist.

Der Ausdruck *„eine Situation"* ist Nominativ, wie die Ersatzprobe zeigt: *„ein beklagenswerter Zustand"*. Dieser Nominativ ist aber auf keines der im Satz gesetzten Verben zu beziehen, sondern man ergänzt als Leser *„. . ., und das ist eine Situation, die . ."*, *„was eine Situation ist, die . . ."* *„und so hat sich eben die Situation ergeben, die . . .*

Einen solchen Nominativ, der als durchaus *neues Textelement* auftritt und nicht als Fortführung zu einem schon gesetzten Subjekt oder Prädikativ einzubeziehen ist, nennen wir *absoluten Nominativ*. Seine Behandlung gehört an sich gar nicht in den Rahmen des einfachen Satzes, sondern in den komplexen Satz, doch schien es praktisch, hier schon darauf hinzuweisen.

12 A 17 Methodischer Rückblick; semantische Tragweite der gewonnenen Satzgliedbegriffe

Die Vermutung, von der wir ausgegangen sind, hat sich bewährt: man kann mit Hilfe der vier Kasus und ihrer verschiedenen Ersetzbarkeit ein überschaubares und einleuchtendes System der fallbestimmten Satzglieder aufstellen, in das sich die schon vorher (mit vom Kasus unabhängigen Operationen) gewonnenen Begriffe „Subjekt" und „Objekt" sehr gut einordnen.

Dabei dürfen wir aber nicht vergessen, was uns in der Einzelanalyse vor allem bei den Präpo-Kasus immer wieder aufgefallen ist: es handelt sich zunächst um eine streng *morphosyntaktische* Analyse und Klassierung, und die *nomosyntaktische* und damit die *semantische* Tragweite der Begriffe ist noch keineswegs geklärt.

Allerdings sind solche semantische Identifikationen immer wieder versucht worden:

Subjekt	=	handelndes Wesen, Agens, oder auch logisches Subjekt, Gegenstand eines Urteils
Prädikativ	=	Einordnung in eine Klasse, logisches Prädikat
Objekt	=	betroffenes, beeinflußtes, behandeltes Wesen
Dativobjekt	=	Wesen, dem sich eine Handlung zuwendet
Adverbialakkustiv	=	Angabe der Zeit, des Umfangs, des Grades
Adverbialgenitiv	=	Angabe der Zeit
Präpo-Kasus	=	Wesen mit besonderen Beziehungen zum im Verb dargestellten Prozeß, daher Signalisierung durch besonderes Wort, eben die Präposition

(Vgl. dazu „Der deutsche Satz", 1957, 6. Aufl. 1970, mit ausführlichem neuem Vorwort).

Alle diese Identifikationen sind zunächst keineswegs falsch, sie treffen für manche Beispiele sehr gut zu, und sie sind didaktisch oft recht nützlich — aber sie *werden* sofort falsch, wenn man sie *verabsolutiert* und wenn man sich nicht stets vor Augen hält, daß zwar Morpho- und Nomosyntax sich decken *können* und es stellenweise auch tun, daß sie sich aber keineswegs decken *müssen*, sondern oft recht weit auseinandertreten können. So *kann* die *logische* Relation von Subjekt und Prädikat nicht nur durch die *Satzglieder* Subjekt und Prädikativ dargestellt werden, sondern auch durch Subjekt und Verb („der Körper A *schwimmt*"), durch Subjekt und fallfremdes Satzglied („der Körper A ist *schwimmfähig*"), durch Subjekt und Objekt („der Körper A *besitzt Schwimmfähigkeit*"), durch Dativobjekt und Subjekt („dem Körper A *kommt Schwimmfähigkeit zu*").

Eine vollständige nomosyntaktische Analyse ist an dieser Stelle noch keineswegs möglich, obwohl sich schon einige Hinweise dafür ergeben haben. Die Ergebnisse dürften denn auch erheblich komplexer werden, als man es sich heute vielerorts vorstellt (sowohl bei der Arbeit an den „Satzbauplänen" wie in der heutigen generativen Transformationsgrammatik).

Eine zureichende nomosyntaktische Analyse ist wohl kaum leistbar, wenn nicht *zuerst*, wie es hier geschehen ist, die Morphosyntax mit klar kontrollierbaren operationalen Methoden ausgearbeitet worden ist — als eine *Grundlage, auf die man sich immer beziehen kann und muß, gerade auch dort, wo man sie mit feineren Methoden relativiert und übersteigt.*

Aufgaben zu 12

12 B 1 Identifikation der fallbestimmten Satzglieder und richtiges Verstehen des Mitgeteilten

Identifizieren Sie in folgenden Textstellen alle fallbestimmten Satzglieder und diskutieren Sie die Verstehensschwierigkeiten, die bei einem flüchtigen Lesen auftreten können.

Die Mathematik, wie kaum gesagt zu werden braucht, ist nicht nur Feldmesserkunst oder Rechnerei, wie Goethe meinte, der ganz unbefangen sagt: „Ihre ganze Sicherheit ist wieder nichts als Identität. 2 × 2 ist nicht vier, sondern es ist eben zweimal zwei, und das nennen wir abgekürzt vier. Vier ist aber durchaus nichts Neues". Daß die Mathematik gerade seiner Zeit, die einen Euler, Lagrange, Laplace hervorbrachte, auch schöpferische Phantasie bedeutet, neue Ideen, daß sie sich wandelt, ihre eigenen Schönheiten kennt, scheint Goethe niemals jemand vorgestellt zu haben.

R. Friedenthal, Goethe — sein Leben und seine Zeit, 1963, S. 537—38

Lösungshinweise:
„Die Mathematik" und *„Feldmesserkunst oder Rechnerei":* was ist Subjekt, was ist Prädikativ?

Gleiche Frage für *„ihre ganze Sicherheit – weiter nichts als Identität"; „2 x 2 – vier"; „es – zweimal zwei".*

Subjekt, Objekt und Prädikativ zum Objekt in *„das nennen wir vier"?* (*„vier"* ist als fallbestimmtes Satzglied anzuerkennen, Probe: *das nennen* wir die Einheit „vier").

Welches Verstehen ergibt sich, wenn man *„die Mathematik gerade seiner Zeit"* als *ein* Satzglied zusammennimmt, und wie versteht man, wenn man *„seiner Zeit"* als eigenes Satzglied (Dativobjekt) einordnet? Wie wäre es bei der Graphie *„seinerzeit"?*

Was ist als Subjekt und was als Dativobjekt zu bestimmen in: *„... scheint Goethe niemand jemals vorgestellt zu haben"?* Wieweit ist die Identifikation der Satzglieder an diesem isolierten Satz überhaupt möglich, und wieweit muß man den Textzusammenhang (Goethes Ablehnung der Mathematik) kennen, um auch rein grammatisch richtig einzuordnen?

Wie ist *„neue Ideen"* syntaktisch einzubeziehen?

Wie ändert sich das morphosyntaktische Verhältnis und wie ändert sich das Mitgeteilte, wenn man im Satz *„daß die Mathematik ..."* das Verb *„bedeutet"* durch das Verb *„ist"* ersetzt?

Sammeln Sie auch aus Ihrer privaten Lektüre eine Reihe ähnlicher Stellen.

12 B 2 Laufende Analyse an ganzen Texten und tabellarische Darstellung der Ergebnisse

Geben Sie sich Rechenschaft von der Häufigkeit oder Seltenheit des Vorkommens der verschiedenen fallbestimmten Satzglieder, indem sie Texte laufend daraufhin analysieren und die Ergebnisse in übersichtlicher Form buchen.

Arbeitstechnik:

Erster Schritt:

Text beziffern (Sätze und Wörter, vgl. Teil I S. 18–29) und in unmittelbare Textelemente einteilen. Als Beispiel hier die ersten 10 Sätze der

Einleitung der „Logischen Propädeutik" von Kamlah und Lorenzen (S. 11–12):

1.1 Die Absicht[2] dieses Buches[4] ist,
1.2 zur[6] Bewältigung einer[8] Aufgabe beizutragen[10],
1.3 die sich[12] im gegenwärtigen[14] Augenblick angesichts[16] der Situation[18] der Philosophie[20] und der[22] Wissenschaften,
1.4 zumal[24] der sogenannten[26] Geisteswissenschaften stellt[28].
2 Die Philosophie[2] und die[4] Geisteswissenschaften haben[6] in Deutschland[8] zu Beginn[10] des Jahrhunderts[12] und besonders[14] in den[16] zwanziger Jahren[18] so etwas[20] wie eine[22] glückliche Stunde[24] gehabt.
3.1 In der[2] Nachfolge Diltheys[4] und Husserls[6],
3.2 in der[8] Aneignung von[10] Kierkegard und[12] Nietzsche,
3.3 in[14] der fortgehenden[16] Auseinandersetzung mit[18] Kant und[20] Hegel entstanden[22] eindrucksvolle Entwürfe[24] der Philosophie[26],
3.4 ergaben sich[28] neuartige Aspekte[30] der historischen[32] Interpretation von[34] Texten und[36] Kunstwerken.
4.1 Auch die Theologie war in Bewegung gekommen
4.2 und nahm philosophische Anregungen auf.
5 Ganz anders die heutige Situation.
6.1 Es wäre unfruchtbar und ungerecht
6.2 zu sagen,
6.3 seither sei niemandem mehr etwas Förderliches eingefallen,
6.4 man zehre noch immer von der Leistung der damals führenden Denker.
7.1 Es hat sich eher herausgestellt,
7.2 daß jene Ansätze nicht so aufgenommen und weitergebildet werden konnten,
7.3 wie man durch einige Jahrzehnte hoffte,
7.4 daß ferner die gegenwärtige Stagnation einerseits, Verworrenheit andererseits Ursachen haben müssen,
7.5 die weit älteren Datums sind als unser eigenes Jahrhundert.
8.1 Woran es heute fehlt,
8.2 ist nicht der geniale neue Einfall oder gar das avantgardistische Experiment —
8.3 davon haben wir eher zu viel —,
8.4 sondern die Disziplin des Denkens und des Redens,
8.5 die uns endlich ermöglichen würde,
8.6 unsere hoffnungslos gegeneinander aufgefahrenen Standpunkte und Meinungen abzubauen
8.7 und, in aller Ruhe sozusagen,
8.8 miteinander,
8.9 in vernünftigem Gespräch,
8.10 einen neuen Anfang zu machen.

9.1 Die Disziplinlosigkeit des monologischen Drauflosschreibens und Aneinandervorbeiredens in fast allen Bereichen nicht allein der Philosophie und der Wissenschaft, sondern auch der Literatur, der Kunstkritik, der Politik ist erschreckend,

9.2 obwohl gerade dies von den Betroffenen meist gar nicht bemerkt wird,

9.3 weil es Maßstäbe und Regeln des disziplinierten Dialogs nicht gibt.

10.1 Sonst würden nicht mit so unbekümmerter Betriebsamkeit immer neue Tagungen, Gespräche, Begegnungen, Podiumsdiskussionen organisiert werden,

10.2 in denen jeder wieder nur seine bereits mitgebrachte Munition abfeuert,

10.3 wobei Prestigerücksichten die Verwirrung oft noch vermehren.

Zweiter Schritt:

Umfang der fallbestimmten Satzglieder bestimmen, wo nötig durch Verschiebeproben:

1.1: 1/1–4 (d. h.: in Textelement 1.1 findet sich nur ein fallbestimmtes Satzglied, bestehend aus den Wörtern 1–4)

1.2: 1/6–9

1.3: 1/11 1/12 1/13–15 1/16–28

(Das Textelement 1.4 bringt einen weiteren zum letzten Satzglied von 1.3 gehörigen Teil und das zugehörige Finitum, ist daher hier, wo es nur um die fallbestimmten Satzglieder geht, nicht gesondert aufzuführen, sondern mit 1.3 zusammen).

2: 2/1–5 2/7–8 2/9–18 2/19–24

(einfacher Satz, keine Einteilung in Textelemente)

Grund, warum 2/19–24 als *ein* Satzglied zu betrachten ist: die Umstellungen „*So etwas* haben sie *wie eine glückliche Stunde gehabt*" oder „*Wie eine glückliche Stunde so etwas* haben sie gehabt" oder „*Wie eine glückliche Stunde* haben sie *so etwas* gehabt" sind gleicherweise ausgeschlossen.

3.1: 3/1–6

3.2: 3/7–13

3.3: 3/14–21 3/23–26

3.4: 3/28 3/29–37

zu 3/29–37:

die Umstellungen „*neuartige Aspekte der historischen Interpretation* ergaben sich von *Texten und Kunstwerken*" oder „*Von Texten und Kunstwerken* ergaben sich *neuartige Aspekte der historischen Interpretation*" sind offensichtlich auszuschließen; daher liegt insgesamt nur *ein* Satzglied aus 9 Wörtern vor.

Dritter Schritt:

Bestimmen der Satzglied-Kategorie und Eintragung der entsprechenden Ziffern in eine Tabelle, wobei man für jedes Textelement, das auf einer eigenen verbalen Wortkette ruht (= eine gliedmäßige Einheit ist) eine eigene Zeile nimmt; Textelemente, die zusammen auf *einer* verbalen Wortkette ruhen (und demgemäß nur Teile *einer* gliedmäßigen Einheit sind) werden auf eine Zeile zusammengenommen. Das sieht so aus:

Kamlah-Lorenzen	Anrede-Nom.	Subjekt	Prädikativ	Obj.	Dat.- u. Gen.Obj.	D	G	Präpo-Kasus	A	D	G	Adv. Kasus	A	G
1.1	–	–	1–4	–	–			–				–		
1.2	–	–	–	–	–			6–9		×		–		
1.3+ 4	–	11	–	12	–			13–15		×				
								16–27			×			
2	–	1–5	–	19–24				7–8		×				
								9–18		×				
3.1 + 2 + 3	–	23–26	–	–	–			1–6		×		–		
								7–13		×				
								14–21		×				
3.4	–	29–37	–	28	–			–				–		
4.1	–	1–3	–	–	–			5–6	×					
4.2	–	–	–	10–11	–			–						
5	–	3–5												
6.1	–	1	–	–	–			–				–		
6.2	–	–	–	–	–			–				–		
6.3	–	12–13	–	–	10	×		–				–		
6.4	–	15	–	–	–			19–25		×				
7.1	–	1	–	3	–			–				–		
7.2	–	7–8	–	–	–			–				–		
7.3	–	17	–	–	–			18–20	×			–		
7.4	–	24–29	–	30	–			–				–		
7.5	–	33	–	–	–			–				34–36		×
		38–41												

Begründungen und Hinweise zu einzelnen Einordnungen:

Daß 1/1–4 Prädikativ ist, ergibt sich aus der Infinitprobe: *„die Absicht sein"*; als Subjekt dient das ganze Textelement 1.2 (ein Inhaltsinfinitiv); wenn man daraus ein fallbestimmtes Satzglied bildet, bekommt man *„Die Lieferung eines Beitrages zur Bewältigung dieser Aufgabe"*; wollte man das in die verbale Wortkette einbeziehen, so ergäbe sich *„die Lieferung eines Beitrages zur ...* sein *// die Absicht"; das stört, während „die Absicht dieses Buches sein // die Lieferung eines Beitrages"* den Sinn trifft; semantisch: die Größe *„Lieferung eines Beitrages"* wird in die Klasse *„Absicht"* eingeordnet.

„Sich“ (1/12) als Objekt in *„sich stellen, sich ergeben“:* Analogie zu „man stellt *die Aufgabe,*“ nicht zu „man stellt *mir* die Aufgabe“ (wie es wäre in *„er* stellt *sich* die Aufgabe“); entsprechend „etwas ergibt *den* Ertrag – es ergibt *sich* der Ertrag.“ Damit ist natürlich das *„sich“* erst *morphosyntaktisch* bestimmt; in der *Nomosyntax* ist *„sich stellen“* als *ein* Zeichen zu betrachten.

2/9–18 *„zu Beginn …“* als Präpositionaldativ: allgemeine Rektion von *„zu“;* Probe *„zu diesem Zeitpunkt“.*

6/11 „mehr“: vgl. unten S. 218—19 („Resultativnegation“).

13 Komplexe Satzglieder

13 A 1 Methodische Vorüberlegung; Grundbestandteil und attributive Ausdrücke; Material

Wir haben nun die fallbestimmten *Satzglieder* untersucht und das hier aufweisbare System herausgearbeitet (ein „System" mit „Bruchstellen", wie in einer natürlichen Sprache als einem „Komplex ineinander verzahnter Teilsysteme" sehr oft vorliegend). Dabei haben wir aber erst die *Gesamtfallwerte* der selbständig im Satz verschiebbaren Einheiten berücksichtigt (entsprechend der von uns gewählten Definition von „Satzglied").

Wir haben also noch keineswegs *alle* Bereiche des Gebrauchs der Kasus als funktionierende Signale in den Blick genommen, und ebenso wenig den *inneren* Aufbau der fallbestimmten Ausdrücke (anders gesagt: die Struktur von Gruppen mehrerer Wörter, die alle im gleichen Kasus stehen); aus diesen Strukturen werden sich, wie wir schon mit großer Wahrscheinlichkeit vermuten können, wichtige Aufschlüsse ergeben für das Problem der Klassenbildung der Wörter als solcher, d. h. das Problem der *Wortarten*.

Wir müssen nun abwägen, wie wir die Untersuchung am besten fortsetzen: zuerst die Analyse der *Satzglieder überhaupt* zum Abschluß bringen, d. h. jetzt untersuchen, ob es bei den fallfremden Satzgliedern eine vergleichbare Unterteilung und Kategorialisierung gibt wie bei den fallbestimmten Satzgliedern — oder jetzt zunächst die Ebene der Satzglieder verlassen, den Innenbau der mehrere Kasus enthaltenden Satzglieder klären, dann die mögliche Innenstruktur auch der Ausdrücke mit nur *einem* Kasus untersuchen, und erst *nach* dieser ganzen Arbeit, die uns bis hinunter zu den Klassen der Einzelwörter führt, wieder zu den Satzgliedern zurückkehren und die fallfremden Satzglieder untersuchen.

Der erste Weg (zuerst *alle* Satzgliedbeziehungen) scheint vom *systematischen* Standpunkt aus der natürliche; aber der zweite Weg (zuerst *alle* mit dem Kriterium „Kasus" erfaßbaren Phänomene, auch unterhalb der Satzglied-Ebene) dürfte bessere *methodische* Möglichkeiten bieten. Wir haben hier die deutlicheren morphosyntaktischen Signale, und wir können daher auch das Nomosyntaktische klarer vom Morphosyntaktischen abheben. Bei den fallfremden Satzgliedern treffen wir dagegen, nach allen bisherigen Erfahrungen, auf die schwierigsten Probleme der Grammatik überhaupt. Das beginnt schon damit, daß die Verschiebeprobe hier weniger eindeutige Auskünfte gibt — das heißt, daß die Unterscheidung von „eigenem Satzglied" und „bloßem Teil eines Satzgliedes oder bloßem Verbindungsteil" viel weniger klar und scharf ist, als es der klassierende Linguist gerne hätte (und die meisten Nicht-Spezialisten es sich vorstellen). Dem entspricht die wissenschaftsgeschichtliche Tatsache, daß im Bereich des Kasusfremden auch in der traditionellen Grammatik die Aufstellung eigener Satzgliedbegriffe und ihre Abhebung von den Wortarten viel weniger versucht worden ist und viel weniger Erfolg und Anerkennung gefunden hat, als es im Bereich des Kasusbestimmten erreicht wurde.

Diese Erwägungen veranlassen uns, den zweiten Weg zu wählen. Er erscheint zwar vom systematischen Standpunkt aus, wie schon gesagt, als Umweg, aber er dürfte methodisch viel sicherer sein. Es ist ja auch in anderen Wissenschaften und vor allem in den Naturwissenschaften gar nicht selten so, daß man auf einem scheinbaren Umweg sicherer und im Endeffekt schneller zum Ziel kommt als auf dem scheinbar direkten Weg.

Wir setzen nun also bei den „vielwortigen Satzgliedern" an, deren Existenz uns schon bei den allerersten topologischen Untersuchungen aufgefallen war (vgl. Teil I S. 36—48), und innerhalb dieser vielwortigen Satzglieder untersuchen wir zuerst diejenigen, in denen wir nicht nur *einen*, sondern *verschiedene* Kasus finden (also nicht nur mehrere Wörter im gleichen Kasus, wie in *„ein großer grauer unförmiger Häuserkomplex"*, sondern mehrere Kasus, nicht nur denjenigen, der sich dann als Gesamtfallwert ergibt, also *„der Umfang dieses Komplexes von durch das Alter grau gewordenen Häusern")*. Satzglieder, die in diesem Sinne verschiedene Kasus zeigen, nennen wir *komplexe Satzglieder.*

Alle Satzglieder, die *nicht* mehrere Kasus enthalten, nennen wir demgegenüber *einfache Satzglieder* — auch wenn sie aus mehreren Wörtern bestehen *(„dieses altbekannte dornige Problem")*.

Den fallbestimmten Ausdruck, der zugleich den Gesamtfallwert bestimmt, nennen wir den *Grundbestandteil* des komplexen Satzgliedes. Alle andern fallbestimmten Ausdrücke, die in dem komplexen Satzglied enthalten sind, nennen wir *attributiv.* Als Untersuchungsmaterial benutzen wir nochmals die Probetexte aus der „logischen Propädeutik" (vgl. oben S. 33—37 und S. 65—66), für die die Untersuchung der fallbestimmten Satzglieder als solcher, in ihrem Gesamtfallwert und ihrer Beziehung zu den verbalen Teilen, schon geleistet ist.

Wir finden in den beiden Probetexten die folgenden komplexen Satzglieder (wo nötig im Zusammenhang des Satzes gegeben):

Text 1, Kamlah-Lorenzen S. 14—15

(1) *in das Blickfeld der deutschen Philosophie* vorrücken
(2) *die seit Frege, Russell, Wittgenstein neu aufblühende Logik*
(3) Sprachkritik kann *als Parole gegenwärtiger Philosophie* gelten
(4) die Sprache *für einen hervorragenden Gegenstand der Philosophie* erklären
(5) die Sprache bleibt *Gegenstand zahlreicher Wissenschaften und auch der Philosophie, etwa der philosophischen Anthropologie*
(6) damit es überhaupt *vernünftige Erforschung von Gegenständen* geben kann
(7) die Sprache ist *„Bedingung der Möglichkeit" jeglicher Wissenschaft und Philosophie*
(8) die Kantische Vernunftkritik hieß *als Untersuchung der Möglichkeit jeglicher Erkenntnis* „Transzendentalphilosophie"
(9) *das Erbe der Kantischen Transzendentalphilosophie* antreten
(10) *Logische Propädeutik als Sprachkritik* ist aller Philosophie vorgeordnet

Text 2, Kamlah-Lorenzen S. 11—12

(11) *die Absicht dieses Buches*
(12) *zur Bewältigung einer Aufgabe* beitragen
(13) *angesichts der Situation der Philosophie und der Wissenschaften, zumal der sogenannten Geisteswissenschaften*
(14) *zu Beginn des Jahrhunderts*
(15) *so etwas wie eine glückliche Stunde*
(16) *in der Nachfolge Diltheys und Husserls*
(17) *in der Aneignung von Kierkegard und Nietzsche*
(18) *in der fortgehenden Auseinandersetzung mit Kant und Hegel*
(19) *eindrucksvolle Entwürfe der Philosophie*
(20) *neuartige Aspekte der historischen Interpretation von Texten und Kunstwerken*
(21) *von der Leistung der damals führenden Denker* zehren
(22) es fehlt *die Disziplin des Denkens und des Redens*
(23) *unsere hoffnungslos gegeneinander aufgefahrenen Standpunkte und Meinungen* abbauen
(24) *Die Disziplinlosigkeit des monologischen Drauflosschreibens und Aneinandervorbeiredens in fast allen Bereichen nicht allein der Philosophie und der Wissenschaft, sondern auch der Literatur, der Kunstkritik, der Politik* ist erschreckend
(25) *Maßstäbe und Regeln des disziplinierten Dialogs*

Dazu wählen wir als weiteren Probetext den ersten Abschnitt des Schlußwortes („Ausblick") im Band „Das Zeitalter des Imperialismus" der „Fischer Weltgeschichte", verfaßt von Wolfgang J. Mommsen, erschienen 1969. Wir bieten diesen Probetext gleich in unmittelbaren Textelementen und markieren die komplexen fallbestimmten Satzglieder.

(26, 27) 1 *Am Ende des Ersten Weltkrieges* hatte sich *das alte Europa der fünf Großmächte* bis zur Unkenntlichkeit verändert.

2.1 In ganz Mittel- und Osteuropa waren die überkommenen Herrschaftssysteme zusammengebrochen,

2.2 und inmitten des zurückgebliebenen politischen und wirtschaftlichen Chaos lieferten sich die demokratischen, die sozialistischen und kommunistischen und die konservativen Kräfte ein
(28) erbittertes Gefecht *um die künftige innenpolitische Ordnung der neu entstehenden Nationalstaaten.*

3.1 Während die Sowjetmacht,

3.2 die selbst noch um ihren Bestand ringen mußte,

(29) 3.3 die erste Runde *im Kampf um beherrschenden politischen Einfluß auf die innere Entwicklung Europas* verlor,

(30) 3.4 stiegen die Vereinigten Staaten *zur führenden Macht des Westens* auf.

(31) 4.1 *Der Sieg der demokratischen Staatsidee* schien fast vollkommen –

4.2 erst allmählich sollte sich zeigen,

(32) 4.3 daß *das ‚Selbstbestimmungsrecht der Völker' und das Nationalitäts-Prinzip* allein nicht hinreichten,

4.4 um Europa auf die Dauer ‚sicher für die Demokratie' zu machen,

4.5 zumal es Wilson nicht gelang,

(33) 4.5 *die Machtegoismen der triumphierenden Westmächte* wirksam an die Kette zu legen.

(34) 5.1 Europa aber mußte *seine Führungsstellung in der Welt,*

5.2 die es bislang unbestritten hatte beanspruchen können,

5.3 an die beiden großen Flügelmächte,

(35) 5.4 *die USA und die nur im Augenblick, nicht aber auf die Dauer ohnmächtige UdSSR* abgeben.

(36) 6.1 *Großbritanniens historische Rolle als größter Bankier der Welt* war ausgespielt;

6.2 diese fiel nun den USA zu,

6.3 denen die Ententemächte sämtlich hoch verschuldet waren.

7.1 Ebenso mußte es die britische Krone hinnehmen,

7.2 daß die Dominions jetzt auch in außenpolitischen Fragen volle Handlungsfreiheit beanspruchten

7.3 und auf dem internationalen Parkett selbständig auftraten.

13 A 2 Überblick; Spezielleres zur Methode; dekliniert eingefügte verbale Wortketten

Schon das kleine Material, das wir hier analysieren, zeigt die Wichtigkeit und Häufigkeit der Phänomene, gerade in der Wissenschaftssprache.

Probetext 1 (25 Druckzeilen, 197 Wörter in 8 Sätzen) enthält 10 komplexe fallbestimmte Satzglieder, von denen das längste 11 Wörter umfaßt; von den insgesamt 197 Wörtern stehen 57 (und oft gerade die längsten) in komplexen Satzgliedern. Für Text 2 lauten die Zahlen: 309 Wörter in 10 Sätzen, im Druck 38 Zeilen, darin 15 komplexe fallbestimmte Satzglieder mit insgesamt 117 Wörtern, das umfangreichste (Nr. 24) allein mit 26 Wörtern. Text 3 umfaßt 229 Wörter in 7 Sätzen auf 28 Druckzeilen und enthält 11 komplexe fallbestimmte Satzglieder mit insgesamt 80 Wörtern, wobei das längste Satzglied 14 Wörter umfaßt.

Wir prüfen nun, wie weit wir die gegenseitigen Beziehungen des Grundbestandteils und der attributiven fallbestimmten Ausdrücke zurückführen können auf die Beziehungen, die wir für die *ganzen* fallbestimmten Satzglieder in ihrem Verhältnis zum *Verb* gefunden haben. Wir lösen also die komplexen Satzglieder so auf, daß sich finite Sätze (oder auch, zwecks Vereinfachung der Arbeit, nur verbale Wortketten) ergeben, in denen jeder fallbestimmte Ausdruck als eigenes Satzglied fungiert.

Diese Operation liegt auf der Hand, wenn wir die Glieder (2) und (23) betrachten:

(2) die seit Frege, Russell, Wittgenstein neu *aufblühende* Logik

(23) unsere hoffnungslos gegeneinander *aufgefahrenen* Standpunkte und Meinungen

Hier haben wir schon ein Verb, in Form von Partizip I oder Partizip II, und wir müssen es nur finit setzen bzw. in den Infinitiv transformieren:

(2) → die Logik *ist* seit Frege, Russell, Wittgenstein neu *aufgeblüht.*
die Logik *blühte* seit Frege, Russell, Wittgenstein neu *auf.*
seit Frege, Russell, Wittgenstein neu aufgeblüht sein // die Logik

(23) → unsere Standpunkte *sind* hoffnungslos gegeneinander *aufgefahren* (gegeneinander = Präpo-Akkusativ, gegen einander, einer gegen den andern)
hoffnungslos gegeneinander aufgefahren sein//die Standpunkte

Wir halten als ersten Befund fest: Man kann oft einen finiten Satz in ein komplexes Satzglied transformieren, indem man dem Verb die Form des Partizips I oder des Partizips II gibt; das Subjekt des finiten Satzes wird zum Kern eines fallbestimmten Ausdrucks; das Partizip zeigt Kasus-, Genus- und Numeruskongruenz (eine neu aufblühend*e Wissenschaft*, ein neu aufblühend*er Wissenschaftszweig*, bei ei*nem* neu aufblühen*den Wissenschaftszweig*, usw.); die zur verbalen Wortkette gehörenden Satzglieder (also alle außer dem Subjekt) behalten ihre Form und den Platz, den sie in der verbalen Wortkette haben.

Gegenproben zeigen sogleich, daß diese Möglichkeit in der oben beschriebenen allgemeinen Form nur bei Verwendung des Partizip I gilt und daß Restriktionen bestehen, die vor allem mit dem Verlust der Tempus- und Modusmerkmale zusammenhängen:

A diskutiert mit B den Sachverhalt C
→ der mit B den Sachverhalt C diskutierende A
Der X bietet dem Y die Ware W an
→ der dem Y die Ware W anbietende X

aber nicht:

Der X bot dem Y die Ware W an
→ der dem Y die Ware W angeboten habende X

Bei Transformation in Partizip II bestehen noch erheblich mehr Restriktionen:

Der X ist mit dem Z den ganzen Tag in O geblieben (und ging nun ...)
→ Der mit dem Z den ganzen Tag in O gebliebene X (ging nun ...)
Aber nicht:
Der X hat den Y in O angetroffen
→ Der den Y in O angetroffene („angetroffen habende")X

Die Transformation ist, wie man leicht sieht, nur möglich für Verben im Passiv und für diejenigen Verben im Aktiv, zu denen ein Perfekt mit „sein" möglich ist. Demgemäß treten im komplexen Satzglied (als attributive Bestandstücke) keine Objekte und Prädikative auf, sondern nur Dativ- und Genitivobjekte, Präpokasus und Adverbialkasus.

Wir brauchen hier diese Restriktionen nicht genauer zu behandeln, da wir an diesem Punkt unserer Analyse nicht wissen wollen, aus welchen finiten Sätzen komplexe Satzglieder gebildet werden können, sondern wie die tatsächlich auftretenden komplexen Satzglieder durch Rücktransformation in finite Sätze erklärbar sind,

d. h. wie die in den komplexen fallbestimmten Satzgliedern steckenden Beziehungen (attributive Bestandstücke zum Grundbestandteil, attributive Bestandstücke unter sich) auf die in finiten Sätzen bestehenden Beziehungen zurückführbar sind.

Dafür hat sich nun bereits ergeben: der Grundbestandteil (der den Gesamtfallwert bestimmt und hier die attributiven Bestandstücke umklammert) wird bei Rücktransformation zum Subjekt (natürlich ohne das Partizip, das ja zum Finitum oder finiten Gefüge wird), die attributiven Ausdrücke werden zu den entsprechenden fallbestimmten Satzgliedern.

Wir können auf diese Weise auch mehrstufige Einbettungen konstruieren und auflösen:

— die seit der viele Forscher bewegenden Frage nach den die Mathematik fundierenden Axiomen einen neuen Aufschwung nehmende Logik

— seit der viele Forscher bewegenden Frage nach den die Mathematik fundierenden Axiomen *nahm* die Logik einen neuen Aufschwung

— die Frage nach den die Mathematik fundierenden Axiomen *bewegte* viele Forscher

— man fragt nach den die Mathematik fundierenden Axiomen

— welche Axiome *fundieren* die Mathematik?

Mit allen diesen Operationen haben wir natürlich erst eine *morphosyntaktische* Analyse durchgeführt, weil wir ja auch die Kategorien der fallbestimmten Satzglieder ausdrücklich als erst morphosyntaktisch gekennzeichnet haben; die besonderen nomosyntaktischen Werte, die z. B. von der Struktur „Verb + Objekt" getragen werden können, sind im komplexen Satzglied genau so abzuheben wie im finiten Satz — aber an diese Aufgabe können wir erst später herantreten.

Wir haben damit unsere Beispiele (2) und (23) geklärt und mit ihnen grundsätzlich alle komplexen fallbestimmten Satzglieder, die auf der Einbettung einer ganzen verbalen Wortkette (mit Benutzung von Partizip I oder II) in ein fallbestimmtes Satzglied beruhen. Auf die gleiche Weise ist Beispiel (35) zu erklären, das wir zunächst noch nicht mit (2) und (23) in Verbindung brachten, weil kein Partizip vorhanden ist:

(35) die nur im Augenblick, aber nicht auf die Dauer ohnmächtige UdSSR

die UdSSR *war* nur im Augenblick, aber nicht auf die Dauer *ohnmächtig*

Wir können als allgemeine Einbettungsmöglichkeit konstatieren:
Der A ist y-artig
→ der y-artig*e* A
Diese Einbettung kann verstanden werden als Grenzfall der oben besprochenen, mit Hilfe von Partizipien erfolgenden Einbettung. Man vergleiche:
Der X lag einen Augenblick *ohnmächtig da*
→ der einen Augenblick *ohnmächtig daliegende* X
Der Y *bleibt* mir von Grund aus *unsympathisch*
der mir von Grund aus *unsympathisch bleibende* Y
Der X *war* einen Augenblick *ohnmächtig*
→ der einen Augenblick *ohnmächtige* X
Der Y *ist* mir von Grund aus *unsympathisch*
→ der mir von Grund aus *unsympathische* Y

Wir treffen hier auf ein Phänomen, das als solches erst bei der Analyse des Aufbaus einfacher Satzglieder und bei der Frage der Wortklassen zu behandeln ist: die Existenz von Wörtern, die sowohl als Teile fallbestimmter Satzglieder (oder eigene fallbestimmte Satzglieder) wie als fallfremde Satzglieder (oder fallfremde Teile von Satzgliedern) auftreten können. Es handelt sich, gemäß unserem grammatischen Vorwissen, um die Wortart „Adjektiv". Wir sehen, daß hierher auch viele Partizipien gerechnet werden können, und wir werden im nächsten Kapitel sehen, daß im inneren Aufbau der einfachen fallbestimmten Satzglieder neben einem „Kern" und einem „Pronominalteil" auch ein „Adjektivteil" zu unterscheiden ist, der durch Adjektiv oder Partizip ausgefüllt sein kann.

Wenn wir diese beiden Begriffe („Adjektiv" als Wortklasse und „Adjektivteil" als Stelle im Aufbau einfacher fallbestimmter Satzglieder) hier schon einmal probeweise benutzen, können wir formulieren: Bei der *Einbettung einer verbalen Wortkette* in ein fallbestimmtes Satzglied wird das *Subjekt* zum *Kern des Grundbestandteils,* das *Verb* wird in Form eines Partizips zum *Adjektivteil.* Besteht nun die verbale Wortkette aus einem *Adjektiv* + *„sein"* (mit weiteren Satzgliedern oder ohne solche), so *fällt* bei Einbettung einer solchen verbalen Wortkette *das Partizip* (es würde *„seiend"* heißen) *weg,* und an seiner Stelle tritt das Adjektiv selber als Adjektivteil (dem Kasus angepaßt) auf; das Adjektiv signalisiert hier also für sich allein die Information, die im finiten Satz und in der infinitivischen verbalen Wortkette durch das Adjektiv *und* das Verb *„sein"* signalisiert wird. Dieses Verb *„sein"* wird offenbar als selbstverständlich betrachtet, so daß sein Partizip bei der Einbettung wegfallen kann. Es tritt aber auf, und zwar als Partizip II, wenn es ein Stück temporale Information zu tragen hat:

Der Y *war* mir von Grund aus unsympathisch *gewesen*

→ Der mir von Grund aus unsympathisch *gewesene* Y (wirkte jetzt viel sympathischer)

Anders zu beurteilen ist dagegen das Beispiel (18), das auf den ersten Blick auch hierher zu gehören scheint: (18) in der *fortgehenden* Auseinandersetzung mit Kant und Hegel.

Daraus ergibt sich nämlich nicht der Satz „die Auseinandersetzung *ging mit Kant und Hegel fort"*, sondern der Satz „die *Auseinandersetzung mit Kant und Hegel* ging fort"; das komplexe Satzglied steckt also schon in der Wortkette „fortgehen" und ist erst in einem weiteren Schritt auflösbar, indem man aus dem nichtverbalen Wort „Auseinandersetzung" ein Verb entnimmt: „Man *setzte* sich mit Kant und Hegel *auseinander"*. Diese Auflösungsweise ist in 13 A 4 (S. 80) zu behandeln. Einreihung in die in vorliegendem Abschnitt herausgearbeitete Klasse läge nur vor, wenn es hieße „die *mit Kant und Hegel fortgehende* Auseinandersetzung" — das aber ist etwas ganz anderes als das, was in (18) vorliegt.

13 A 3 Durch „als" und „wie" an den Grundbestandteil angeknüpfte Ausdrücke

Für die weitere Arbeit gruppieren wir nun die Beispiele folgendermaßen:

- die attributiven Ausdrücke sind angeknüpft durch „als" oder „wie"
- die attributiven Ausdrücke sind angeknüpft durch eine Präposition
- die attributiven Ausdrücke sind angeknüpft durch Genitiv, ohne Präposition

Anknüpfung durch „als" oder „wie" zeigen die Beispiele 10, 15 und 36:

(10) *Logische Propädeutik als Sprachkritik* ist aller Philosophie vorgeordnet

(15) *so etwas wie eine glückliche Stunde* hat die Philosophie damals gehabt

(36) *Großbritanniens historische Rolle als größter Bankier der Welt* war ausgespielt

Wir erproben hier zuerst die Festigkeit des Zusammenhalts; sie erweist sich als recht verschieden.

Zu Beispiel (10) finden wir:

(a) *Logische Propädeutik als Sprachkritik* ist aller Philosophie vorgeordnet

(b) *Logische Propädeutik* ist *als Sprachkritik* aller Philosophie vorgeordnet

(c) *Als Sprachkritik* ist *logische Propädeutik* aller Philosophie vorgeordnet

Es liegt also eine reine Zusammenrückung vor, das komplexe Satzglied ist ohne weiteres auflösbar, die Information ändert sich kaum, höchstens in stilistischen Nuancen; (a) kann man verdeutlichen „logische Propädeutik ist Sprachkritik, sie ist daher aller Philosophie vorgeordnet"; in (b) und (c) kann man eine Spur von konditionaler Aussage finden: „Wenn (insofern) logische Propädeutik zugleich Sprachkritik ist, ist sie aller Philosophie vorgeordnet".

In Beispiel (15) finden wir dagegen festen Zusammenhalt, nicht nur (durch gemeinsames Einnehmen des Platzes vor dem Finitum entstandene) Zusammenrückung. Der attributive Ausdruck kann zwar hinter den infiniten verbalen Teil gesetzt werden, aber weder der Grundbestandteil noch der attributive Ausdruck kann allein die erste Satzgliedstelle, vor dem Finitum, einnehmen (Die Philosophie hat in Deutschland damals *so etwas wie eine glückliche Stunde* gehabt — sie hat *so etwas* gehabt *wie eine glückliche Stunde;* aber nicht: *Wie eine glückliche Stunde* hat sie *so etwas* gehabt — *So etwas* hat sie gehabt *wie eine glückliche Stunde).*

Es liegt offensichtlich eine feste Gliedstruktur vor, die man als ganze auch andersartig ersetzen kann und für die sich leicht ein semantischer Wert angeben läßt:

so etwas wie das X
eine Art von X
etwas Ähnliches wie ein X } = eine vorsichtige Art der Einordnung in die Klasse X; man stellt nur eine Ähnlichkeit fest und nimmt keine Festlegung vor.

Bei Vereinfachung fällt denn auch *nicht,* wie bei (10), der attributiv zugeordnete Ausdruck weg, sondern der Grundbestandteil und die Gliedkonjunktion (*„So etwas wie"*), und der vorher attributiv zugeordnete Ausdruck wird für sich allein das fallbestimmte Satzglied.

Entsprechendes gilt für „eine Art von":
Dort war *eine Art von großem Käfig*
ein großer Käfig

Entsprechend ist es nicht so leicht, bei Beibehaltung der beiden Ausdrücke eine Auflösung in eigene Satzglieder vorzunehmen. Möglich sind etwa: „*Eine glückliche Stunde* ist *so etwas, das man mit dem hier zu Beschreibenden vergleichen kann*". — „Das hier zu Beschreibende ist *so etwas Ähnliches, wie eine glückliche Stunde* es ist."

Festen Zusammenhalt finden wir auch beim letzten unserer drei „wie-als"-Beispiele: (36) „*Großbritanniens historische Rolle als größter Bankier der Welt* war ausgespielt.

Es ist höchstens möglich „nun war *Großbritanniens historische Rolle* ausgespielt *als größter Bankier der Welt*", nicht aber „*Großbritanniens historische Rolle* war *als größter Bankier der Welt* ausgespielt" oder „*Als größter Bankier der Welt* war die historische Rolle ausgespielt".

Wir haben hier *zwei* auch in sich komplexe fallbestimmte Ausdrücke, die zusammen *ein* komplexes Satzglied ausmachen: *Großbritanniens* historische Rolle — als Bankier *der Welt*. Den Aufbau der beiden Teilkomplexe (den Genitiv-Anschluß) betrachten wir in Abschnitt 13 A 5, hier befassen wir uns erst mit der Verknüpfung durch „als": „*Die Rolle als Bankier*". Als Ersatz liegt nahe „Die Rolle *des Bankiers*". Eine Verdeutlichung durch finiten Satz ist gar nicht so leicht; man muß zu einer Umschreibung greifen wie: „Bankier sein *ist* eine Rolle (im Geschäftsleben)". Die Satzgliedstruktur „*X als Y*" erweist sich dann als eine mögliche Konzentration aus dem Satz „*X ist Y*", also dem Satz mit Subjekt und Prädikativ. Ähnliches sahen wir ja schon bei Beispiel (10), wo „Logische Propädeutik *als Sprachkritik* ist ..." expliziert werden konnte als „Logische Propädeutik *ist Sprachkritik* und ist daher ...".

Entsprechend finden wir auch bei (36) eine feste semantische Struktur; der Ersatz des „als" durch „des", also durch Genitiv, ist nämlich nur möglich bei Ausdrücken einer bestimmten semantischen Klasse:

	als Bankier	Die Stellung	als Verwalter
Die Aufgabe	eines Bankiers	Der Posten	des Verwalters
	des Bankiers	Der Beruf	

Als Grundbestandteil ist also ein Wort mit dem semantischen Merkmal „Rolle, Aufgabe, Funktion" erforderlich, als attributiv zugeordneter Bestandteil ein Wort mit dem semantischen Merkmal „Rollenträger, für eine Rolle in Frage kommendes Wesen".

Die drei behandelten Beispiele zeigen deutlich, wie weit hier Morphostruktur und Nomostruktur auseinandergehen; der morphostrukturelle Komplex „Grundbestandteil + attributiv zugeordneter Bestandteil" erweist sich im Beispiel (10) als bloße Zusammenrükkung, die ohne weiteres auflösbar ist, in den beiden Beispielen (15) und (36) als fester, nur mit Mühe auflösbarer Träger für eine je besondere nomosyntaktische Struktur.

Wir geben uns keineswegs der Illusion hin, mit den drei Beispielen schon *alle* nomosyntaktischen Strukturen gefunden zu haben, die von komplexen fallbestimmten Satzgliedern mit dem Verknüpfungsmittel „als" oder „wie" signalisiert werden können. Wir begnügen uns an dieser Stelle mit dem Aufweis des Problems als solchen und wenden uns nun zu den Verknüpfungen durch Präposition und durch reinen Genitiv.

13 A 4 Durch Präposition an den Grundbestandteil angeknüpfte Ausdrücke

Eine Verknüpfung von Grundbestandteil und weiterem fallbestimmtem Ausdruck durch *Präpositionen* finden wir in folgenden Beispielen:

(6) vernünftige Erforschung *von Gegenständen*
(17) in der Aneignung *von Kierkegard und Nietzsche*
(18) in der fortgehenden Auseinandersetzung *mit Kant und Hegel*
(20) neuartige Aspekte der Interpretation *von Texten und Kunstwerken*
(24) die Disziplinlosigkeit des monologischen Drauflosschreibens und Aneinandervorbeiredens *in fast allen Bereichen* nicht allein der Philosophie und der Wissenschaft . . .
(29) im Kampf *um beherrschenden politischen Einfluß auf die innere Entwicklung* Europas
(34) seine Führungsstellung *in der Welt*

Die Umwandlung in finiten Satz ist leicht für die Beispiele 18, 24, 29 und 34:

(18) *Auseinandersetzung* mit Kant und Hegel
→ man *setzt sich* mit Kant und Hegel *auseinander*

Das nötige Verb ist leicht aus „Auseinandersetzung" zu entnehmen.

(24) *monologisches Drauflosschreiben und Aneinandervorbeireden* in fast allen Bereichen . . .
→ in fast allen Bereichen *schreibt man monologisch darauflos und redet aneinander vorbei*

Das nötige Verb ist schon als Infinitiv vorhanden, in ganzer verbaler Wortkette.

(29a) *Kampf* um beherrschenden politischen Einfluß
→ *man kämpft* um den Einfluß
Das nötige Verb ist unmittelbar aus dem nichtverbalen Wort „Kampf" zu entnehmen.

(29b) *Einfluß* auf die innere Entwicklung
Hier gibt es kein einfaches Verb, das die Beibehaltung der Präposition gestattet, sondern nur die verbale Wortkette: auf etwas *(einen) Einfluß haben;* will man ein einfaches Verb, so muß der präpositionale Ausdruck durch Objekt ersetzt werden, und der semantische Wert ändert sich etwas: „die innere Entwicklung *beeinflussen*".

(34) *seine Führungsstellung* in der Welt
→ Europa *führte* in der Welt.

In allen diesen Beispielen läßt sich also das komplexe fallbestimmte Satzglied verstehen als eine Konzentration aus einem finiten Satz, indem aus dem Verb des finiten Satzes eine nichtverbale Einheit gemacht worden ist, die nun als Kern des Grundbestandteils vorliegt („Auseinandersetzung", „Drauflosreden und Aneinandervorbeireden" „Kampf", „Einfluß", „Führungsstellung").

Anders ist es mit den Beispielen 6, 17, 26: in allen dreien haben wir die Präposition „von", und in allen dreien *muß* diese Präposition wegfallen, wenn man aus dem Kern des Grundbestandteils ein Verb macht:

(6) vernünftige *Erforschung von* Gegenständen
→ *Gegenstände* erforschen
Unmöglich: *von* Gegenständen erforschen;
auch nicht „*von* Gegenständen (Er)forschung treiben", analog zu 29 b „auf etwas Einfluß haben/ausüben".

(17) *Aneignung von* Kierkegard und Nietzsche
→ sich *(den* Theologen) Kierkegard und
(*den* Philosophen) *Nietzsche* aneignen
Eine verbale Wortkette, die „*von* Kierkegard und Nietzsche" als eigenes Satzglied enthält, findet sich nicht.

(26) *Interpretation* von Texten und Kunstwerken
→ *einen* Text, *ein* Kunstwerk interpretieren
nicht „*von* Texten und Kunstwerken Interpretation treiben".

Hier ist also das Auftreten der im komplexen Satzglied vorhandenen Präposition und damit der semantische Wert der ganzen Verknüpfung *nicht* zu entnehmen aus einer entsprechenden verbalen Wortkette, die ein durch die betreffende Präposition gekennzeichnetes Satzglied enthält. Dafür ist das *„von"* + Dativ leicht durch einen Genitiv ohne jede Präposition zu ersetzen:

Erforschung *von* Gegenständen
solcher Gegenstände

Aneignung von *Kierkegard und Nietzsche*
Aneignung *dieses Gedankengutes*
Aneignung *Kierkegards und Nietzsches*

Interpretation *von Texten und Kunstwerken*
Interpretation *wichtiger Texte und Kunstwerke*
Interpretation *eines Textes*

Der reine Genitiv gibt also die genau gleiche Information wie „von" + Dativ. Ja, wenn man vom unbestimmten Plural zum Singular und vom Eigennamen zu einem gewöhnlichen Wort übergeht, wirkt das „von" meistens störend und *muß* durch reinen Genitiv ersetzt werden.

Es erscheint daher gerechtfertigt, die komplexen Satzglieder mit der Präposition „von" + Dativ, wenn Ersetzbarkeit durch reinen Genitiv vorliegt, von den übrigen Verknüpfungen durch Präposition + Kasus zu trennen und sie mit den durch reinen Genitiv angefügten Ausdrücken zusammenzunehmen, zu denen wir nun kommen. Der Unterschied wird klar in folgenden konstruierten Beispielen:

Die Loslösung *von* Kleinkomplexen *von* Großkomplexen
Die Loslösung *eines* Kleinkomplexes *von einem* Großkomplex

Die Kleinkomplexe lösen sich *von* den Großkomplexen, aber man löst nichts *von* den Kleinkomplexen, sondern man löst *die* Kleinkomplexe von etwas anderem.

13 A 5 Anknüpfung an den Grundbestandteil durch reinen Genitiv

Zu dieser Gruppe, auf die wir schon im vorigen Abschnitt („von" + Dativ) gestoßen sind, gehört die bei weitem größte Zahl der Beispiele, nämlich 1, 3, 4, 5, 7, 8, 9, 11, 12, 13, 14, 16, 19, 20, 21, 22, 24, 25, 26, 27, 28, 29, 30, 31, 32, 33, 36.

Die Verknüpfungsweise ist in der traditionellen Grammatik oft behandelt worden; man hat dabei auch seit alters die Tatsache beobachtet, daß die gleiche morphosyntaktische Struktur verschiedene semantische Werte tragen kann, vgl. die Unterscheidung des *genetivus subiectivus* und *obiectivus* im Lateinischen: *amor patris* = die Liebe *vom Vater* (zum Kind) oder die Liebe *zum Vater* (vom Kind).

Die Duden-Grammatik unterscheidet für das Deutsche (Ziff. 5705—35):
— Genitivus possessivus (das Haus *meines Vaters*)
— Genitivus definitivus und explicativus (das Laster *des Trunkes*)
— Genitivus subiectivus oder Genitivus obiectivus
(Die Ankunft *des Zuges* — die Zerstörung *Karthagos*)
— Genitivus qualitatis (ein Jüngling *edlen Gefühls*)
— Genitivus partitivus (die Hälfte *meines Vermögens*).

Wir wenden auch hier das bisher bewährte Verfahren an, aus dem komplexen Satzglied einen Satz zu bilden, der die beiden fallbestimmten Ausdrücke als je eigene Satzglieder enthält.

Dabei können wir folgende Gruppen bilden:

a) Im Grundbestandteil des komplexen Gliedes ist schon ein semantisches Element enthalten, das leicht verbal zu fassen ist (traditionell: es liegt ein „nomen actionis" vor);

b) Für das bei der Verdeutlichung einzusetzende Verb liegt kein spezieller Hinweis vor, es ist je nach dem Verständnis des Zusammenhangs frei zu wählen.

Innerhalb dieser Gruppe b machen wir wieder zwei Gruppen:

b1) mit dem Verb „haben" ergibt sich eine brauchbare Verdeutlichung;

b2) für eine brauchbare Verdeutlichung ist ein anderes (spezielleres) Verb als „haben" unerläßlich.

13 A 5.1 Ein nomen actionis vorhanden

(8a) *Untersuchung* der Möglichkeit (jeglicher Erkenntnis)
→ man *untersucht* die Möglichkeit
die Möglichkeit *wird untersucht*

(12) *Bewältigung* einer Aufgabe
→ man *bewältigt* eine Aufgabe
eine Aufgabe *wird bewältigt*

(16) in der *Nachfolge* Diltheys und Husserls
→ man *folgt* Dilthey und Husserl *nach*
(keine Möglichkeit, die im attributiven Ausdruck genannten Namen als Subjekt zu setzen: in der Passivwendung „hier

wird/ist Dilthey und Husserl *gefolgt"* bleiben die beiden Dativobjekte, wie bei „ man folgt *ihnen"*)

(21) von der Leistung der damals führenden Denker zehren
→ die damals führenden Denker *leisteten* etwas

(31) Der *Sieg* der demokratischen Staatsidee (war fast vollkommen)
→ die demokratische Staatsidee *siegte*

Hierher gehören offensichtlich auch alle drei Beispiele für attributives „von", das mit reinem attributivem Genitiv äquivalent ist (vgl. oben S. 81–82):

(6) vernünftige *Erforschung* von Gegenständen
→ man *erforscht* Gegenstände
Gegenstände *werden erforscht*

(17) in der *Aneignung* von Kierkegard und Nietzsche
→ man *eignet sich* Kierkegard und Nietzsche an
(passive Wendung kaum möglich: K. und N. *wurden* von der deutschen Philosophie *angeeignet*)

(26) die *Interpretation* von Texten und Kunstwerken
→ man *interpretiert* Texte und Kunstwerke
Texte und Kunstwerke *werden interpretiert*

Eine doppelte Einreihungsmöglichkeit — hier bei der Gruppe „nomen actionis" und bei der Gruppe „haben" — finden wir in folgendem Beispiel:

(29) die innere *Entwicklung* Europas
→ Europa *entwickelt sich* im Innern
→ Europa *hat* eine innere Entwicklung

Ein nomen actionis ist im Grundbestandteil enthalten, bildet aber nicht dessen Kern:

(32) das *Selbstbestimmungs*recht der Völker
→ die Völker *bestimmen* selbst . . ., dazu *haben* sie ein Recht
→ die Völker *haben* das Selbstbestimmungsrecht

Eher in die haben-Gruppe gehörig, nur mit semantischer Änderung in der Gruppe mit nomen actionis:

(28) die künftige innenpolitische *Ordnung* der neu entstehenden Nationalstaaten
→ die neu entstehenden Nationalstaaten *werden* innenpolitisch (neu) *geordnet*
→ diese neu entstehenden Nationalstaaten müssen eine innenpolitische Ordnung *haben*

Unsere Gruppen lassen sich also offenbar nicht scharf abgrenzen, aber sie scheinen doch wichtige Hinweise auf die hier vorliegenden nomosyntaktischen Strukturen zu geben. Das komplexe Satzglied läßt sich bisher überall als komprimierte Form eines finiten Satzes auffassen, und die Rücktransformation in einen solchen finiten Satz erfolgt oft auch spontan in der normalen Kommunikation, wenn das Verständnis erleichtert oder ein Mißverständnis beseitigt werden soll.

Dabei spielen offenbar morphosyntaktische Besonderheiten der verbalen Kette und des finiten Satzes keine entscheidende Rolle; schon bei unsern wenigen Beispielen wird bei der Rücktransformation der attributive Ausdruck teils zum Objekt eines aktiven (zum Subjekt des entsprechenden passiven) Verbs *(„erforschen, untersuchen, bewältigen, interpretieren, ordnen")*, teils zum Subjekt eines nicht passivfähigen Verbs *(„siegen, sich entwickeln")*, teils zum Objekt eines nicht passivfähigen Verbs *(„sich aneignen")*, teils zum Dativobjekt *(„nachfolgen")*.

Die Struktur „Grundbestandteil + attributiver Genitiv" erscheint weiter und weniger spezifiziert — auch mit der genaueren nomosyntaktischen Bestimmung „nomen actionis" als Grundbestandteil — als die in den verbalen Wortketten ausgeprägten Strukturen mit Objekt, Objektsdativ, reflexiven Verben usw. „Die Begrüßung dieses Menschen" ist doppeldeutig: „der Mensch begrüßt jemanden — der Mensch wird von jemandem begrüßt".

Wir können also keineswegs mit einfachen Transformationsregeln rechnen, weder in der einen noch in der anderen Richtung:

diesem Menschen *nachfolgen* (in der) *Nachfolge* dieses Menschen

aber nicht:

diesem Menschen *begegnen* (in der) *Begegnung* dieses Menschen

sondern nur: in der Begegnung *mit* diesen Menschen

Morphostruktur und Nomostruktur hängen hier, wie so oft, auf eine recht komplizierte Weise zusammen, und wir müssen uns an dieser Stelle der Untersuchung damit begnügen, das Problem sichtbar und die Morphostruktur als solche faßbar zu machen.

13 A 5.2 Kein nomen actionis vorhanden; als Verb ist „haben" einzusetzen

Die Verdeutlichung durch „haben", wobei der attributive Genitiv zum Subjekt wird, gibt für recht viele unserer Beispiele ein brauchbares Resultat:

(1) in *das Blickfeld der deutschen Philosophie* vorrücken
→ die deutsche Philosophie *hat* ein (beschränktes) Blickfeld

(3) Sprachkritik kann *als Parole gegenwärtiger Philosophie* gelten
→ die gegenwärtige Philosophie *hat* eine Parole

(4) die Sprache *für einen hervorragenden Gegenstand der Philosophie* erklären
→ Die Philosophie *hat* Gegenstände (und darunter diesen hervorragenden Gegenstand)

(5) Die Sprache bleibt *Gegenstand zahlreicher Wissenschaften* ...
→ zahlreiche Wissenschaften *haben diesen Gegenstand* (haben die Sprache als Gegenstand)

(11) *die Absicht dieses Buches*
→ dieses Buch *hat* eine Absicht

(14) *zu Beginn des Jahrhunderts*
→ das Jahrhundert *hat* einen Beginn (einen Anfang)

(22) es fehlt *die Disziplin des Denkens und Redens*
→ das Denken und Reden *hat keine* Disziplin
(*sollte mehr* Disziplin *haben)*

(24a) *Die Disziplinlosigkeit des monologischen Drauflosschreibens und Aneinandervorbeiredens*
→ das Schreiben und Reden *hat* eine (erschreckende) Disziplinlosigkeit

(24b) *in fast allen Bereichen nicht allein der Philosophie und der Wissenschaft*
→ Philosophie (Wissenschaft) *hat* verschiedene Bereiche

(25) *Maßstäbe und Regeln des disziplinierten Dialogs*
→ der Dialog *hat* Maßstäbe und Regeln *(sollte* sie *haben)*

(26) *Am Ende des Ersten Weltkrieges*
→ der Erste Weltkrieg *hatte* ein Ende

(30) *zur führenden Macht des Westens aufsteigen*
→ der Westen *hat (hatte* immer) eine führende Macht

(33) *die Machtegoismen der triumphierenden Westmächte*
→ die triumphierenden Westmächte *haben (zeigen)* Machtegoismen

(36a) *Großbritanniens historische Rolle*
→ Großbritannien *hat (hatte)* eine historische Rolle

(36b) *als größter Bankier der Welt*
→ die Welt *hat* Bankiers, *hatte* einen größten Bankier

Schon in Gruppe a fanden wir die doppelte Möglichkeit der Verdeutlichung für (28), (29) und (32):

(28) die innenpolitische Ordnung der Staaten
die Staaten *haben* eine innenpolitische Ordnung
die Staaten *werden* innenpolitisch *geordnet*
die Staaten *sind* innenpolitisch *geordnet*

(29) die innere Entwicklung Europas
Europa *hat* eine innere Entwicklung
Europa *entwickelt sich* im Innern
(32) das Selbstbestimmungsrecht der Völker
die Völker *haben* das Selbstbestimmungsrecht
die Völker *bestimmen* selbst

Ähnliche Übergänge finden wir auch zur folgenden Gruppe: bei mehreren der oben für „haben" angeführten Beispiele liegt eine Verdeutlichung durch „zeigen, aufweisen, entwickeln, mit sich führen" nahe; aus einem Grundbestandteil„-losigkeit" („Disziplinlosigkeit") ergibt sich „vermissen lassen" (als „leider nicht haben").

Trotzdem hat die Gruppierung einen nicht zu unterschätzenden heuristischen Wert; wir wenden uns nun zur letzten Gruppe, einer Sammelgruppe.

13 A 5.3 Bei Verdeutlichung sind verschiedene Verben nötig

Einige Beispiele lassen sich unmittelbar an die „haben"-Gruppe anschließen:

(20) *neuartige Aspekte der historischen Interpretation*
→ die historische Interpretation *hat* neuartige Aspekte
zeigt
entwickelt

(19) *eindrucksvolle Entwürfe der Philosophie*
→ die Philosophie *hat* eindrucksvolle Entwürfe
zeigt eindrucksvolle Entwürfe
weist eindrucksvolle Entwürfe *auf*
schafft eindrucksvolle Entwürfe

(27) *das alte Europa der fünf Großmächte*
→ das alte Europa *hatte* fünf Großmächte
das alte Europa *bestand* aus fünf Großmächten
das alte Europa *wurde bestimmt von* Großmächten

Kaum mehr mit „haben" zu verdeutlichen ist Beispiel (13): angesichts *der Situation der Philosophie und der Wissenschaften* ...

→ die Philosophie } *steht* in dieser Situation
die Wissenschaft } *weist* diese Situation *auf*
ist gekennzeichnet durch diese Situation

Noch schwieriger wird es mit den Beispielen 7a, 7b und 8a, die eine berühmte Formulierung von Kant enthalten:

Die *Bedingung der Möglichkeit* jeglicher Wissenschaft und Philosophie
Die Bedingung der *Möglichkeit jeglicher Wissenschaft und Philosophie*
Die Bedingung der *Möglichkeit jeglicher Erkenntnis*

Zum ersten Teil:

Die Bedingung der Möglichkeit (für etwas)
→ die Möglichkeit *ist eingeschränkt durch* die Bedingung
ist nur gegeben unter der Bedingung

Zum zweiten Teil:

die Möglichkeit jeglicher Erkenntnis, Philosophie, Wissenschaft

→ { Erkenntnis / Philosophie / Wissenschaft } { *sind nur möglich ...* / *kommen nur zustande ...* / *existieren nur ...* }

Besonders aufschlußreich ist das letzte noch zu behandelnde Beispiel:

(9) daß *die Sprachkritik das Erbe der Kantischen Transzendentalphilosophie* anzutreten hat

Hier ist ein doppeltes Verständnis möglich:
diese Philosophie *hat* ein Erbe *hinterlassen*
diese Philosophie *ist* (selbst) ein Erbe

Im Kontext ist die erste Verstehensmöglichkeit die wahrscheinlichere; aber auch die zweite ist nicht ausgeschlossen, sie bringt jedenfalls keine grobe Verstehensstörung des Ganzen mit sich („Sprachkritik ist die Essenz der Kantischen Philosophie, sie ist also das in dieser Philosophie vorhandene Erbe und soll daher nun den Platz einnehmen, den einmal die Kantische Transzendentalphilosophie einnahm").

Wir haben im Wort „Erbe" ein gutes Beispiel dafür, wie verschieden der semantische Wert eines komplexen fallbestimmten Satzglieds sein kann, nicht nur bei gleichem morphosyntaktischem Anschluß (reiner Genitiv), sondern auch bei ein und demselben Wort als Grundbestandteil:

(a) das Erbe der Donaumonarchie (sie *hinterläßt* ein Erbe)
(b) das Erbe der Nachfolgestaaten (sie *haben, übernehmen* ein Erbe)
(c) das Erbe des bürokratischen Zentralismus (der Zentralismus *ist selbst* ein Erbe)

Bei (a) und (b) kann man „Erbe" als nomen actionis verstehen, sowohl für „(an jemanden) *vererben*" wie für „(von jemandem) *erben*".

13 A 5.4 Zwischenergebnis

Die morphosyntaktische Struktur „komplexes Satzglied mit reinem Genitiv" erweist sich als Träger für sehr vielfältige semantische Relationen, die sich teils zu großen Gruppen ordnen lassen (der

Grundbestandteil ist die nominale Fassung eines Verbs, der attributive Genitiv entspricht dem Subjekt — der Grundbestandteil ist etwas, das zum attributiven Genitiv in der Relation des „Habens" steht), teils nach noch undurchschauten Kriterien verzweigen. Es bestehen fließende Übergange zum Anschluß durch Präposition, zum Teil finden wir obligaten Wechsel, der rein morphosyntaktisch, ja phonomorphisch bedingt erscheint:

ein Text *von Goethe* ein Text *von Lenz*
Goethes *„Lenzens"* (sehr auffällig, ungebräuchlich)

einen Text interpretieren → die Interpretation eines Textes („von" ausgeschlossen)

Texte interpretieren → die Interpretation *von* Texten (Genitiv ausgeschlossen)

schwierige Texte interpretieren
→ die Interpretation { schwieriger Texte / von schwierigen Texten.

Dann wieder erscheint der Wechsel als semantische Verdeutlichung:

die Möglichkeit *eines solchen Schrittes*
für einen solchen Schritt

die innenpolitische Lage *des Staates A*
im Staate A

die Situation *dieser Wissenschaften*
in diesen Wissenschaften

die Situation *dieser Menschen*
bei diesen Menschen

Zum Teil ist der Ersatz von Genitiv durch Präpokasus aber ganz ausgeschlossen:

zu Beginn des Jahrhunderts (kaum „zu Beginn *im* Jahrhundert")
das Ende des Krieges (nur in besonderen Sprachschichten:
„das Ende *vom* Krieg").

Verschieden ist auch die Ersetzbarkeit durch „sein, ihr", also durch Possessivpronomen:

Der Schriftsteller A war das Vorbild des Schriftstellers B
→ er war *sein* Vorbild

Der Schriftsteller A war das Vorbild eines Schriftstellers
(= ein idealer Schriftsteller)
→ er war *ein* Vorbild

Der Esel von A: { A *hat* einen Esel → *sein* Esel
A *ist selbst* ein Esel → der Esel A

Wir kommen also mit den im „Duden" genannten Kategorien (S. 83) kaum durch. Wir sind aber an dieser Stelle unserer Analyse noch nicht in der Lage, die hier wirklich vorhandenen nomosyntaktischen Strukturen *alle* aufzuweisen und abzugrenzen. Wir müssen uns damit begnügen, das Problem als solches deutlich gezeigt zu haben und in einem ersten Angang schon einige von den Operationen vorgeführt zu haben, die für eine vollständige Analyse geeignet sein dürften. Für den methodischen Ertrag (Verstehensproblematik) vgl. Abschnitt 13 A 12, Punkt 6, S. 104.

13 A 6 Mehrstufige Komplexe

Von unseren 36 Belegen enthalten 30 nur eine einfache Stufung, d. h. zu jedem Grundbestandteil nur *einen* (wenn auch ggf. aus vielen gereihten mehrwortigen Ausdrücken bestehenden) attributiven Ausdruck.

Sechs Beispiele zeigen Mehrstufigkeit, nämlich

(7) die Bedingung *der Möglichkeit jeglicher Wissenschaft und Philosophie*

also: Grundbestandteil + attrib. Gen. + attrib. Gen.

(8) Untersuchung *der Möglichkeit jeglicher Erkenntnis.*

wie (7)

(20) neuartige Aspekte *der historischen Interpretation von Texten und Kunstwerken*

also: Grundbestandteil + attrib. Gen. + „von" mit Dat.

(24) Die Disziplinlosigkeit *des Drauflosschreibens in fast allen Bereichen nicht allein der Philosophie und . . .*

also: Grundbestandteil + attrib. Gen. + „in" mit Dat. + attrib. Gen.

(29) Kampf *um beherrschenden Einfluß auf die innere Entwicklung Europas*

also: Grundbestandteil + „um" mit Akk. + „auf" mit Akk. + attr. Gen.

(36) *Großbritanniens* historische Rolle *als größter Bankier der Welt*

also: attr. Gen. + Grundb. + attr. zugeordn. Ausdr. + attr. Gen.

Schon die wenigen Beispiele zeigen die Vielfalt der Kombinationsmöglichkeiten.

Beim letzten Beispiel kann man sich fragen, ob zwei oder drei Stufen attributiver Abhängigkeit vorliegen:

(die Rolle) < Großbritanniens / als Bankier } (parallel)

der größte Bankier) *der Welt* (zweite Stufe)

oder:

(die Rolle)	Großbritanniens	(erste Stufe)
(Großbritannien)	*als Bankier*	(zweite Stufe)
(größter Bankier)	*der Welt*	(dritte Stufe)

Dabei *kann* die Stellung der attributiven Ausdrücke einen Hinweis geben für die Beziehungen, aber sie *muß* nicht. So kann man sagen „Emil Staigers Darstellung Goethes" (= „die Darstellung Goethes bei Emil Staiger, im Buch Emil Staigers"), und man kann nicht umstellen „Goethes Darstellung Emil Staigers", sondern nur mit komplexem Wort „Die Goethe-Darstellung Emil Staigers".

Bei ausschließlicher Verwendung attributiver Genitive findet sich eine ganz klare Korrelation der Abhängigkeit mit der Reihenfolge: „Die Korrektur der Niederschrift des Votums des Vorsitzenden des Ausschusses"

= die Korrektur *der Niederschrift*
die Niederschrift *des Votums*
das Votum *des Vorsitzenden*
der Vorsitzende *des Ausschusses*

Das ist aber nicht mehr der Fall, wenn Präpositionen oder Gliedkonjunktionen auftreten. Z. T. gibt die Kongruenz noch Hinweise:

Die Leitung der Bank als verantwortlich*e* Instanz

(die *Leitung* ist die Instanz)

Die Leitung der Bank als verantwortlich*er* Instanz

(die *Bank* ist die Instanz)

Nicht ganz selten kann die Abhängigkeit nur aus dem Semantischen, bzw. aus der Sachkenntnis des Lesers zu entnehmen sein: Die Lehre vom Begriff und vom Urteil auf ihrem heutigen Stande

(Kamlah-Lorenzen S. 6)

Das ist zu verstehen: die Lehre *vom Begriff und vom Urteil* — diese Lehre *auf ihrem heutigen Stande.*

Es könnte aber in genau gleicher morphosyntaktischer Struktur heißen: die Lehre *vom Begriff und vom Urteil auf dem Felde der Logik.* Dann wäre zu verstehen: die Lehre *vom Begriff und vom Urteil* — Begriff und Urteil *auf dem Felde der Logik* (nicht etwa im Bereich der Jurisprudenz).

Auch hier dienen also gleiche morphosyntaktische Strukturen zur Darstellung verschiedener semantischer Zusammenhänge, und es ist an dieser Stelle unserer Untersuchung noch nicht auszumachen, ob dabei feste nomosyntaktische Kategorien im Spiel sind oder ob das richtige Verstehen rein vom Bescheid-wissen im entsprechenden Sachgebiet abhängt.

13 A 7 Zitierte Ausdrücke

In unsern Probetexten haben wir eine Möglichkeit noch nicht angetroffen, die uns schon bei der ersten Diskussion von „Gesamtfallwert" aufgefallen war (vgl. oben S. 37) und die gerade in wissenschaftlicher Sprache recht häufig ist: den in Anführungszeichen angefügten zitierten Ausdruck, also den Typ „In seinem Roman ‚Der Mann ohne Eigenschaften' versucht Musil . . .".

Wir gewinnen überhaupt den Eindruck, daß bei den Strukturen für den Innenbau von Satzgliedern, komplexen und einfachen, keineswegs eine geringere, sondern *eher eine größere Vielfalt* herrscht als bei den Beziehungen der Satzglieder zum Verb (im finiten Satz und in der verbalen Wortkette). Wenn sich dieser Eindruck bei der Verarbeitung größerer Textmengen bestätigt (es könnte sich ja bei der bisher konstatierten „Wiederholungsdichte" um Besonderheiten der hier ausgewählten Stichproben handeln), dann steht das in bemerkenswertem Gegensatz zu dem Umfang, der oft der Behandlung der Satzglieder als ganzer gegenüber der Behandlung des Aufbaus komplexer Satzglieder gewidmet wird (z. B. im „Duden" 1966: für die Satzglieder als ganze S. 467—511, für den Innenbau sowohl der komplexen wie der einfachen Satzglieder S. 512—525, also 45 Seiten gegenüber 14 Seiten).

Wir bilden S. 37 als Beleg für die Möglichkeit, alle vier Fälle in *einem* Satzglied beisammen zu haben, den Ausdruck: *„die durch die Proteste bei der Aufführung des Stückes ‚Der Stellvertreter' entstandene Lage"*. Wir haben hier die Komprimierung einer ganzen verbalen Wortkette (*„durch die Proteste entstehen// eine Lage"*), wie in Abschnitt 13 A 2 beschrieben, dazu den attributiven Präpokasus *„bei der Aufführung"* (zum Grundbestandteil *„Proteste"*) und den attributiven Genitiv *„des Stückes"* (zum Kern des attributiven Präpokasus *„Aufführung"*). Wie aber ist der Ausdruck *„Der Stellvertreter"* zu klassieren?

Proben zeigen sofort, daß es sich um einen eigenen fallbestimmten Ausdruck handelt: *das* Stück „Der Stellvertreter" — in *dem* Stück „Der Stellvertreter" usw.

Eine weitere Probe zeigt, daß im Grundbestandteil ein Wort mit einem bestimmten semantischen Merkmal stehen muß: das Stück, das Drama, das Buch, die Erzählung, der Ausdruck, das Wort, usw.

Das gemeinsame semantische Merkmal aller dieser Grundbestandteile ist „sprachlicher Ausdruck". Zu einer noch größeren Verallgemeinerung gelangen wir, wenn wir Beispiele heranziehen wie:
Auf dem Bild „Der arme Poet"
Bei der Statue „Der Nachdenkliche"
In dem Haus „Schöne Aussicht"
Der Herausgeber der Zeitung „Die Zeit".

Als Auflösung ist überall ein finiter Satz mit *„heißen"* „den Namen tragen" möglich, wobei der Grundbestandteil zum Subjekt, der attributive Ausdruck zum Prädikativ wird: Das Bild *heißt* „Der arme Poet" usw.

Solche Anfügungen eines in Anführungsstrichen stehenden Ausdrucks sind offenbar überall dort möglich, wo irgend etwas einen *Namen* hat (oder genauer: wo etwas einen *allgemeineren* und einen *spezielleren* Namen hat). Der (speziellere) Name wird der allgemeineren Benennung nachgestellt und oft (nicht immer) in Anführungszeichen eingeschlossen. Die Setzung der Anführungszeichen ist meistens nicht bloße graphische Konvention, sondern entspricht einer Besonderheit der Phonodie (der Stimmführung), indem der so gekennzeichnete Ausdruck auch stimmlich vom Vorangehenden abgehoben wird. Der gleiche Anschlußtyp kann aber auch vorliegen, wo keine Anführungszeichen gesetzt sind: „Das Prinzip Hoffnung" = „das Prinzip, dessen Name ‚Hoffnung'ist."

Wir treffen hier auf eine Grundmöglichkeit sprachlicher Setzung überhaupt; morphosyntaktisch haben wir auch hier von „attributiven Ausdrücken" zu reden (denn sie bleiben in einem bestimmten Kasus, unabhängig vom Kasus des Grundbestandteils), und wir bilden hier den speziellen Terminus *„zitierte Ausdrücke"*.

Auch hier gibt es Übergänge zu andern morphosyntaktischen Strukturen:

Der Name „Held der Arbeit"	}	wurde dem XY verliehen.
Der Name eines Helden der Arbeit		

Nicht hierher zu rechnen sind die Ausdrücke vom Typ „der Herr Direktor", weil hier alle Teile gleicherweise den Fall ändern: „des Herr*n* Direktors, des Genosse*n* Vorsitzende*n*" usw. Diese Strukturen sind in Kapitel 14 zu behandeln.

Auch für die Kategorie „zitierter Ausdruck" müssen wir uns hier begnügen, die Möglichkeit als solche in knappen Zügen gezeigt zu haben. Das Phänomen in seinem ganzen Umfang wird erst faßbar bei der Behandlung des komplexen Satzes, wo es in die Großgruppe „Inhaltssätze und Inhaltsausdrücke überhaupt" gehört.

13 A 8 Attributiver Adverbialakkusativ

Ein weiterer Typ, der uns in unserm Material nicht begegnet ist, aber durchaus als geläufig erscheint (wohl häufiger als z. B. das Genitivobjekt) ist der Typ: *„Einen Kilometer* vor der Tankstelle (ging ihm das Benzin aus)", *„Einen Tag* nach dem Ablauf der Frist (kam endlich der Bescheid)."

Ersatzproben zeigen, daß es sich nicht um eine allgemeine Möglichkeit der Komprimierung finiter Sätze handelt, wie bei fast allen bisher untersuchten Strukturen, sondern um eine feste Struktur mit zwei Stellen, für die ganz bestimmte semantische Merkmale erforderlich sind.

Einen Kilometer	*vor der Tankstelle*
700 Meter	nach der Ausfahrt
kurz	weiter

Einen Tag	*nach dem Ablauf*
eine Woche	vor diesem Vorfall
eine Stunde	vor x Uhr
einen Augenblick	
kurz	
unmittelbar	
Angabe eines *Maßes*, einer *Strecke*, in Raum oder Zeit	Angabe eines *Punktes*, räumlich oder zeitlich, auf den sich das Maß bezieht

Als Grundbestandteil ist hier offensichtlich nicht der an erster, sondern der an zweiter Stelle stehende Ausdruck zu betrachten, wie eine Weglaßprobe zeigt: „Einen Kilometer *vor dem Ziel* gab er auf — *Vor dem Ziel* gab er auf," aber nicht „*Einen Kilometer* gab er auf", sondern nur: einen Kilometer *vorher* gab er auf.

Auflösung in der bisher gewohnten Art, so daß der Grundbestandteil als Subjekt erscheint, verlangt ein Verb wie „entfernt sein" oder „später sein/früher sein" („erfolgen"): das Ziel *ist* einen Kilometer *entfernt* — die Frist *lief* einen Tag später *ab* — dieser Vorfall *war* eine Woche *früher*.

Die Auflösung erscheint ziemlich gesucht, sie tritt keineswegs so spontan ein wie die Verdeutlichung „die Stadt *am Fluß* — die Stadt *lag* am Fluß" oder „ein Ausdruck *des Bedauerns* — man *drückt ein Bedauern aus*" usw. Die spontane Verdeutlichung wäre eher: „es *geht* noch einen Kilometer, du *hast* noch einen Kilometer *bis* zum Ziel, *bis* du am Ziel bist" usw.

Auffällig ist hier auch das sozusagen äquivalente Vorkommen fallbestimmter und fallfremder Ausdrücke:

kurze Zeit	*vor dem Termin*	*eine kurze Strecke*	*vor dem Ziel*
kurz	vorher	dicht	davor

Wir sprechen auch hier von attributiven Ausdrücken, und zwar gemäß der deutlichen Analogie zu den Adverbialkasus von *attributivem Adverbialakkusativ*.

Attributive Adverbialgenitive finden sich nicht. In den Beispielen wie „Eines Abends im August" haben wir eine Zusammenrückung, da sowohl „eines Abends" wie „im August" allein stehen können und daher keines von beiden als Grundbestandteil zu erweisen ist.

Wir werden diese Probleme der Zusammenrückung noch einmal aufgreifen, wenn wir die fallfremden Satzglieder im Zusammenhang betrachten (Kapitel 16).

Die Besonderheit der Stellung (attributiver Ausdruck *vor* dem Grundbestandteil) veranlaßt uns, die Frage der Stellung der attributiven Ausdrücke allgemein zu prüfen.

13 A 9 Die Stellung der attributiven Ausdrücke; Übergang zum komplexen Wort

Bei den eingefügten verbalen Wortketten ist die Stellung der attributiven Ausdrücke (die den Satzgliedern im finiten Satz entsprechen), kein Problem; es liegt die genau gleiche Stellung vor — auch die gleichen Stellungsfreiheiten — wie in der verbalen Wortkette an sich oder im finiten Satz mit F-Endstellung.

Die attributiv zugeordneten Ausdrücke (durch „als" oder „wie") haben ebenfalls eine feste Stellung, sie sind nur *nach* dem Grundbestandteil möglich.

Nachstellung ist auch die ganz allgemeine Regel für die attributiven Präpokasus; Voranstellung wirkt poetisch-archaisch („*Aus Frühlingsblumen* ein bunter Kranz ..."). Ebenso fest ist, wie wir im letzten Abschnitt gesehen haben, für die attributiven Adverbialakkusative die Voranstellung „*einen Meter* vor/nach dem Punkt X" — „*einen Augenblick* vor / nach dem Zeitpunkt Z".

Nachstellung *und* Voranstellung gilt dagegen für die attributiven Genitive. Allerdings ist auch hier die Nachstellung das weitaus Häufigere.

Wir fanden in unsern kurzen Probetexten (91 Zeilen Wissenschaftssprache, mit 715 Wörtern) insgesamt 30 Belege für attributiven Genitiv (in komplexen Gliedern mit Attributen mehreren Grades, wie in 7 und 8, der attributive Genitiv ersten und zweiten Grades je besonders gezählt, aber die gleichstufigen Genitive in vielwortigen attributiven Ausdrücken, z. B. in 13 und 24, nur als je *ein* Beispiel). Von diesen 30 attributiven Genitiven stehen 29 *hinter* dem Grundbestandteil (bzw. dem Ausdruck, der für sie als Grundbestandteil anzusehen ist), nur eines ist vorangestellt, nämlich „*Großbritanniens* historische Rolle" (36).

Dieses Zahlenverhältnis von Voranstellung und Nachstellung dürfte schon ziemlich repräsentativ sein. Voranstellung ist in der heutigen Sprache nur für Eigennamen möglich, und auch hier werden die Genitive ebenso häufig nachgestellt wie vorangestellt, wie unsere Belege zeigen („in der Nachfolge *Diltheys und Husserls*", möglich wäre ja auch „in *Diltheys und Husserls* Nachfolge", und „innere Entwicklung *Europas*", nicht „*Europas* innere Entwicklung").

Voranstellung des Genitivs von Nicht-Eigennamen ist nicht ausgeschlossen (mit Vorbehalt einiger Restriktionen im Aufbau des einfachen Satzgliedes), aber sie wirkt dichterisch-altertümlich oder auch ironisch („*Eines Mannes* Rede ist *keines Mannes* Rede" — „*Des Menschen* Wille ist sein Himmelreich" — „*Des bösen Spieles* böses Ende war aber . . .").

Vollkommen üblich ist etwas, was man sprachgeschichtlich als eine Zusammenschreibung von vorangestelltem attributivem Genitiv (oder Präpokasus) und nachfolgendem Grundbestandteil erweisen kann und was auch vom nicht sprachhistorisch geschulten heutigen Sprecher meist spontan so eingeordnet wird: die Voranstellung des „Bestimmungswortes" in zusammengesetzten Wörtern. In Beleg (32) steht nebeneinander „Das *Selbstbestimmungsrecht der Völker* und das *Nationalitäts*prinzip", was auch der linguistisch Ungeschulte leicht umwandelt in „das Recht der Völker *auf Selbstbestimmung* und das Prinzip *der Nationalität*" oder auch umgekehrt „das *Völker-Selbstbestimmungsrecht*". Ebenso setzt jeder Leser ohne jede linguistische Vorbildung einander gleich, wenn er den entsprechenden Satz bei Kamlah-Lorenzen liest:

die Sprach-Philosophie	→	die Philosophie der Sprache
die Rechts-Philosophie	→	die Philosophie des Rechts
die Religions-Philosophie	→	die Philosophie der Religion
die Natur-Philosophie	→	die Philosophie der Natur
die Existenz-Philosophie	→	die Philosophie der Existenz

Wieder deckt sich aber der morphosyntaktische Befund keineswegs mit dem nomosyntaktischen, und das bei Kamlah-Lorenzen im gleichen Satz mit den obigen Philosophien benutzte Wort „solche *Bindestrich-Philosophien*" läßt sich wohl kaum umformen in „solche Philosophien des Bindestrichs".

Es ist ein beliebter Sport in der Grundschule, zusammengesetzte Wörter „bilden zu lassen", z. B. aus „Mauer" und „Haus" das Wort „Hausmauer" usw. Man glaubt dadurch die „Sprachkraft" zu fördern, gelangt aber tatsächlich nur zu einem Mechanismus, der die wirkliche sprachliche Leistungsfähigkeit der Kinder keineswegs herausfordert, sondern eher unterfordert. Nötig ist nicht die *Bildung* solcher Wörter, sondern das richtige *Verstehen*, die richtige *Auflösung* der zusammengesetzten Wörter, wenn sie dem Schüler irgendwo begegnen. Dann ist die „Hausmauer" nicht einfach die „Mauer des Hauses", sondern die „Mauer, die zu einem Haus gehört". Die „Brandmauer" ist eine Mauer „gegen den Brand", d. h. gegen das Übergreifen eines Brandes von einem Haus auf das andere. Die „Backsteinmauer" ist eine Mauer *aus* Backsteinen, „Sichtbeton" ist ein Beton, der so sauber ist, daß er nicht verputzt zu werden braucht, sondern schon als Beton, ohne Verputz, gut aus*sieht* oder gefällig anzu*sehen* ist usw.

Wir können das an dieser Stelle nicht weiter verfolgen, doch müssen wir im Auge behalten, daß hier ein sichtbarer Übergang von komplexen *Satzgliedern* zu komplexen *Wörtern* vorliegt, und zwar nicht nur als ein *Faktum* der *Sprachgeschichte,* sondern als eine *Möglichkeit* im *heutigen Bestand* — eine Möglichkeit, die auch der ungeschulte Sprecher spontan handhabt. Das ist wichtig für jede Betrachtung des deutschen Wortschatzes, und es kann auch bei der richtigen Einschätzung älterer Texte wichtig sein, so wenn Goethe in seinem Gedicht „Auf dem See" die Verse schreibt:

Und *Berge Wolken angetan*
Entgegnen unserm Lauf

Das ist offenbar zu verstehen: *„mit* Wolken angetan, mit Wolken *bekleidet,* von Wolken *verhangen"*.

In der späteren, publizierten Fassung ist der Ausdruck durch einen weniger auffälligen, semantisch wie strukturell aber etwas anderen ersetzt:

Und Berge, *wolkig himmelan*
begegnen unserm Lauf.

13 A 10 Spezialfälle; Exkurs zu Sprachgeschichte und Sprachtheorie

Wir behandeln nun noch einige Spezialfälle, die nicht sehr häufig sind, aber Schwierigkeiten machen könnten. Es handelt sich zunächst um die Möglichkeit, komplexe Satzglieder zu bilden, bei denen im Grundbestandteil und im attributiven Ausdruck das gleiche Wort steht, also „Zug um Zug", „Schritt für Schritt", „Auge um Auge, Zahn um Zahn", „der König der Könige" „ein Rekord der Rekorde", „das Problem als Problem". Dann behandeln wir Schwierigkeiten der Abgrenzung bei Ausdrücken wie „um zehn Minuten vor vier Uhr".

13 A 10.1 „Der Mann als Mann" oder „das X als X"

Die Ausdrücke dieses Typs bieten die geringste Schwierigkeit. Als Verdeutlichung ergibt sich spontan: „der Mann, insofern er ein Mann ist", „das Problem in seiner Problem-Natur". Man kann diese Struktur für jedes beliebige Wort verwenden, wenn man dieses Wort hervorheben, es gewissermaßen auf den Untersuchungstisch legen will: „Das *Du* als *Du*", „ein *wenn* als *wenn*", und sogar „ein *als* als *als*". Wir stoßen hier auf Probleme des „Wortes als solchen" — nicht umsonst brauchen wir diese Struktur komplexer Ausdrücke mit „als" bei wissenschaftlicher Diskussion eines Phänomens auf Schritt und Tritt. Wir werden das semantische Problem „Wort, Name, Hypostasierung" erst an einer späteren Stelle zureichend diskutieren können, das Problem des Aufbaus einfacher Satzglieder und die Bestimmung der Wortart „Nomen" ist Gegenstand der Kapitel 14 und 15. Hier ist erst einmal darauf aufmerksam zu machen, welche Wichtigkeit komplexe Satzglieder dieses Typs für alle Wissenschaftssprache haben.

13 A 10.2 „Der König der Könige" — „der Höhepunkt des Höhepunkts"

Auch diese Struktur bietet keine besonderen Schwierigkeiten. Als spontane Verdeutlichung ergibt sich: „der größte König unter allen Königen", „auch die Könige haben einen König", „auch der Höhepunkt hat in sich noch einen besonderen Höhepunkt" usw.

13 A 10.3 „Schritt für Schritt", „Zahn um Zahn"

Diese Struktur kann zunächst als altertümlich, ja als veraltet erscheinen, vor allem wenn man an das biblische Beispiel „Auge um Auge, Zahn um Zahn" denkt; das Muster kann aber auch heute noch für neue Sätze benutzt werden: „Also Zugeständnis um Zugeständnis", zu verdeutlichen als „ich mache Ihnen ein Zugeständnis, und sie machen mir ein entsprechendes Zugeständnis".

Davon zu unterscheiden ist der semantische Wert von „Schritt um Schritt, Zug um Zug". Hier sind die Präpositionen „um" und „für" äquivalent: „Schritt *um* Schritt = Schritt *für* Schritt". Das ist zu verdeutlichen: „ein Schritt *um* den andern, ein Schritt *nach* dem andern, immer der nächste Schritt nach dem jeweils vorhergehenden Schritt, bis alle Schritte getan sind".

Die Auflösung der beiden Strukturen in finiten Satz verlangt die Einfügung eines spezielleren Verbs und eine zusätzliche Verdeutlichung. Es ergibt sich für „Auge um Auge": „ein (verlorener, geopferter) Wert (auf meiner Seite) verlangt einen (entsprechend zu opfernden) Wert (auf der anderen Seite)". Für „Schritt um Schritt" ergibt sich: „(erst) nach einem (vorhergehenden) Schritt wird ein (darauf folgender) Schritt getan".

13 A 10.4 Exkurs zu Sprachgeschichte und Sprachtheorie

Die Äquivalenz der Präpositionen „um" und „für" in dieser Struktur und der Ersatz von „für" durch „nach" führen noch auf eine bemerkenswerte Beobachtung zur Sprachgeschichte und zur Sprachtheorie. Das *„für"* ist nämlich historisch das gleiche wie *„vor"*, und *„Schritt für Schritt"* ist nichts anderes als *„Schritt vor Schritt"*, wie noch heute in der verbalen Wortkette „einen Fuß *vor* den andern setzen." Für das komplexe Satzglied „Schritt *für* Schritt" ist also als seinerzeitiges genaues Verständnis zu erschließen „einen Schritt *vor* dem andern tun, den nötigen ersten Schritt *vor* dem intendierten zweiten Schritt". Dagegen ist heute, wie der Ersatz durch „nach" zeigt, das Verständnis: „den intendierten zweiten Schritt erst *nach* einem nötigen ersten Schritt tun". Die *Information* ist *dieselbe,* aber die *Verteilung* von „erster Schritt — zweiter Schritt" auf den Grundbestandteil und den attributiven Präpokasus des komplexen Satzgliedes ist *gerade umgekehrt.* Bei der Präposition „um" dürfte von Anfang an der Sinn von „nach" anzusetzen sein.

Heute kann weder *„für"* noch *„um"* außerhalb dieser speziellen Satzgliedstruktur im Sinne von *„nach"* verwendet werden. Sie sind, obwohl *morpho*syntaktisch als Präpositionen zu anerkennen wie alle andern Präpositionen, *nomo*syntaktisch bloße Teilträger in einer festen Struktur, daher ohne Informationsänderung austauschbar und ggf. von verschiedenen Sprachteilhabern in verschiedener Weise mit ihrem sonst vorwiegenden Gebrauch („für" = zu Gunsten, „um" in „um den Hof, um diese Zeit") verbunden. Wir stoßen auch hier wieder auf das Problem „individuelle semantische Zurechtlegung von an sich semantisch irrelevanten Fakten der Morphostruktur", also auf die Unterscheidung des „Idiosemantischen" oder „Subsemantischen" vom „Nomosemantischen" (vgl. oben S. 45—46). Dieses Problem wird sich für alles Verstehen und damit für alle *Didaktik* als zentral erweisen, doch kann es hier erst einmal berührt, noch nicht behandelt werden.

13 A 10.5 „Um zehn Minuten vor zwölf"

Zu dieser Struktur ließe sich sagen, daß offenbar doch ein attributiver Präpokasus *vor* dem Grundbestandteil stehen kann (im Gegensatz zu dem oben S. 96 Gesagten): „vor zwölf, und zwar um einen Betrag von zehn Minuten vorher". Das ist aber eine recht unwahrscheinliche Verdeutlichung. Das „um" kann nämlich ohne weiteres weggelassen werden, und dann ist „zehn Minuten" ein attributiver Adverbialakkusativ zum Grundbestandteil „vor zwölf", genau nach dem in 13 A 8 beschriebenen Muster. Das „um" bezieht sich offensichtlich gar nicht auf „zehn Minuten", sondern auf den *ganzen* komplexen Ausdruck „zehn Minuten vor zwölf" Beweis: die Reihe *„um* zwölf Uhr, *um* elf Uhr fünfzig, *um* zehn Minuten vor zwölf". Wir haben also hier einen Präpokasus, in welchem ein komplexer Ausdruck aus attributivem Adverbialakkusativ und Grundbestandteil die Rolle des Kerns spielt.

Schließlich noch etwas zu einer gelegentlich auch von Laien diskutierten Schwierigkeit bei Zeitangaben: heißt es „am Sonntag *den* 16. Mai" oder „am Sonntag *dem* 16. Mai? Anwort: beides ist möglich. Im ersten Fall liegt eine Zusammenrückung vor (Präpo-Dativ „am Sonntag" und adverbialer Akkusativ „den 16. Mai"); im andern Fall ist „dem 16. Mai" als Nachtrag zum Präpo-Dativ „am Sonntag" gefaßt.

13 A 11 Relative Unwichtigkeit der Satzgliedgrenzen

Insgesamt müssen wir bei aller Betonung des Begriffes „Satzglied" anerkennen, daß es zwischen eindeutig komplexem Satzglied und Nebeneinanderstehen eindeutig eigenständiger Satzglieder manche Übergänge gibt:

Ich habe *mit keinem dieser Leute* gesprochen (eindeutig *ein* komplexes Satzglied)

Ich habe *mit keinem von diesen Leuten gesprochen*
Ich habe *mit keinem* gesprochen *von diesen Leuten* } (doppeldeutig, formal und semantisch)

Ich habe *mit keinem über diese Leute* gesprochen *(eindeutig zwei* Satzglieder)

Oft läßt sich zwar auch hier durch feinere Proben ein Entscheid herbeiführen — aber im *praktischen Verstehen spielt das kaum eine Rolle,* weil man dort vor allem auf den semantischen Zusammenhang achtet und von hier aus das in den verschiedenen Satzgliedern Genannte verknüpft.

Das wird besonders deutlich an den Beispielen 28 und 29 aus dem Text von Mommsen (s. oben S. 72): „Nun lieferten sich diese Kräfte *ein erbittertes Gefecht* um die künftige innenpolitische Ordnung der neu entstehenden Nationalstaaten"; „(sie verlor) *die erste Runde* im Kampf um beherrschenden politischen Einfluß auf die innere Entwicklung Europas". In beiden Beispielen ist das Objekt „ein erbittertes Gefecht" bzw. „die erste Runde" als einfaches Satzglied zu betrachten, während „um die künftige innenpolitische Ordnung der neu entstehenden Nationalstaaten" und „im Kampf um politischen Einfluß auf die innere Entwicklung Europas" komplexe Satzglieder sind (Beleg: *„um die künftige Ordnung* lieferten sie sich *ein erbittertes Gefecht"* *„Ein erbittertes Gefecht* lieferten sie sich *(auch) um . . .", „Im Kampf* verlor sie *die erste Runde", „die erste*

Runde verlor sie *in diesem Kampf"*). Trotzdem sind die semantischen Bindungen *zwischen* dem jeweiligen Objekt und dem folgenden Präpokasus keineswegs loser als diejenigen *innerhalb* der komplexen Satzglieder. Als ausschlaggebende Einheit erscheint die ganze verbale Wortkette: „sich ein Gefecht um die künftige Ordnung der neu entstehenden Staaten liefern", „sich um die künftige Ordnung der neu entstehenden Staaten ein Gefecht liefern" und „eine Runde im Kampf um den Einfluß auf die Entwicklung Europas verlieren" — „im Kampf um den Einfluß auf die Entwicklung Europas eine Runde verlieren".

Was an diesem Beispiel gezeigt wurde, läßt sich verallgemeinern: Oft erscheint die Verschiebungsmöglichkeit im Satz (und mit ihr die Konstitution von Satzgliedgrenzen) nur als eine stilistisch-rhythmisch ausnützbare Möglichkeit ohne semantische Relevanz, und demgemäß achtet man gar nicht auf das Vorhandensein oder Fehlen von Satzgliedgrenzen. Der deutsche Satzbau nähert sich hier den Verhältnissen im Französischen und Englischen, wo man nur in sehr eingeschränktem Sinne überhaupt von „Satzgliedern" sprechen kann.

13 A 12 Zusammenfassung der Ergebnisse

Da die Detailuntersuchung recht breit sein mußte, ist es nützlich, die erzielten Ergebnisse übersichtlich zusammenzustellen. Wir haben gefunden:

1. Komplexe fallbestimmte Satzglieder sind außerordentlich praktische (weil recht *grobe*), morphosyntaktische Strukturen für die Komprimierung von „Teilstrecken der Information", die in einfacherer Sprache durch ganze finite Sätze dargestellt werden. Die Komprimierung im komplexen fallbestimmten Satzglied gestattet es, eine ganze solche „Teilstrecke der Information" als *einen* Bestandteil in eine größere „Informationsstrecke oder -teilstrecke" als *eine* Teil-Einheit einzubauen.

2. Morphosyntaktisch unterscheiden wir dabei den *Grundbestandteil* (der den Gesamtfallwert bestimmt) und den *attributiven Ausdruck* bzw. die attributiven Ausdrücke; es können mehrere attributive Ausdrücke hintereinandergeschaltet sein, so daß ein und derselbe Ausdruck attributiv zu einem vorhergehenden Grundbestandteil und zugleich Grundbestandteil zu einem folgenden attributiven Ausdruck sein kann; die Stufung ist aber durch die Reihenfolge nicht immer eindeutig gegeben.

3. Bei den attributiven Ausdrücken können wir je nach der Art des Anschlusses unterscheiden:

A. *Attributive Genitive;* sie sind oft ersetzbar durch *von* + Dativ, in bestimmten Umgebungen ist dieser Ersatz obligatorisch; der attributive Genitiv steht normalerweise nach dem Grundbestandteil; Voranstellung ist allgemein möglich bei Eigennamen, für Nicht-Eigennamen wirkt sie altertümlich; beim attributiven Genitiv ist der Zusammenhalt im Satzglied (Verschiebbarkeit nur zusammen mit dem Grundbestandteil) am stärksten.

B. *Attributive Präpokasus* (mit Ausnahme der unter A erwähnten, mit attributivem Genitiv äquivalenten); hier ist der Zusammenhalt im Satzglied u. U. etwas weniger fest, wir finden auch bloße Zusammenrückungen; der attributive Ausdruck steht *nach* dem Grundbestandteil.

C. *Attributiv zugeordnete Ausdrücke;* auch hier finden wir verschiedene Stufen von fester Struktur („*so etwas wie ...*", „*die Rolle als ...*") bis zu loser Zusammenrückung („*Logische Propädeutik als Sprachkritik* ist aller Philosophie vorgeordnet"); der attributiv zugeordnete Ausdruck steht *nach* dem Grundbestandteil.

D. *Ganze verbale Wortketten,* durch Verwendung von Partizipien in das fallbestimmte Satzglied eingebaut, wobei das Subjekt zum Kern des Grundbestandteils wird und die übrigen Satzglieder gleich bleiben; die Stellung dieser Satzglieder ist die gleiche wie in der gewöhnlichen verbalen Wortkette bzw. wie im finiten Satz mit F-Endstellung.

E. Auf einen besonderen semantischen Bereich beschränkt ist die Verwendung *attributiver Adverbialakkusative;* sie geben einen Abstand von einem Punkt in Raum oder Zeit; sie stehen *vor* dem Grundbestandteil.

F. Dazu tritt die ganz allgemeine Möglichkeit der Anfügung *zitierter Ausdrücke* an jedes Wort, das verstehbar ist als „genereller Name für etwas, was auch einen besondern Namen hat" („*Der Begriff ‚Logik'*", „*der Ort X*").

4. Nomosyntaktisch bestehen recht verschiedene Beziehungen, die sich mit der morphosyntaktischen Klassifizierung nicht zu decken brauchen. Als große Klassen haben sich schon gezeigt:

A. das Verb ist noch unmittelbar zu erkennen, indem ein Infinitiv, ein Partizip I, ein Partizip II, ein nomen actionis vorliegt; die

Beziehungen der Ausdrücke im komplexen Satzglied sind damit zurückführbar auf die Beziehungen ganzer Satzglieder zum Verb.

B. Es ist kein Wort vorhanden, aus dem unmittelbar ein Verb entnommen werden könnte, doch ist eine Transformation in einen finiten Satz mit „haben" möglich; Grundbestandteile und attributive Ausdrücke können beliebigen semantischen Klassen angehören.

C. Zwischen Grundbestandteil und attributivem Ausdruck bestehen speziellere Beziehungen, und als Grundbestandteile bzw. attributive Ausdrücke können nur Wörter mit bestimmten semantischen Merkmalen gewählt werden.

Allgemein gilt, daß oft die gleichen nomosyntaktischen Werte sowohl durch attributive fallbestimmte Ausdrücke wie durch Bestandteile einfacher Satzglieder wie ggf. durch Bestandteile komplexer Wörter signalisiert werden können. Insgesamt können viele komplexe Wörter als Zusammenschreibungen komplexer Satzglieder (mit Voranstellung des attributiven Ausdrucks) verstanden werden.

5. Es ist auch nomosyntaktisch beliebige Reihung und mehrfache (im Prinzip ebenfalls beliebige, praktisch nach dem dritten oder vierten Grad aufhörende) Stufung möglich. Dabei besteht bei den attributiven Genitiven eine klare Korrelation von Stufe der Abhängigkeit und Entfernung vom Grundbestandteil, bei den attributiven Präpokasus ist das aber gar nicht immer der Fall.

6. Der ganze Bereich der komplexen Satzglieder ist für das *Verstehen* komplizierterer Texte, vor allem in wissenschaftlichen Fachsprachen, außerordentlich wichtig, weil hier in der Regel viele und lange komplexe Satzglieder auftreten, die wichtige Teile der Gesamtinformation signalisieren. Die Verstehensprobleme sind hier größer als bei den Beziehungen der Satzglieder als ganzer zum Verb. Das hängt damit zusammen, daß nach allem, was wir wissen, in unserm Gedächtnis die *Verben* schon in Gestalt ganzer verbaler Wortketten gespeichert sind, d. h. mit allen Satzgliedstellen und ihrem ungefähren semantischen Wert; dagegen müssen wir für die Strukturen der komplexen Satzglieder annehmen, daß sie in erster Linie als abstrakte Muster gespeichert sind und daß sie bei der Spracherlernung *später* erworben werden als die verbalen Wortketten; das stimmt mit der Beobachtung zusammen, daß in der Alltagsrede verhältnismäßig wenig komplexe Satzglieder benutzt werden, jedenfalls viel weniger als z. B. in der Sprache der Wissenschaft, aber auch der Politik (Zeitungen!).

7. Insgesamt relativiert sich die Wichtigkeit der Satzgliedgrenzen für das Verstehen. Viele Sätze lassen sich ebensogut oder besser auffassen, wenn man nicht so sehr auf die morphosyntaktische Stufung achtet (verbale Teile — ganze Satzglieder — attributive Ausdrücke in ihnen), sondern den ganzen Satz als semantische Kette betrachtet („Kette semantischer Leerstellen"), wobei man den Zusammenhang primär aus der Kenntnis der Semantik erschließt und meist nur zusätzlich (z. B. in nachträglicher Überprüfung bei Mißverständnissen) aus den morphosyntaktisch verfügbaren Signalen der Satzgliedabgrenzung und -verknüpfung.

Aufgaben zu 13

13 B 1 Komplexe Satzglieder und Verstehen

Diskutieren Sie alle komplexen Satzglieder und die dabei ggf. auftretenden Verstehensschwierigkeiten (oder verschiedenen Verstehensmöglichkeiten) in folgenden Texten.

R. Friedenthal über die Wirkung des „Wilhelm Meister"

So war die Wirkung auch vielfältig. Friedrich Schlegel sah in ihm das große Beispiel der romantischen Schule, die erst noch zu gründen war. Novalis fand es „prätentiös und preziös", ja undichterisch, „Aventuriers, Komödianten, Krämer, Mätressen", und dann wieder das Gemeinste wie das Wichtigste in romantischer Ironie vereinigt. „Die Akzente sind nicht logisch, sondern (metrisch und) melodisch — wodurch eben jene wunderbare romantische Ordnung entsteht, die keinen Bedacht auf Rang und Wert — Erstheit und Letztheit — Größe und Kleinheit nimmt". Herder empörte sich, Humboldt tadelte die Unbestimmtheit, Stolberg schnitt sich die „Bekenntnisse einer schönen Seele" des sechsten Buches mit den Erinnerungen der Klettenberg als Andachtsbüchlein heraus und verbrannte das übrige.

Richard Friedenthal, Goethe, sein Leben und seine Zeit, S. 479—80

Lösungshinweise:

Umformungsproben für „das große Beispiel der romantischen Schule".

„Das Gemeinste wie das Wichtigste in romantischer Ironie vereinigt": *ein* komplexes Satzglied oder *zwei* Satzglieder? Proben dafür?

„Keinen Bedacht auf Rang und Wert" usw.: komplexes Satzglied oder zwei Satzglieder?

„... schnitt sich die ‚Bekenntnisse einer schönen Seele' des sechsten Buches mit den Erinnerungen der Klettenberg als Andachtsbüchlein heraus". Wieweit reicht das komplexe Satzglied? Wie ist „als Andachtsbüchlein" einzuordnen? Verschiedene Möglichkeiten und ihre Wahrscheinlichkeit?

R. Friedenthal über Goethe als Theaterleiter

Wenig fand er beim Theater vor. Man hatte während der ersten zehn Weimarer Jahre Goethes Liebhaberaufführungen veranstaltet, hier und dort, in Tiefurt, im Walde, im Tanzsaal, der Hoftischler Mieding schlug jedesmal die Bretter dafür auf. Dann war einige Jahre ein Unternehmer Bellomo mit einer mäßigen Truppe engagiert; 1791 wurde das Hoftheater eröffnet, ebenfalls mit mäßigen Kräften. Weimar war arm. Schauspieler von Rang erschienen allenfalls einmal zu einem kurzen Gastspiel.

Friedenthal, S. 480

Lösungshinweise:

Welches Satzglied ist „Wenig"? Ersatzproben?

Wozu gehört der Genitiv „Goethes"? Mögliche Mißverständnisse?

„Ein Unternehmer Bellomo mit einer mäßigen Truppe": zwei Satzglieder oder ein komplexes Satzglied? Proben, Verschiedenheiten des Verstehens?

„Schauspieler von Rang". Ersatzproben mit „höherer Rang"? Mögliches Mißverständnis, wenn ein Unkundiger das Wort „Rang" als Ortsnamen versteht?

R. Grosse über Dialektgeographie

Die Dialektgeographie ist erwachsen aus dem Bemühen, ein sprachwissenschaftliches Axiom, das der Ausnahmslosigkeit des Junggrammatischen Lautgesetzes, zu erhärten. Ihre Ergebnisse jedoch haben dann entscheidend dazu beigetragen, daß dieses Postulat in seiner Ausschließlichkeit fallengelassen werden mußte. Wenn heute die strukturalistischen Methoden auch in der Dialektologie Geltung gewinnen und auch in die dialektgeographischen Untersuchungen eindringen, dann besteht wiederum die Möglichkeit, daß sich Einsichten erschließen, die auf die theoretischen Grundlagen nachhaltig zurückwirken. In der Dialektologie stellt sich von vornherein die Frage, wie weit die sprachliche Kompetenz des Sprechers reicht, und das Verhältnis von Idiolekt und kollektiver Norm ist unmittelbarer Gegenstand der Forschung. Der soziologische Aspekt erschloß sich der Sprachwissenschaft des vorigen Jahrhunderts durch die Dialektologie; soziologische Erörterung wird auch die strukturalistischen Methoden ergänzen müssen. Die Dialektgeographie ist stets dazu genötigt.

R. Grosse, Zur Frage nach den Ursachen der Dialektgrenzen, in: Actes du Xième Congrès International des Linguistes, Bucarest, 1970, S. 67

Lösungshilfen: „Das Postulat in seiner Ausschließlichkeit" — ein Satzglied oder zwei? Proben? Ebenso: „Die strukturalistischen Methoden auch in der Dialektologie".

13 B 2 Häufigkeit komplexer Satzglieder in verschiedenen Sprachschichten

Versuchen Sie sich ein Bild zu machen von der Häufigkeit oder Seltenheit komplexer Satzglieder in verschiedenen Sprachschichten und verschiedenen Stilen, indem Sie folgende Texte analysieren und die Ergebnisse tabellarisch festhalten.

Amtliche Mitteilungen und Lehrpläne

Am 3. 10. 1968[4] verabschiedete die[6] Konferenz der[8] Kultusminister „Empfehlungen[10] und Rahmenrichtlinien[12] zur Modernisierung[14] des Mathematikunterrichts[16] an den[18] allgemeinbildenden Schulen"[20].

In diesen[2] Rahmenrichtlinien wird[4] für alle[6] Schuljahre (1—13)[8] und[10] alle allgemeinbildenden[12] Schulen der[14] Bundesrepublik eine[16] moderne, an[18] übergeordneten Leitgedanken[20] orientierte Konzeption[22] des Mathematikunterrichts[24] entwickelt, die[26] ab 1972[28] in den[30] Schulen verwirklicht[32] werden soll[34].

Die „Lehrplankommission Grundschule" hat für das Fach Mathematik die Intention der Rahmenrichtlinien in dem hier vorliegenden Lehrplan voll aufgegriffen und damit die internationalen und an keine Schulform gebundenen Modernsierungsbestrebungen zum Mathematikunterricht allgemein in der Reform der Grundschule eingebracht.

Die Modernisierung des Mathematikunterrichts in der Grundschule bezieht sich auf die Ziele, die Lehrinhalte und die Lehr- und Lernverfahren. Es handelt sich nicht um eine neue („bessere") Methode innerhalb des tradierten Rechenunterrichts, sondern um eine neue Konzeption im ganzen, die sich vor allem in einer neuen Sicht von Mathematik und in einer neuen Auffassung des Lernens von Mathematik ausdrückt. Der Hinweis darauf, daß die Schüler im bisherigen Rechenunterricht auch rechnen lernten, kann den Reformbestrebungen nicht gerecht werden, weil sich die Ziele des modernen Mathematikunterrichts nicht mit denen des bisherigen Rechenunterrichts decken.

Die starke bäuerlich-handwerklich-kaufmännische Ausrichtung des Rechenunterrichts, die aus vergangenen soziologisch-ökonomischen Verhältnissen, denen sie durchaus angemessen war, überkommen ist, kann in dem bisherigen Zuschnitt nicht mehr akzeptiert werden.

Nach wie vor werden zwar Zählen und Messen Formen der mathematischen Auseinandersetzung mit der Umwelt darstellen, nach wie vor wird auch das damit zusammenhängende Rechnen in Größenbereichen (Währung, Länge, Flächeninhalt, Zeit, Masse, Gewicht, ...) gepflegt werden müssen, aber den durch die fortschreitende Technisierung unserer Welt entstehenden Anforderungen kann damit allein nicht mehr entsprochen werden.

Richtlinien und Lehrpläne für die Grundschule; eine Schriftenreihe des Kultusministers NRW, Heft 40, S. 136—37

Anlage der Tabelle:

Satz oder Textelement Nr.	fallbestimmte Satzglieder überhaupt	davon komplexe Satzglieder	davon mehrstufige komplexe Satzglieder
1	1–4	1–4*	1–4*
	6–9	6–9	–
	10–20	10–20	10–20
2.1	1–3	–	–
	5–15	5–15	–
	16–24	16–24	16–24

* „Am 3. 10. 1968“ = „am dritten Oktober des Jahres 1968“; die Jahreszahl ist als zitierter Ausdruck zu klassieren.

Ein Schriftsteller, der sich an jedermann wendet

Herr Keuner und die Flut

Herr Keuner ging durch ein Tal, als er plötzlich bemerkte, daß seine Füße in Wasser gingen. Da erkannte er, daß sein Tal in Wirklichkeit ein Meeresarm war und daß die Zeit der Flut herannahte. Er blieb sofort stehen, um sich nach einem Kahn umzusehen, und solange er auf einen Kahn hoffte, blieb er stehen. Als aber kein Kahn in Sicht kam, gab er diese Hoffnung auf und hoffte, daß das Wasser nicht mehr steigen möchte. Erst als ihm das Wasser bis ans Kinn ging, gab er auch diese Hoffnung auf und schwamm. Er hatte erkannt, daß er selber ein Kahn war.

Bertolt Brecht, Gesammelte Werke in acht Bänden, Bd. V, S. 402

14 Der Innenbau der fallbestimmten Ausdrücke; Pronominalteil, Adjektivteil und Kern

14 A 1 Ausgangslage; Präzisierung der Begriffe „Gliedkonjunktion" und „Präposition"

Wir haben nun die Beziehungen der fallbestimmten Ausdrücke als ganzer geklärt, mit vollständiger Morphosyntax und wichtigen Ausblicken auf die Nomosyntax, und zwar sowohl für die als eigene Satzglieder dienenden (zum jeweiligen Verb) wie für die attributiv gesetzten (zum jeweils als Grundbestandteil Fungierenden). In diesem Zusammenhang haben wir in Kapitel 12 auch die Begriffe „Präposition" und „Satzgliedkonjunktion" definiert (vgl. oben S. 44 und S. 49—51). Wir müssen diese beiden Definitionen nur noch mit Aufnahme der Resultate von Kapitel 13 dahin erweitern, daß sie nicht nur für die ganzen Satzglieder bzw. ihre Grundbestandteile gelten, sondern ebenso für die entsprechenden attributiven fallbestimmten Ausdrücke. Es gilt also für „Präposition" (vgl. oben S. 43 bis 46): Als *Präposition* bezeichnen wir ein an sich fallfremdes Wort, das in einem geschlossenen Ausdruck (gleichgültig, ob er als eigenes Satzglied, als Grundbestandteil eines Satzgliedes oder attributiv gebraucht ist) so mit einem fallbestimmten Wort (einer Wortgruppe) verbunden ist, daß der Gesamtfallwert dieses Ausdrucks (was bei Gebrauch als eigenes Satzglied sichtbar wird) gleich Null ist.

Dabei sei nochmals betont, daß mit dieser Definition *nicht* eine *Wortart* definiert ist, so daß man sagen könnte, ein Wort *sei* eine Präposition oder nicht; es ist vielmehr eine *Stelle* in einem *ganzen Ausdruck* definiert, und wenn ein Wort *diese Stelle* einnimmt, als Besetzung dieser Stelle auftritt, dann *dient* es als Präposition. So ist das Wort *„mit"* als Präposition zu klassieren in dem Ausdruck *„mit* ihm", aber es ist nicht Präposition in dem Satz „er war *mit* an dem Unglück schuld".

Für „Gliedkonjunktion" gilt (vgl. oben S. 49—51):

Als „Gliedkonjunktion" bezeichnen wir die Wörter „wie" und „als", wenn sie fallbestimmte Ausdrücke einleiten (also *nicht* finite Teilsätze mit F-Endstellung); die Gliedkonjunktion unterscheidet sich dadurch von der Präposition, daß sie *keinen* Einfluß auf den Gesamtfallwert des betreffenden Ausdrucks hat. Sie kann auch vor einer Präposition stehen. Der Name „Gliedkonjunktion“ soll per definitionem *nichts* darüber aussagen, ob der durch „wie“ oder „als“ eingeleitete Ausdruck als eigenes Satzglied, als Grundbestandteil eines Satzgliedes oder als attributiver Ausdruck dient.

Mit Präposition und Gliedkonjunktion haben wir auch schon ein Stück des Innenbaus der fallbestimmten Ausdrücke behandelt. Die Präposition steht meistens *vor* dem fallbestimmten Teil („*in* dieser schwierigen Situation, *bei* den hier bestehenden Verhältnissen“), sie kann aber auch hinter dem fallbestimmten Teil auftreten („seinen Auskünften *nach* ist es in Ordnung“), und es gibt zweiteilige Präpositionen, die den fallbestimmten Teil umklammern („*um* dieses Auftrages *willen*“).

Den Aufbau dieser fallbestimmten Teile, soweit sie mehrwortig sind, haben wir nun zu klären. Wir sehen also in diesem Kapitel noch ab von fallfremden Wörtern, die in fallbestimmten Ausdrücken auftreten und nicht Präposition oder Gliedkonjunktion sind (z. B. „*dicht* vor dem Ziel“, „*quer* über das Feld *hin*“, „das *heute* übliche Verfahren“); diese Erscheinungen sind zusammen mit den fallfremden Satzgliedern in Kapitel 16 zu behandeln.

14 A 2 Pronominalteil, Adjektivteil und Kern; Material für die Untersuchung, Häufigkeit

Ein Vorgriff auf die hier zu behandelnden Phänomene ergab sich schon in Kapitel 13 bei der Behandlung der in fallbestimmte Ausdrücke eingebetteten verbalen Wortketten; wir zogen dort den traditionellen Begriff „Adjektiv“ heran und sahen, daß in vielen fallbestimmten Ausdrücken ein „Adjektivteil“ und ein „Kern“ zu unterscheiden ist und daß bei Einbettung ganzer verbaler Wortketten das Subjekt zum Kern des fallbestimmten Ausdrucks wird, das Verb in Form eines Partizips zum Adjektivteil; die Satzglieder der verbalen Wortkette treten vor den Adjektivteil, und ein Wort wie „der, dieser“ usw. (ggf. mit der Präposition) tritt ganz an den Anfang:

einen neuen Begriff in die Diskussion *einführen* // der Forscher

→ der einen neuen Begriff in die Diskussion *einführende* Forscher (hat die Pflicht) . . .,

→ *von dem* / *vom* } einen neuen Begriff in die Diskussion *einführenden* Forscher (ist zu erwarten . . .)

Hier setzen wir nun an. Wenn wir von allen attributiven Ausdrücken im Sinne des vorigen Kapitels absehen und auch alle fallfremden Elemente ausscheiden, dann bleibt offensichtlich als feste Struktur des fallbestimmten Teils (vor die dann ggf. Präpositionen und Gliedkonjunktionen treten) etwas, was wir ganz allgemein darstellen können als: „der—x-ige—y."

Wir haben zuerst ein Element, das zu den Artikeln, Pronomen und Numeralien der traditionellen Grammatik gehört („der, ein, dieser, viele, jeder"); wir nennen es *„Pronominalteil"*. Dann kommt ein Element, das aus einem Adjektiv oder Partizip besteht („große, kleine, überraschende, bekannte, angekommene"); wir nennen es *„Adjektivteil"*. Den Schluß bildet ein Element, das man in die Klasse „Nomen, Substantiv" der traditionellen Grammatik einordnet; wir nennen es *„Kern"*.

Neben dieser dreistelligen Struktur finden wir auch zwei zweistellige, nämlich Pronominalteil + Kern und Adjektivteil + Kern. Wir betrachten dabei immer die letzte vorhandene Stelle als Kern, unabhängig von der „Wortart".

Die *Bezeichnungen* „Pronominalteil" und „Adjektivteil" sind denn auch nicht als Definitionen zu betrachten, sondern nur als Termini. Sie sagen nichts darüber aus, ob an der betreffenden Stelle tatsächlich ein Pronomen oder ein Adjektiv steht.

Für die genauere Untersuchung nehmen wir wieder einen Probetext vor, und zwar zur Abwechslung nicht von einem Philosophen, sondern von einem Mathematiker. Das erste Kapitel des Buches „Statistik für Sozialwissenschaftler, eine Einführung in das statistische Denken" von Paul Neurath, Stuttgart 1966, beginnt mit folgendem Abschnitt (S. 1):

1 Die Geschichte[2] aller modernen[4] Wissenschaften weist[6] eine gewisse[8]
Ähnlichkeit in[10] ihren Entwicklungsstadien[12] auf: auf[14] eine lange[16]
Periode von[18] zunächst noch[20] unsystematischer Beobachtung[22], Speku-
lation und[24] Verallgemeinerung folgt[26] eine Periode[28] der Zusammen-
fassung[30], der Formulierung[32] von scheinbar[34] allgemeingültigen Lehr-
sätzen[36] und schließlich[38] der Systembildung[40]: darauf folgt[42] eine
Periode[44] der Kritik[46] an den[48] Grundlagen der[50] neuen Wissenschaft[52],
verbunden mit[54] der Suche[56] nach neuem[58] Tatsachen- und[60] Beweis-
material, oft[62] mit neuer[64] Begriffsbildung und[66] völlig neuer[68] Be-
2 trachtungsweise. Soweit möglich[2] wird unsystematische[4] Beobachtung
durch[6] systematisches Experiment[8] oder experimentähnliche[10] Beobach-
tung ersetzt[12], Beweisführung präzisiert[14] durch quantitative[16] Formu-
lierung von[18] Hypothesen und[20] Lehrsätzen und[22] quantitative
Analyse[24] von Beobachtungsmaterial[26].

(2 Sätze, 95 Wörter)

Das Vorwort (S. IX) beginnt mit folgendem Abschnitt:

3 Für die[2] meisten Sozialwissenschaftler[4] besteht ihre[6] erste und[8] einzige
Begegnung[10] mit der[12] Statistik in[14] einem ein-[16] oder zweisemestrigen[18]
Pflichtkurs, den[20] ihnen eine[22], wie sie[24] meinen, einsichtslose[26] Unter-
richtsbehörde als[28] überflüssige Schikane[30] in den[32] Weg gelegt[34] hat.
4 Froh, dem[2] Mittelschulunterricht in[4] Mathematik mit[6] wenig oder[8] gar
keiner[10] Erinnerung an[12] seinen Inhalt[14] entronnen zu[16] sein, erscheint[18]
ihnen dieser[20] Kurs als[22] ungemein schwierig[24] und als[26] eine Zumu-
5 tung[28] für Nichtmathematiker[30]. Den Wald[2] der statistischen[4] Methoden
können[6] sie vor[8] lauter algebraischen[10] Bäumen nicht[12] sehen — das[14]
einzige, was[16] sie ausnehmen[18] können, sind[20] kleine und[22] große
Sigmas[24], die bei[26] aller Unverständlichkeit[28] klar und[30] deutlich eine[32]
einige Warnung[34] aussprechen: Achtung[36], Lebensgefahr!

(3 Sätze, 102 Wörter; insgesamt 5 Sätze, 197 Wörter)

Wir lösen zunächst die fallbestimmten Teile (ohne Gliedkonjunktionen und Präpositionen und weitere fallfremde Wörter) aus den Satzgliedern heraus und setzen sie im Nominativ untereinander. Dabei beschränken wir uns nicht auf die Ausdrücke, die ein Adjektiv enthalten, sondern stellen alle Ausdrücke zusammen, in denen ein Pronominalteil und Adjektivteil *möglich* sind. Wir numerieren durchlaufend.

Satzglieder im Text		fallbestimmte Teile im Nom.
Die Geschichte	(1)	Die Geschichte
aller modernen Wissenschaften	(2)	alle modernen Wissenschaften
eine gewisse Ähnlichkeit in	(3)	eine gewisse Ähnlichkeit
ihren Entwicklungsstadien	(4)	ihre Entwicklungsstadien
auf eine lange Periode von	(5)	eine lange Periode
zunächst noch unsystematischer Beobachtung, Spekulation und Verallgemeinerung	(6)	unsystematische Beobachtung Spekulation und Verallgemeinerung
eine Periode der Zusammenfassung,	(7)	eine Periode
der Formulierung von scheinbar	(8)	die Zusammenfassung
allgemeingültigen Lehrsätzen	(9)	die Formulierung
und schließlich der Systembildung	(10)	allgemeingültige Lehrsätze
	(11)	die Systembildung
eine Periode der Kritik an	(12)	eine Periode
den Grundlagen der neuen	(13)	die Kritik
Wissenschaft	(14)	die Grundlagen
	(15)	die neue Wissenschaft

(verbunden) mit der Suche nach	(16) die Suche
neuem Tatsachen- und Beweismaterial, oft mit neuer	(17) neues Tatsachen- und Beweismaterial
Begriffsbildung und völlig	(18) neue Begriffsbildung
neuer Betrachtungsweise	(19) neue Betrachtungsweise
unsystematische Beobachtung	(20) unsystematische Beobachtung
durch systematisches Experiment	(21) systematisches Experiment
oder experimentähnliche Beobachtung	(22) experimentähnliche Beobachtung
Beweisführung	(23) Beweisführung
quantitative Formulierung von	(24) quantitative Formulierung
Hypothesen und Lehrsätzen	(25) Hypothesen
und quantitative Analyse von	(26) Lehrsätze
Beobachtungsmaterial	(27) quantitative Analyse
	(28) Beobachtungsmaterial
für die meisten Sozialwissenschaftler	(29) die meisten Sozialwissenschaftler
ihre erste und einzige Begegnung mit der Statistik	(30) ihre erste und einzige Begegnung
	(31) die Statistik
in einem ein- oder zweisemestrigen Pflichtkurs	(32) ein ein- oder zweisemestriger Pflichtkurs
den	(33) der
ihnen	(34) sie (Plural)
eine einsichtslose . . . Unterrichtsbehörde	(35) eine einsichtslose Unterrichtsbehörde
sie	(35) sie (Plural)
als überflüssige Schikane	(37) überflüssige Schikane
in den Weg	(38) der Weg
dem Mittelschulunterricht	(39) der Mittelschulunterricht
in Mathematik	(40) Mathematik
mit wenig oder gar keiner Erinnerung an seinen Inhalt	(41) wenig oder gar keine Erinnerung
	(42) sein Inhalt
ihnen	(43) sie (Plural)
dieser Kurs	(44) dieser Kurs
als eine Zumutung für	(45) eine Zumutung
Nichtmathematiker	(46) Nichtmathematiker
Den Wald der statistischen	(47) der Wald
Methoden	(48) die statistischen Methoden
sie	(49) sie (Plural)
vor lauter algebraischen Bäumen	(50) algebraische Bäume

das einzige	(51) das einzige
was	(52) was = das
sie	(53) sie (Plural)
kleine und große Sigmas	(54) kleine und große Sigmas
die	(55) die
bei aller Unverständlichkeit	(56) alle Unverständlichkeit
eine einzige Warnung	(57) eine einzige Warnung
Lebensgefahr	(58) Lebensgefahr

Es sind insgesamt 58 fallbestimmte Ausdrücke. Das Wort „Achtung", das man auf den ersten Blick auch dazu rechnen würde, ist nicht als fallbestimmt zu klassieren, denn es kann hier weder ersetzt noch mit Adjektivteil oder Pronominalteil verbunden werden („eine Achtung, die Achtung, größte Achtung" oder ähnlich); es ist also als fallfremdes Wort zu klassieren, wie „Halt!", trotz der Großschreibung. Anders ist es bei dem im übrigen parallel gesetzten „Lebensgefahr", wo ohne weiteres erweitert werden kann „Größte Lebensgefahr!" „Unmittelbare Lebensgefahr".

14 A 3 Nicht-Übereinstimmung von Strukturstelle und Wortart

Wir stellen nun die strukturell gleichartigen Ausdrücke zusammen, und zwar in der Reihenfolge der Häufigkeit.

Belege für Pronominalteil + Kern (20 Belege)

(1) die Geschichte	(37) die Statistik
(4) ihre Entwicklungsstadien	(38) der Weg
(7) eine Periode	(39) der Mittelschulunterricht
(8) die Zusammenfassung	(41) wenig oder keine Erinnerung
(9) die Formulierung	(42) sein Inhalt
(11) die Systembildung	(44) dieser Kurs
(12) eine Periode	(45) eine Zumutung
(13) die Kritik	(47) der Wald
(14) die Grundlagen	(51) das einzige
(16) die Suche	(56) alle Unverständlichkeit

Begründung für die Einordnung von (41) und (56): „keine angenehme*n* Erinnerungen", „bei all*er* vorhandene*n* Unverständlichkeit"; es lassen sich also Adjektivteile einfügen, das vor dem Kern stehende Wort ist als Pronominalteil zu klassieren.

Begründung für die Einordnung von (51): Gemäß der S. 111 gewählten Konvention ist jedes letzte Wort eines derartigen Ausdrucks als Kern zu klassieren.

Belege für Kern allein (alle einwortigen Ausdrücke, 15 Belege)

(23) Beweisführung
(25) Hypothesen
(26) Lehrsätze
(28) Beobachtungsmaterial
(33) der
(34) sie (Plural)
(35) sie (Plural)
(40) Mathematik
(43) sie (Plural)
(46) Nichtmathematiker
(49) sie (Plural)
(52) was (das)
(53) sie (Plural)
(55) die (Plural)
(58) Lebensgefahr

Belege für Adjektivteil + Kern (13 Belege)

(6) unsystematische Beobachtung
(10) allgemeingültige Lehrsätze
(17) neues Tatsachen- und Beweismaterial
(18) neue Begriffsbildung
(19) neue Betrachtungsweise
(20) unsystematische Beobachtung
(21) systematisches Experiment
(22) experimentähnliche Beobachtung
(24) quantitative Formulierung
(27) quantitative Analyse
(37) überflüssige Schikane
(50) algebraische Bäume
(54) kleine und große Sigmas

Begründung für die Einreihung von (17) und (54): bloße Reihung innerhalb einer Stelle ist in dieser Hinsicht nichts anderes als einfache Stellenbesetzung.

Belege für Pronominalteil + Adjektivteil + Kern (10 Belege)

(2) alle modernen Wissenschaften
(3) eine gewisse Ähnlichkeit
(5) eine lange Periode
(15) die neue Wissenschaft
(29) die meisten Sozialwissenschaftler
(30) ihre erste und einzige Begegnung
(32) ein ein- oder zweisemestriger Pflichtkurs
(35) eine einsichtslose Unterrichtsbehörde
(48) die statistischen Methoden
(57) eine einzige Warnung

Es zeigt sich sofort, daß die so auffindbaren Stellen in der Struktur fallbestimmter Ausdrücke *nicht* mit den Wortarten zur Deckung zu bringen sind, indem gleiche Wörter, die man sinnvollerweise auch zur gleichen Wortklasse rechnen muß, an verschiedenen Strukturstellen vorkommen: die „Artikel" und „Pronomen" sowohl als Pronominalteile wie als alleinige Kerne; Adjektive (oder Numeralien?) als Adjektivteile („erste und einzige" in Beleg 30, „einzige" in Beleg 57) und als Kerne („einzige" in Beleg 51); die genauere Untersuchung (in Abschnitt 14 A 7) wird das noch deutlicher zeigen; doch ist es für die Durchführung dieser genaueren Untersuchung der Strukturstellen nötig, zuerst das Phänomen zu klären, das man als „Numerus" anspricht, also die Existenz von *Singular* und *Plural*. Die Setzung eines Pronominalteils ist nämlich offenbar oft vom Numerus abhängig, („*eine* Zumutung" — *Ø* Zumutungen" usw.) Ebenso ist es für die Form der Pronominalteile wie der Adjektivteile zentral, ob *Maskulin, Feminin* oder *Neutrum* vorliegt, also die drei Kategorien, die man als die drei *Genera* bezeichnet. Wir untersuchen zuerst den Problemkomplex „Numerus", dann den Problemkomplex „Genus", und dann wenden wir uns wieder zu den drei Strukturstellen „Pronominalteil" „Adjektivteil" und „Kern" und zu den Klassen der dort vorkommenden Wörter als solcher.

14 A 4 Singular und Plural bei den fallbestimmten Ausdrücken

Wir haben schon beim Verb die Begriffe „Singular" und „Plural" angetroffen, und wir haben auch schon gesehen, daß dem Singular oder Plural des Finitums ein Singular oder Plural des Subjekts, also eines fallbestimmten Satzglieds (und manchmal auch ein Singular oder Plural des Prädikativs) entspricht.

Die zwei Kategorien scheinen zunächst ganz problemlos zu sein: man nimmt an, der Ausdruck im Singular meine *ein* Wesen, *einen* Gegenstand, *ein* Phänomen; der Ausdruck im Plural meine *mehrere* Wesen, Gegenstände, Phänomene.

Trotzdem führen wir auch hier eine Überprüfung am Text durch, und zwar untersuchen wir unser Material daraufhin, ob und wie sich im Rahmen möglichst gleichbleibender Gesamtinformation der Singular durch den Plural ersetzen läßt und umgekehrt. Die phonomorphische Kennzeichnung von Singular und Plural setzen wir als bekannt und zutreffend voraus — im Zweifelsfall ist immer eine Probe mit einem Finitum möglich.

(1) die *Geschichte* aller modernen Wissenschaften (Singular)
Ersatz durch Plural („die Geschicht*en*") zerstört die hier gemeinte Information; möglich ist aber: „die geschichtlichen Abläufe bei der Entwicklung aller modernen Wissenschaften"; „Geschichte" ist also zwar als *eines* gesehen, als eine Einheit, aber sie kann durchaus auch als Gesamt vieler kleinerer Einheiten verstanden werden – ohne daß die morphosyntaktische Kategorie „Singular" verlassen werden muß;

(2) ... *alle modernen Wissenschaften* (Plural)
grundsätzlich ist möglich, obwohl in diesem Text auffällig wirkend: „jede moderne Wissenschaft"; beidemale ist ganz klar eine Mehrzahl, ja eine Vielzahl gemeint, sprachlich dargestellt ist das aber einmal durch *„alle"* (= Plural) das andere Mal durch *„jede"* (= Singular);

(3) sie zeigen *eine gewisse Ähnlichkeit* in ihren Entwicklungsstadien
man kann ohne weiteres sagen „gewisse Ähnlichkeit*en*"; im Singular „gewisse Ähnlichkeit" ist gewissermaßen der Inbegriff vieler einzelner (jeweiliger) Ähnlichkeiten gefaßt; diese im Singular, also als „eines" gegebene Ähnlichkeit erstreckt sich ja auch bei dem in diesem Text Ausgesagten über viele „Entwicklungsstadien";

(4) *ihre Entwicklungsstadien* (Plural)
Singular beim gleichen Wort ist in diesem Kontext kaum möglich, weil „Stadium" ein einzelnes Moment bezeichnet und „Entwicklung" mehr als ein solches Moment, ja deren viele umfaßt; wohl möglich ist aber „in ihrer Entwicklung"; das Wort ist dann als zusammengreifende Einheit verstanden (sogar wenn vorher die „Ähnlichkeiten" in den Plural gesetzt werden);

(5) auf *eine lange Periode* folgt ... (Singular)
ohne weiteres ist möglich „lange Period*en*" — dann faßt man die hier gemeinte Entwicklungszeit nicht als *eine* große Einheit, sondern als eine *Reihe kleinerer*, die zusammen die große ausmachen;

(6) *unsystematische Beobachtung, Spekulation und Verallgemeinerung* (Singular)
Plural ist ohne weiteres möglich, ja er liegt nahe, denn gemeint ist eine Vielzahl einzelner Beobachtungen, Spekulationen und Verallgemeinerungen; der Singular ist hier eindeutig kollektiv gemeint, als „Inbegriff vieler einzelner Akte";

(7) *eine Periode* (Singular)
genau wie (5)

(8) u. (9) *die Zusammenfassung — die Formulierung* (Singular)
ähnlich wie (6): es sind viele Akte der Zusammenfassung und Formulierung gemeint; der Singular ist hier kollektiv;

(10) Formulierung von *scheinbar allgemeingültigen Lehrsätzen*
bei Beibehaltung des Wortes „Lehrsätze" ist der Plural nötig, kein Singular möglich — wohl aber kann ein Mengenbegriff im Singular eingeführt werden: „Formulierung einer Menge von Lehrsätzen, eines Systems von Lehrsätzen, eines Gebäudes von Lehrsätzen";

(11) *die Systembildung* (Singular)
auch hier signalisiert der Singular eine Vielzahl, ja die Totalität aller einzelnen Akte und Ergebnisse von Systembildung.

Die diskutierten Beispiele dürften wohl reichen für die richtige Einschätzung der Begriffe „Singular" und „Plural" bei den fallbestimmten Ausdrücken. Wir können formulieren: Durch den *Singular* wird etwas als *eine* Einheit hingestellt — ohne Entscheid der Frage, ob es eine letzte, absolute Einheit ist oder ob es *als* Einheit nur der Zusammengriff vieler kleinerer Einheiten ist. Durch den *Plural* wird signalisiert, daß eine Mehrzahl von Einheiten vorliegt — aber ohne Entscheidung der Frage, ob diese Mehrzahl sich zugleich als eine höhere Einheit fassen läßt oder nicht.

Bezogen auf unser Schichtenmodell der Sprache: die Begriffe „Singular" und „Plural" sind zunächst morphostrukturell, sie sind aber auch für die Nomostruktur relevant; der Begriff „Kollektiv" gehört in die Nomosyntax und ins Nomolexikon. Die „Kongruenz-Schwierigkeiten" („eine Menge Leute *kam* oder *kamen?*") die in der traditionellen Grammatik so tragisch genommen werden, sind als Interferenzerscheinungen von Morpho- und Nomosyntax zu verstehen. Sie haben in der Praxis bei weitem nicht das Gewicht, das man ihnen im Schulunterricht und oft auch in der wissenschaftlichen Grammatik lange Zeit zugebilligt hat.

14 A 5 Die drei Genera; die Wortart „Nomen" („Substantiv")

Wir betrachten nun das Nebeneinander der einfachsten und häufigsten im Pronominalteil vorkommenden Wörter, nämlich *„die"*, *„der"*, *„das"*, und wir kommen dabei auf eine der am frühesten aufgestellten grammatischen Kategorien, nämlich die des *Genus,* in der deutschen Schulterminologie *„Geschlecht"* genannt und daher oft in zu enge Nachbarschaft zum natürlichen Geschlecht, zum *Sexus*, gebracht. Wir gehen auch hier bewußt nicht von der traditionellen Einteilung und Deutung, sondern unmittelbar von unserm Material aus.

Wir schreiben alle Ausdrücke heraus, die im Text durch die Wörter *„der, die, das"* (oder ihre Kasusformen) eingeleitet sind; dabei verwandeln wir den Plural in den Singular, lassen den ggf. vorhandenen Adjektivteil weg und ordnen nun je nach dem Einleitungswort in die drei Reihen.

die	der	das
Geschichte (1)	Sozial-wissenschaftler (29)	einzige (51)
Zusammenfassung (8)	Weg (38)	
Formulierung (9)	Mittelschul-unterricht (39)	
Systembildung (11)	Wald (47)	
Kritik (13)		
Grundlage (14)		
Wissenschaft (15)		
Suche (16)		
Statistik (31)		
Methode (48)		

Es zeigt sich, daß die Wahl zwischen *„die, der, das"* festgelegt ist durch das Wort, das den Kern des Ausdrucks bildet und in ihm den Schlußplatz einnimmt: das *Nomen* (Substantiv). Hier fassen wir die grammatische Grundlage der Großschreibung dieses Wortes. In der einzigen Verbindung mit nicht groß geschriebenem Wort ist denn auch neben „das" auch „der" oder „die" möglich:
„*das* einzige — *der* einzige — *die* einzige".

Wir führen unsere Proben weiter, indem wir auch für alle andern Ausdrücke des Materials als Pronominalteil die Wörter „der, die, das" einzusetzen versuchen (ggf. mit Umwandlung der Kerne aus dem Plural in den Singular und Weglassung des Adjektivteils):

(2) alle modernen Wissenschaften
→ *die* Wissenschaft

(3) eine gewisse Ähnlichkeit
→ *die* Ähnlichkeit

(10) allgemeingültige Lehrsätze
→ *der* Lehrsatz

(4) ihre Entwicklungsstadien
→ *das* Entwicklungsstadium

(5) eine lange Periode
→ *die* Periode

(6) unsystematische Beobachtung, Spekulation und Verallgemeinerung
→ *die* Beobachtung
→ *die* Spekulation
→ *die* Verallgemeinerung

(7) eine Periode
→ *die* Periode

(18) neue Begriffsbildung
die Begriffsbildung

(23) Beweisführung
→ *die* Beweisführung
usw.

(21) die meisten Sozialwissenschaftler
→ *der* Sozialwissenschaftler

(32) ein ein- oder zweisemestriger Pflichtkurs
→ *der* Pflichtkurs

(42) sein Inhalt
→ *der* Inhalt

(46) Nichtmathematiker
→ *der* Nichtmathematiker

(50) algebraische Bäume
→ *der* Baum

(17) neues Tatsachen- und Beweismaterial
→ *das* Tatsachen- und Beweismaterial

(21) systematisches Experiment
→ *das* Experiment

(54) kleine und große Sigmas
→ *das* Sigma

Ergebnis: Wir gewinnen eine Klasse von Wörtern, die (*wenn* sie überhaupt mit einem solchen Einleitungswort gesetzt werden sollen) *entweder* das Wort *„die"* *oder* das Wort *„der"* *oder* das Wort *„das"* verlangen.

Dazu ergibt eine weitere Probe, daß diese Wörter auch bei einer Wieder-Aufnahme in einem folgenden Satz entweder durch *„der"*, *„welcher"* oder durch *„die"*, *„welche"* oder durch *„das"*, *„welches"* vertreten werden:

der Lehrsatz { der . . . / welcher . . . }

die Theorie { die . . . / welche . . . }

das System { das . . . / welches . . . }

Wir fassen damit zweierlei: einmal die Wortart *Nomen* oder *Substantiv* der traditionellen Grammatik, und zweitens die Einteilung aller dieser Nomen in die drei Klassen, die man mit den Namen *Maskulin, Feminin, Neutrum* bezeichnet.

Zur Terminologie: Der heute verbreitetste Name ist „Substantiv". Trotzdem ist der Ausdruck „*Nomen*" empfehlenswerter. Er paßt zu „Pronomen" und vermeidet den Anklang an „Subjekt". Man sollte es nicht glauben, aber es ist Tatsache, daß die Klangähnlichkeit von „Substantiv" und „Subjekt" oft dazu verführt hat, diese beiden Begriffe viel zu eng miteinander zu verkoppeln, auch bei angesehenen Wissenschaftern. Dazu paßt der Ausdruck „Nomen" zum englischen Terminus „the noun", zum französischen „le nom" und zum italienischen „il nome". Im Lateinischen hat allerdings „Nomen" einen andern Umfang, da dort auch das Adjektiv ein Nomen ist und es ein Adjektiv im Sinne der modernen Sprachen gar nicht gibt. Ein Mißverständnis ist aber ebensowenig zu befürchten, wie wenn man im Deutschen und Lateinischen den Terminus „Futur" oder „Perfekt" usw. benutzt. Wir benutzen daher hier den Terminus „*Nomen*", setzen aber mit Rücksicht auf den verbreiteten Gebrauch wo nötig das Wort „Substantiv" in Klammer dahinter.

Wir können also das Nomen (Substantiv) in erster Annäherung operational definieren als die Wortklasse, deren Angehörige als Einleitungswort wie als Stellvertreter entweder ein „*der*" oder ein „*die*" oder ein „*das*" verlangen. Demgegenüber kann das Adjektiv, wenn es flektiert wird, sich *allen* drei Einleitungswörtern (besser: jedem ein bestimmtes Einleitungswort fordernden Nomen) anpassen: ein fleißig*er* Mann — eine fleißig*e* Frau — ein fleißig*es* Kind. Die Großschreibung ziehen wir als Kriterium bewußt nicht heran, da sie nicht in allen Texten vorkommt und bei manchen Wörtern umstritten ist.

Für den praktischen Gebrauch muß diese Definition noch relativiert werden, indem es nämlich Wörter gibt, die nicht nur *ein*, sondern *zwei* der erwähnten Wörter als Einleitung oder zur Wiederaufnahme zulassen: „*der/die* Beamte, *der/die* Angestellte". Hier tritt auch ein ganz klarer semantischer Wert der Unterscheidung hervor: bei „*der*" handelt es sich um ein Wesen mit männlichen Geschlechtseigenschaften, bei „*die*" um eines mit weiblichen; ein Neutrum „*das* Angestellte" mit semantischer Entsprechung zu „*der/die* Angestellte" gibt es nicht.

14 A 6 Semantische Tragweite der Begriffe „Maskulin-Feminin-Neutrum"

Es ist eine beliebte Beschäftigung im zweiten oder dritten Schuljahr, den kleinen Schülern das „Geschlechtswort" beizubringen und sie die „drei Geschlechter" unterscheiden zu lassen, wobei man dann von „männlich, weiblich, sächlich“ spricht und das vorzugsweise an der Reihe „der Vater, die Mutter, das Kind“ oder „der Mann, die Frau, das Werkzeug“ oder „der Hahn — die Henne — das Ei“ erläutert. Dabei läuft man allerdings Gefahr, daß man etwas verabsolutiert, was in gewissen Strukturen semantisch wesentlich, in sehr vielen andern aber völlig irrelevant ist. Der Lehrer der Grundschule merkt es anschaulich, wenn die Kinder die Sache ernst nehmen und „das Fräulein, das Mädchen“ auch als „weiblich“ oder „der Hammer“, „der Stock“ als „sächlich“, usw. bezeichnen wollen. Die Schwierigkeit liegt auch hier wie so oft darin, daß eine *morphosyntaktisch* klar ausgeprägte Struktur *zum Teil* auch *semantisch relevant*, zum größern Teil aber *semantisch völlig irrelevant* ist.

Semantische *Relevanz* gilt für alleinstehendes (nicht auf ein vorher gesetzes Nomen zu beziehendes) *„er, sie, es“*; man versteht es mit großer Wahrscheinlichkeit als Hinweis auf „ein Mann“ — „eine Frau“ — „etwas Personales *oder* etwas Nichtpersonales“. Ähnliches gilt für die Struktur *„der x, die y, das z“*, wo man bei *„der“* an einen Menschen männlichen Geschlechts, bei *„die“* an einen Menschen weiblichen Geschlechts, bei *„das“* an etwas Personales oder Nicht-Personales, an ein beliebiges Phänomen denkt. Diese Struktur wirkt auch bei Adjektiven, soweit sie das semantisch überhaupt zulassen: *„Der spätere“* wird primär verstanden als „der später kommende *Mensch*“ usw.

Semantische *Irrelevanz* gilt aber überall dort, wo das *„er, sie, es“* und *„der, die, das“* nicht absolut gebraucht, sondern (in Wiederaufnahme oder Vorausnahme) auf ein beliebiges Nomen bezogen ist: *„Er* ist da, *der Brief“*; „dort steht *sie, die Tasse“*, *„es* ist passiert, *das Unglück“*.

Man sollte daher auch in der Schule schon für den kleinen Schüler die Sache so darstellen, wie sie ist. Das kann etwa so geschehen:

Alle Nomen (für den kleinen Schüler: die *Namenwörter)* kann man in drei Reihen einteilen, ja nachdem ob als Begleiter ein *„der“*, ein *„die“* oder ein *„das“* davortreten muß. Zu den drei Reihen gehören als einfachste Stellvertreter die Wörter *„er, sie, es“*. Diese Wörter, wie auch die Wörter *„der, die das“*, benutzt man oft, wenn man von einem Mann, einer Frau oder von irgend etwas reden will, ohne den Namen oder sonst ein genaueres Wort zu gebrauchen. Darum hat das Wort *„er, der“* für sich allein geradezu die Bedeutung *„ein Mann, ein Junge, ein Schüler, irgend ein männliches Wesen“*. Entsprechend hat das Wort *„sie, die“* oft die Bedeutung *„eine Frau, ein Fräulein, ein Mädchen, irgend ein weibliches Wesen“*.

Man sieht aber sofort, daß die drei Reihen der Namenwörter *gar nichts* mit „männlich", weiblich" und „sächlich" zu tun haben, sonst könnte es nicht heißen „*die* Wache" (das ist ja ein Soldat, also ein Mann), „*das* Mädchen, *das* Fräulein, *das* Kind" usw. Wir reden daher gar nicht, wie man früher tat, von „männlich, weiblich, sächlich", sondern wir brauchen die lateinischen Fremdwörter „Maskulin, Feminin, Neutrum".

Durch solchen Unterricht werden schon in der Grundschule die nötigen Anstöße gegeben für die Entwicklung eines sprachkritischen Bewußtseins und Verhaltens, wie es heute mit Recht von Seiten der Linguistik wie der Didaktik gefordert wird (z. B. im „Hessischen Bildungsplan", 1969, S. 9).

14 A 7 Verschiedene Endungen des Wortes im Adjektivteil, je nach der Wahl des Pronominalteils

Nachdem wir die Begriffe Singular-Plural, die Begriffe Maskulin-Feminin-Neutrum und die Begriffe Nomen und Adjektiv auf diese Weise geklärt haben, wenden wir uns wieder der dreiteiligen Struktur für fallbestimmte Ausdrücke zu, mit deren Betrachtung wir dieses Kapitel begonnen haben. Wir stoßen nun nämlich auf einen Komplex von Phänomenen, der für das Deutsche besonders kennzeichnend ist: das Nebeneinander verschiedener Endungen beim Adjektivteil, je nachdem ob als Pronominalteil „*der, dieser, jener, jeder*" oder „*ein, kein, mein, dein, sein*" steht oder gar kein Pronominalteil vorhanden ist (so daß der fallbestimmte Ausdruck sogleich mit dem Adjektivteil oder einem dem Adjektivteil vorgeschalteten fallfremden Wort beginnt).

Wir stellen zunächst an Hand von Wörtern, die alle Kombinationen gestatten, die Formen zusammen; wir verbinden also die Nomen „Begabung" (Feminin), „Fleiß" (Maskulin) und „Talent" (Neutrum) mit dem Adjektiv „groß" und zwar in allen Kasus.

a) kein Pronominalteil

Nominativ	(da zeigt sich)	*große* Begabung	*großer* Fleiß	*großes* Talent
Akkusativ	(da erkennt man)		*großen* Fleiß	
Dativ	(mit . . ., bei . . .)	*großer* Begabung	*großem* Fleiß	*großem* Talent(e)
Genitiv	(auf Grund . . .)		*großen* Fleißes	*großen* Talentes

Es zeigen sich *fünf* verschiedene Endungen: *-er, -es, -em, -en, -e.*

b) Pronominalteil „ein, kein, mein, dein, sein, ihr"

Nom.	(da zeigt sich)	*ihre große* Begabung	*ihr großer* Fleiß	*ihr großes* Talent
Akk.	(da erkennt man)		*ihren großen* Fleiß	
Dat.	(mit . . ., bei . . .)	*ihrer großen* Begabung	*ihrem großen* Fleiße	*ihrem großen* Talent
Gen.	(auf Grund . . .)		*ihres großen* Fleißes	*ihres großen* Talentes

Es zeigen sich *vier* verschiedene Endungen: *er-, -es, -en, -e*

c) Pronominalteil „der, dieser, jener, jeder, welcher"

Nom.	(da zeigt sich)	*ihre große* Begabung	*der große* Fleiß	*das große* Talent
Akk.	(da erkennt man)		*den großen* Fleiß	
Dat.	(mit . . ., bei . . .)	*der großen* Begabung	*dem großen* Fleiß	*dem großen* Talent
Gen.	(auf Grund)		*des großen* Fleißes	*des großen* Talentes

Es zeigen sich *drei* Endungen: *-e, -en, er.*

Im Plural fallen die Formen für Maskulin, Feminin und Neutrum zusammen, die Gruppen b und c fallen zusammen:

a) Plural ohne Pronominalteil (mit dem Nomen *„Erfolg"* statt mit dem Nomen *„Fleiß"):*

Nom.	(da zeigten sich)	*große* Begabungen, Erfolge, Talente
Akk.	(da erkennt man)	
Dat.	(mit . . ., bei . . .)	*großen* Begabungen, Erfolgen, Talenten
Gen.	(auf Grund)	*großer* Begabungen, Erfolge, Talente

Es zeigen sich *drei* Endungen: *-e, -en, -er*

b + c) **Plural mit Pronominalteil** (kein Unterschied ob *„die"* oder *„ihre")*

Nom.	(da zeigten sich)	*ihre großen* Begabungen, Erfolge, Talente
Akk.	(da erkennt man)	
Dat.	(mit . . ., bei . . .)	*ihren großen* Begabungen, Erfolgen, Talenten
Gen.	(auf Grund)	*ihrer großen* Begabungen, Erfolge, Talente

Es zeigt sich nur noch *eine* Endung: *-en.*

Wir ziehen zu einer Übersicht zusammen:

		Feminin Sg.	Maskulin Sg.	Neutrum Sg.	Plural
ohne Pronominalteil	N.	-e	-er	-es	-e
	A.	-e	-en	-es	-e
	D.	-er	-em	-em	-en
	G.	-er	-en	-en	-er
hinter „ein, kein dein, sein ihr"	N.	ihre ... -e	ihr ... -er	ihr ... -es	ihre ... -en
	A.	ihre ... -e	ihren ... -en	ihr ... -es	ihre ... -en
	D.	ihrer ... -en	ihrem ... -en	ihrem ... -en	ihren ... -en
	G.	ihrer ... -en	ihres ... -en	ihres ... -en	ihrer ... -en
hinter „der, dieser, jener, jeder usw.	N.	die ... -e	der ... -e	das ... -e	die ... -en
	A.	die ... -e	den ... -en	das ... -e	die ... -en
	D.	der ... -en	dem ... -en	dem ... -en	den ... -en
	G.	der ... -en	des ... -en	des ... -en	der ... -en

Das Bild wirkt zunächst sehr verwirrend. Das *„-er"* kommt im Maskulin, im Feminin und im Plural vor, und am einen Ort gehört es zum Nominativ, am andern zum Dativ und Genitiv, am dritten nur zum Genitiv. Das *„-es"* kommt im Maskulin und Neutrum vor, und am einen Ort gehört es zum Genitiv, am anderen zum Nominativ und Akkusativ. Das *„-e"* und *„-en"* finden wir überhaupt in allen Reihen. Nur das *„-em"* ist deutliches Signal des Dativs im Maskulin und Neutrum Singular.

Von hier aus begreift man, warum Anderssprachige Mühe haben, sich die korrekten Endungen des deutschen Adjektivs einzuprägen. Ebenso begreift man, daß sich auch bei Deutschsprechenden manche Unsicherheit zeigt, wenn andere Wörter als die oben benutzten eindeutigen im Pronominalteil verwendet werden: heißt es „solche groß*e* Erfolge", oder „solche groß*en* Erfolge"? heißt es „folgende neu*e* Beobachtungen" oder „folgende neu*en* Beobachtungen"? Eine Zusammenstellung vieler derartiger Zweifelsfälle mit Hinweisen für den vorwiegenden Gebrauch findet sich in der Duden-Grammatik 1966, Ziff. 2105—2170, S. 215—19 (die Wörter *„all-, ander-, beide-, einig-, etlich, etwelch-, folgend-, manch-, mehrere, sämtlich-, solch-, viel-, welch/irgendwelch-, wenig-"*).

14 A 8 Synchronie und Diachronie bei „stark-schwach"

Wir sind hier auf die Phänomene gestoßen, die die traditionelle Grammatik als „starke" und „schwache" Deklination des Adjektivs faßt und die auch historisch sehr intensiv untersucht worden sind.

Von „starker Deklination" spricht man, wenn die Endungen denen der Wörter „*der, dieser*" entsprechen, also beim Wechsel von „*-er, -es, -em, -en, -e*". „Schwache Deklination" liegt vor, wenn nur „*-en*" und „*-e*" als Endungen vorkommen. Statt „starker Deklination" spricht man auch von „pronominaler Deklination", weil sie vor allem bei den Pronomen vorkommt.

Diese Begriffe sind nun aber nicht auf das heutige Sprachsystem als solches bezogen, sondern es sind Begriffe der Sprach*geschichte*. Von diesen historischen Begriffen her gesehen ist daher der gegenwärtige Zustand als „gemischt" anzusehen. So liest man noch in der Duden-Grammatik 1966, die doch in ihrer Darstellung durchaus synchron sein will, auf S. 211 (Ziff. 2065):

„Der unbestimmte Artikel zeigt ... in seinen Kasusendungen starke und schwache Beugung gemischt, und je nachdem wird dann das folgende Adjektiv schwach oder stark gebeugt (nach der Grundregel, daß das Adjektiv gerade umgekehrt flektiert wird als das Pronomen, also schwach nach stark, aber stark nach schwach)."

Aus dieser historischen Sicht wird dann das „*-en*" in „groß*en* Erfolges" als „Ausnahme" bezeichnet (weil nämlich kein Pronomen, also auch keine starke Flexion vorausgeht und daher die „starke" Form „groß*es* Erfolges" zu erwarten wäre), vgl. Duden-Grammatik S. 211, Beispielreihe links.

Es ist daher besser, die sprachhistorischen Begriffe „starke" (oder „pronominale") und „schwache" Adjektivdeklination konsequent der Sprach*geschichte* zu überlassen, wo sie ihren Platz haben, und für die synchrone Analyse statt dessen von „voller" und von „reduzierter" Adjektivdeklination zu sprechen.

14 A 9 Möglichkeit einer synchronen Deutung; Ökonomie der Endungen

Die beste Möglichkeit, das zunächst so verwirrende Bild, dieses „Durcheinander von Endungen" besser zu verstehen, ergibt sich bei rein synchroner Betrachtung, und zwar wenn man Pronominalteil und Adjektivteil als Stellen in einer Struktur sieht, unabhängig von der historischen Herkunft der einzelnen Formen. Dann zeigt sich:

Die größte Unterschiedlichkeit der Endungen, nämlich „*-er, -es, -em, -en, -e*" finden wir dort, wo *gar kein* Pronominalteil vorhanden ist; auch der Plural zeigt dort noch drei verschiedene Endungen: „*-e, -en, -er*". Wenn nun ein Pronominalteil gesetzt wird, *reduziert* sich die Zahl der Adjektiv-Endungen; das „*-em*" wird durch „*-en*" ersetzt, und das läßt sich offensichtlich damit zusammenbringen, daß im Pronominalteil schon ein „*-em*" steht: „mit ihr*em* groß*en* Fleiß" gegenüber „mit groß*em* Fleiß". Ganz ähnlich läßt sich verstehen, daß im Feminin das „*-er*" des Dativs und Genitivs durch ein „*-en*" ersetzt wird, weil nämlich der Pronominalteil schon auf „*-er*" endet: „mit groß*er* Begabung — mit dies*er* groß*en* Begabung" und „angesichts solch*er* Begabung — angesichts ein*er* solch*en* Begabung". Schließlich beruht ja auch die Unterscheidung unserer Gruppe c von der Gruppe b nur darauf, daß in Gruppe c das „*-er*" des Maskulins und das „*-es*" des Neutrums durch einfaches „*-e*" ersetzt sind, und dazu läßt sich nun sagen, daß ja in Gruppe c der Pronominalteil auf „*-er*" bzw. „*-s*" endet: „*der* groß*e* Moment" gegenüber „*ein* groß*er* Moment", und „*das* neu*e* Material, *dieses* neu*e* Phänomen" gegenüber „*ein* neu*es* Material, *ein* neu*es* Phänomen".

Man kann also in der Gesamtverteilung der Endungen auf Pronominalteil und Adjektivteil das Prinzip sehen, daß eine klanglich hervortretende, auffällige Endung wie „*-er, -es, -em*" in der ganzen Struktur nur *einmal* auftreten soll, also im Adjektivteil nur dann, wenn *kein* Pronominalteil da ist oder der Pronominalteil *nicht* auf „*-er, -es, -s, -em*" endet.

Innerhalb des Adjektivteils gilt nämlich diese Ökonomie nicht; auch wenn viele Adjektive aufeinanderfolgen, müssen alle mit der vollen Endung versehen werden: „in frei*em* weit*em* ungebremst*em* Schwung", „ein groß*es*, alt*es*, unheimlich*es*, halb zerfallen*es* Haus." Man kann also sagen, daß durch die Ökonomie der Endungen die Zusammengehörigkeit der Struktur und eine gewisse „Arbeitsteilung" zwischen Pronominalteil und Adjektivteil sinnfällig gemacht wird — im Unterschied zur Aufeinanderfolge mehrerer Adjektive, die parallel nebeneinanderstehen, *keine* „Arbeitsteilung" aufweisen und daher auch alle die *gleichen* Endungen zeigen.

Die Ökonomie erstreckt sich auch *nur* über Pronominal- und Adjektivteil, sie wirkt *nicht* beim Nomen. Im Maskulin wie im Neutrum steht das Genitiv-s auch beim Nomen, unbekümmert darum, daß es schon im Pronominalteil auftritt, „des großen Erfolgs", „sein*es* großen Talents."

Immerhin gibt es einen Spezialbereich, in welchem wir auch zwischen Pronominalteil und Nomen eine solche Ökonomie finden, nämlich die Behandlung der Eigennamen im Genitiv. Es heißt „die Wahl Friedrichs", aber „die Wahl des Friedrich".

Man kann also (man muß nicht, aber man kann) die Verteilung der Endungen auf Pronominalteil und Adjektivteil durchaus als einen Ausdruck der Ökonomie und ein Streben nach klanglichem Ausgleich verstehen, wobei zugleich die Festigkeit der ganzen Struktur betont wird (wenn ein Hinweis auf Kasus oder Genus am einen wie am andern Ort in der Struktur untergebracht werden kann).

Dabei wird offensichtlich in Kauf genommen, daß die Kennzeichnung von Kasus, Genus und Numerus bald sehr deutlich, bald höchst undeutlich ist und daß die gleiche Lautung an den systematisch verschiedensten Stellen vorkommt: „*-es*" im Nominativ, Akkusativ und Genitiv des Neutrums, im Genitiv des Maskulins („dies*es* Stadium, dies*es* Stadiums, dies*es* Mann*es*"), „*-er*" im Nominativ Maskulin, im Dativ und Genitiv Feminin, im Genitiv Plural aller drei Geschlechter („d*er* Mann, d*er* Frau, ein groß*er* Mann, mit groß*er* Freude, angesichts vieler derartig*er* Vorfälle). Das bestätigt unsere Beobachtungen aus Kapitel 12 (S. 40—47) über die geringe Rolle, die die phonomorphische Kennzeichnung der verschiedenen Fälle für das Erfassen der Satzgliedbeziehungen und überhaupt für das praktische Verstehen spielt.

14 A 10 Sprachtheoretische Einordnung, erste semantische Skizze

Man kann sich fragen, ob man den ganzen Komplex der vollen oder reduzierten Adjektivflexion zur Phonomorphie oder zur Morphosyntax rechnen soll. Da die Unterschiede nichts mit dem jeweils gewählten Adjektiv zu tun haben, sondern mit der Satzgliedstruktur als ganzer (Vorhandensein eines Pronominalteils, Phonomorphie der als Pronominalteil auftretenden Wörter) rechnen wir die Wahl der Adjektivflexion wohl besser zur Morphosyntax (wobei klar ist, daß man diesen ganzen Bereich der Morphosyntax mit einem gewissen Recht auch als „Phonomorphie ganzer Satzglieder" auffassen und einordnen könnte). Es wird aber auch unmittelbar deutlich, daß wir der einheitlichen morphosyntaktischen Struktur gar nicht immer einen einheitlichen semantischen Wert zuschreiben dürfen. Nach dem Gesichtspunkt der Morphosyntax ordnen sich nämlich die im Pronominalteil möglichen Wörter folgendermaßen:

geringe Reduktion bewirkend	teils geringe, teils starke Reduktion bewirkend	starke Reduktion bewirkend
ein kein mein, dein, sein, ihr	ander viel, mehrere (und die weiteren im Duden S. 215—19) genannten Wörter)	der, dieser, jener jeder, aller mancher welcher

Nach semantischem Zusammenhang würde man aber viel eher folgendermaßen ordnen:

ein	*der*	*sein/ihr/Ihr*	*was für ein*
beide	dieser	mein	solch-
wenig	jener	dein	ander-
etliche	welcher?	unser	
mehrere		euer	
manche			
viele			
die meisten			
alle / jeder			
kein			
wieviel?			
wie manche?			
wie wenig?			

Diese Reihen lassen sich in erster Annäherung wie folgt charakterisieren:

Durch *„ein"* wird der im nachfolgenden Nomen zu signalisierende Inhalt präsentiert als *wählbar* aus einer Reihe vorhandener oder denkbarer Einheiten; es soll nicht *eine* unverwechselbare Einheit hingestellt werden, vom Sprecher/Schreiber aus, sondern der Hörer/Leser kann aus der ihm bekannten Reihe solcher Einheiten eine beliebige einsetzen. Man kann hier zwischen „unbestimmtem Artikel" und „Zahlwort" gar nicht scharf trennen.

Auch bei den an *„ein"* anschließenden Wörtern *„einige, mehrere, manche"* gilt diese Wählbarkeit, nur ist eben nicht nur *eine* Einheit zu wählen, sondern eine kleinere oder größere Mehrzahl, bis zur Deckung von Wählbarem und zu Wählendem, nämlich bei *„all"*. Dabei signalisieren *„alle"* und *„jeder"* die gleiche logische Information, aber unter verschiedener Perspektive: bei *„all"* wird gewissermaßen die Gesamtheit der Einheiten in den Blick genommen, bei *„jeder"* sieht man mehr die einzelne Einheit vor sich, die als notwendig zur Gesamtheit gehörig betrachtet wird.

Wir haben an den Wörtern von *„ein"* bis *„all"* und der Negation *„kein"* gewissermaßen eine elementare praktische Mathematik, einen „vormathematischen, noch nicht zum Rechnen geeigneten" Umgang mit Menge und Zahl.

Durch den Pronominalteil *„der"* wird der durch das Nomen (oder Adjektiv) zu nennende Inhalt *anders* präsentiert als durch *„ein"*;

er soll nun als *unverwechselbar gegeben* aufgefaßt werden, oft als „schon bekannt" oder „selbstverständlich bekannt". Grundsätzlich das gleiche, nur mit stärkerer Intensität, mit deutlicherem „Hinweis-Charakter" wird signalisiert durch *„dieser"*; es ist ja oft auch ersetzbar durch betontes *„der"*. *„Jener"* ist gewissermaßen zu explizieren „suche die hier aufzufassende Einheit, die als solche unverwechselbar vorhanden ist, in anderer Richtung". *„Welcher"* verhält sich zu *„der, dieser"* wie *„was für ein"* zu *„solch"*.

Am klarsten ist die Semantik der Gruppe *„sein, ihr, mein, dein"* usw. Es sind die *Possessive;* durch sie wird signalisiert, daß der zu nennende Inhalt als „zugehörig zu einem andern" aufzufassen ist. Wir haben bereits festgestellt, daß das Possessiv oft (nicht immer!) der allgemeinste Ersatz für einen attributiven Genitiv ist (vgl. oben S. 89–90). Das Merkmal „Unverwechselbarkeit" ist dabei meist inbegriffen.

Mit *„was für ein" „solch-"*, *„ander"* kommen wir in den Bereich des *„wie ist es?"* hinein, die Wörter *„solch"* und *„ander"* treten denn auch oft nicht als Pronominalteile, sondern als Adjektivteile auf, und auch wenn sie als Pronominalteile dienen, schwankt man oft beim Setzen der Endung im Adjektivteil.

In Opposition zu diesen semantischen Werten der Pronominalteile kann man nun auch beim Fehlen eines Pronominalteils einen besonderen semantischen Wert sehen, nämlich daß das im Substantiv Genannte „rein in seiner Existenz" präsentiert wird, ohne jeden Hinweis auf Wählbarkeit, Unverwechselbarkeit, Zugehörigkeit.

Zu dieser ganzen semantischen Skizze ist aber die *Relativierung* zu bedenken, die im folgenden Abschnitt gegeben ist.

14 A 11 Relevanz und Irrelevanz der semantischen Unterschiede zwischen „der", „ein" und „Pronominalteil Null", am Text überprüft

14 A 11.1 Untersuchung im einzelnen

Die im vorigen Abschnitt entworfene semantische Skizze stützt sich zwar auf die bisher ausgeführten Operationen, aber sie ist selbst nicht streng operational gewonnen; sie ist „linguistische Intuition", freilich nicht des Laien, sondern des erfahrenen Beobachters: ein Ordnungsversuch, gestützt auf x vorhergegangene Einzelbeobachtungen. Solche Ordnungsversuche sind auch beim streng operationalen Aufbau einer Grammatik immer wieder nötig, mindestens als „heuristische Hypothesen"; sie sind aber nur dann fruchtbar und ohne Gefahr der Irreführung, wenn durch vorhergegangene Proben ein gewisser objektiver Rahmen gegeben ist und wenn die in erster Annäherung aufgestellten Werte und Beziehungen immer wieder an Texten überprüft werden. Wir nehmen daher nochmals unsern Probetext von S. 111–12 vor und prüfen an ihm die Haltbarkeit des im vorigen Abschnitt Entwickelten, und zwar vor allem für die bei weitem häufigsten Phänomene, nämlich die Pronominalteile „der" und „ein" (den „bestimmten und unbestimmten Artikel") und den Pronominalteil Null (∅). Wir gehen dabei ganz ähnlich vor wie bei der Prüfung der Relevanz der Werte „Singular" und „Plural" (vgl. oben S. 117–18).

Ausdrücke (1) bis (4)

„*Die* Geschichte (1) *aller* modernen Wissenschaften (2) weist *eine* gewisse Ähnlichkeit (3) in *ihren* Entwicklungsstufen (4) auf".

Für „*die* Geschichte" können wir sagen „*eine* Geschichte"; damit ergibt sich aber eine Informationsänderung, indem statt des Ablaufs selbst, den man unter „*die* Geschichte" versteht, eher an eine *Darstellung* dieser Geschichte gedacht wird. Ferner läßt sich in (1) und (2) kombiniert ändern „*jede* Geschichte *der* modernen Wissenschaften", „*alle* Geschichte *der* modernen Wissenschaften"; die Gesamtinformation bleibt praktisch dieselbe, nur ist das Moment „Gesamtheit" an einer andern Stelle signalisiert, und dort, wo es nicht ist, steht nur noch das Moment „Unverwechselbarkeit". Fast die gleiche Information ergibt sich aus „*jede (alle)* Geschichte moderner Wissenschaft", also ohne Pronominalteil bei (2); wenn dagegen gesetzt wird „jede Geschichte *einer* modernen Wissenschaft", so ist das Moment „Gesamtheit" nur noch für „Geschichte" vorhanden, und unter „Wissenschaft" wird eine beliebig herauszugreifende, als exemplarisch geltende einzelne Wissenschaft verstanden. Setzt man den Singular von „Wissenschaft" mit dem Pronominalteil „*der*", so wird verstanden „*die* moderne Wissenschaft" als Inbegriff aller einzelnen modernen Wissenschaften.

In „*eine* gewisse Ähnlichkeit" (3) ist das „*eine*" kaum ersetzbar, wohl aber weglaßbar: „*gewisse* Ähnlichkeit aufweisen." Ein Informationsunterschied ist kaum zu fassen, vielleicht wirkt der Ausdruck ohne das *„eine“* noch etwas offener; ein Ersatz durch *„die“* wird aber möglich, sobald die *„gewisse* Ähnlichkeit“ genauer festgelegt wird und damit nicht mehr als „wählbar“, sondern als „unverwechselbar gegeben“ erscheint: *„die größte* Ähnlichkeit aufweisen“ *„die nötige* Ähnlichkeit aufweisen“ — ja sogar *„die gewisse* Ähnlichkeit aufweisen, *die hier erforderlich ist“.*

Der Ausdruck (4) „... in *den* Entwicklungsstadien“ steht im Plural, dadurch ist *„ein“* ausgeschlossen; genauere Hinweise auf die Zahl der „Stadien“ sind möglich: „in *vielen (manchen)* Entwicklungsstadien“ — das ist aber schwächer als „in *ihren* Entwicklungsstadien“ oder das einfache „in *den* Entwicklungsstadien“; man muß dann schon sagen „in *allen* Entwicklungsstadien“ und hat damit einen etwas nachhaltigeren Ausdruck für das, was schon in der Originalfassung gegeben ist. Weglassung des Pronominalteils ist möglich, wenn dafür ein entsprechender Adjektivteil eintritt: „in *wichtigen,* in *zentralen* Entwicklungsstadien“.

Befund bisher: die semantischen Grundwerte des Abschnitts 14 A 10 lassen sich im Ansatz halten, sie können aber im Kontext stark relativiert werden, bis zur Irrelevanz; im Possessiv („sein, ihr“) steckt die sonst durch „der“ signalisierte „Unverwechselbarkeit“ schon drin; die für „ein“ gefundene Kennzeichnung „wählbar aus einer Reihe entsprechender Einheiten“ muß für Nomen (Substantive) ohne klare Umgrenzung erweitert werden zu „Wählbarkeit des zu denkenden Umfangs, der zu denkenden Vollständigkeit des Begriffs“.

Ausdrücke (5) bis (11)

„Auf *eine* lange Periode (5) von zunächst noch $\emptyset$ unsystematischer Beobachtung, Spekulation und Verallgemeinerung (6) folgt *eine* Periode (7) *der* Zusammenfassung (8), *der* Formulierung (9) von scheinbar $\emptyset$ allgemein gültigen Lehrsätzen (10) und schließlich *der* Systembildung (11)“.

In (5) ist das *„eine“* zentral für die Information und daher weder ersetzbar noch weglaßbar; es signalisiert, daß die vorher erwähnte (Gesamt-)Geschichte als eine Folge verschiedener Perioden gesehen wird; wenn man sagte „auf *die* Periode ...“, dann wäre damit gesetzt, daß diese Periode als solche feststeht und daß man schon weiß, daß eine solche Periode am Anfang aller Wissenschaftsentwicklung steht. Damit verglichen signalisiert das *„eine“*, daß man diese Periode erst aus der Reihe aller anzusetzenden Perioden herausgreifen soll; ihre Bestimmtheit (daß sie am Anfang steht) wird nur durch den Gesamtzusammenhang gegeben.

Der attributive Präpositionalkasus (6) *„von unsystematischer Beobachtung ...“* läßt sich ohne Informationsänderung durch attributiven Genitiv ersetzen: „(eine Periode) zunächst noch *unsystematischer Beobachtung“;* man kann aber auch ein *„der“* einfügen, ohne daß die Information sich greifbar ändert: „(eine Periode) *der* zunächst noch *unsystematischen Beobachtung“.* Bei Ausdruck (8), dessen Anschluß an (7) genau parallel ist zum Anschluß von (6) an (5), finden wir denn auch im Originaltext ein *„der“:*

(5), (6) „eine lange Periode *von* noch $\emptyset$ unsystematischer Beobachtung“
(7), (8), (9), (11) „eine Periode *der* Zusammenfassung, *der* Formulierung, *der* Systembildung“

Informanten mit einem ausgeprägten Stilgefühl empfinden unter Umständen beim Ersatz des *„von“* ohne Pronominalteil durch ein *„der“* eine leichte Zunahme der Bestimmtheit, eine etwas weniger „offene“ Darstellung; das ist aber eine Nuance, die für die Information kaum ins Gewicht fällt. Dazu läßt sich nun bei allen zu *„Periode“* gehörigen attributiven Ausdrücken auch der Pronominalteil *„einer“* einsetzen: „eine Periode *einer* noch unsystematischen Beobachtung, Spekulation und Verallgemeinerung“ — (darauf eine Periode) *einer* Zusammenfassung, *einer* Formulierung allgemeingültiger Lehrsätze und schließlich *einer* Systembildung“.

Informanten mit ausgeprägtem Stilgefühl werden diesen zweiten Teil des Satzes mit *„einer“* schlechter finden als den Originalsatz mit *„der“*, aber der Ersatz dürfte möglich sein, und die Information dürfte sich dabei kaum verschieben, weil der Zusammenhang hier auch den Ausdruck *„einer* Zusammenfassung“ nicht verstehen läßt als *„eine einzelne* Zusammenfassung“, sondern als *„Zusammenfassung als solche“;* hier müssen wir also den semantischen Wert „Wählbarkeit, nicht Unverwechselbarkeit“ für das *„ein“* stark relativieren.

In Ausdruck (10) „(Formulierung) von scheinbar allgemeingültigen Lehrsätzen“ haben wir unbestimmten Plural; ein Pronominalteil läßt sich nicht einfügen; auch wenn man eine gewisse Spezifizierung der Zahl der Lehrsätze in Kauf nimmt, kommt man sogleich zu einem Adjektivteil: „Formulierung *vieler (zahlreicher)* neuer Lehrsätze“.

Ausdrücke (12 bis (19)

„Darauf folgt *eine* Periode (12) *der* Kritik (13) an *den* Grundlagen (14) *der* neuen Wissenschaft (15), verbunden mit *der* Suche (16) nach $\emptyset$ neuem Tatsachen- und Beweismaterial (17), oft mit $\emptyset$ neuer Begriffsbildung (18) und völlig $\emptyset$ neuer Betrachtungsweise (19).“

Wenn wir in (12) *„eine* Periode“ durch *„die* Periode“ ersetzen, so erscheint diese Periode als schon bekannt, als an dieser Stelle eindeutig zu erwarten, als unverwechselbar (eben „nicht nur *eine* Periode, sondern *die* Periode“).

In (13) ist *„der"* durch *„einer"* ersetzbar mit der gleichen nur minimen Informationsverschiebung wie oben bei (8), (9) und (11): in *„eine* Periode *einer* Kritik" ist *„einer* Kritik" nicht als Einzelkritik verstanden, sondern als exemplarisch, als das diese Periode Bestimmende, und damit in der Sache sozusagen äquivalent (obwohl mit etwas anderer rhetorischer Wirkung) mit „eine Periode *der* Kritik".

Dagegen läßt sich in (14) „an *den* Grundlagen" der Pronominalteil *„den"* nicht weglassen und nur bei Inkaufnahme von Abschwächung ersetzen: *„die"* Grundlagen sind hier *„alle* Grundlagen" oder mindestens *„die wesentlichen* Grundlagen".

Auch in Ausdruck (15) *„der* neuen Wissenschaft" läßt sich das *„der"* auf keine Weise durch *„einer"* ersetzen, wohl aber durch *„dieser"*; die „neue Wissenschaft" ist eben schon bekannt und als so bekannte unverwechselbar.

Weitgehende Austauschbarkeit zwischen *„der"* und *„einer"* finden wir dagegen in Ausdruck (16) „(verbunden mit) *der/einer* Suche nach ..."; *„der"* präsentiert die *„Suche"* als „grundsätzlich bekannt", während *„einer"* sie eher als etwas Neues hinstellt — daher die stärkere rhetorische Wirkung von *„einer"* gegenüber *„der"* in solchen Zusammenhängen.

In den Ausdrücken (17), (18) und (19), die im Originalsatz ohne Pronominalteil auftreten, läßt sich überall der Pronominalteil *„ein"* einfügen: „(die Suche nach) *einem neuen* / *∅ neuem* Tatsachen- und Beweismaterial, (oft mit) *einer neuen* / *∅ neuer* Begriffsbildung und *einer völlig neuen* / *∅ völlig neuer* Betrachtungsweise." Vielleicht kann man sagen, durch die Einfügung des *„ein"* würden die betreffenden Substantive klarer begrenzt, deutlicher als Einheiten hervorgehoben; es handelt sich aber wohl nur um Nuancen, und an der tatsächlichen Information wird kaum etwas geändert. Ersatz des so eingefügten *„ein"* durch *„der"* ist dagegen ausgeschlossen, weil eben das „Neue" hier per definitionem *noch nicht* bestimmt, noch nicht in seiner Existenz und Umgrenzung festgelegt und unverwechselbar ist.

Ausdrücke (20) bis (28)

„Soweit möglich wird ∅ unsystematische Beobachtung (20) durch ∅ systematisches Experiment (21) oder ∅ experimentähnliche Beobachtung (22) ersetzt, ∅ Beweisführung (23) präzisiert durch ∅ quantitative Formulierung (24) von ∅ Hypothesen (25) und ∅ Lehrsätzen (26) und ∅ quantitative Analyse (27) von ∅ Beobachtungsmaterial (28)".

Es fällt auf, daß wir hier nicht weniger als neun gewichtige fallbestimmte Ausdrücke mit Pronominalteil Null vor uns haben. Die Ersetzbarkeit ist ganz verschieden.

Bei (20) kann ohne weiteres ein *„die"* eingesetzt werden (soweit möglich wird *die* unsystematische Beobachtung ersetzt"); von „unystematischer Beobachtung" war ja schon die Rede, sie wäre daher als „bekannt" durch ein *„die"* zu präsentieren; Einfügen von *„eine"* würde leicht *eine* Beobachtung herausheben, im Sinne einer Einzelbeobachtung — aber es wäre in diesem Kontext doch auch generalisierend verstehbar und also ohne Informationsänderung möglich (*„eine"* = „die bisher übliche, nun exemplarisch hingestellt"); *„eine Beobachtung"* hätte dann den Sinn" *„eine Beobachtungsweise, eine Technik, eine Praxis der Beobachtung"*.

In ähnlicher Weise kann in (21) und (22) sowohl *„ein"* wie *„die"* eingefügt werden, obwohl es sich hier noch nicht um „Bekanntes" handelt wie bei (20); sowohl *„ein"* wie *„der"* werden dann generalisierend verstanden: *„die* unsystematische Beobachtung wird ersetzt durch *das* systematische Experiment (durch *ein* systematisches Experimen*tieren)* und durch *die/eine* experimentähnliche Beobachtung". Zu beachten ist, daß beim Einsetzen von *„das"* das Wort „Experiment", das dann zu sehr das Einzelexperiment meint, ersetzt werden muß durch „Experimentieren, Experimentiertechnik".

Bei Ausdruck (23) würde man schon im Text ein *„die"* erwarten, verbunden mit einer Wiederholung des Finitums *„wird"*: *„die* Beweisführung *wird* präzisiert ..."; das Fehlen eines solchen *„die"* erscheint auffällig, es kann als besondere Stil-Eigentümlichkeit (Idiolekt des Autors) empfunden werden; der Satz wird aber ohne Zweifel so verstanden, als ob er ein solches *„die"* enthielte, da die *„Beweisführung"* hier als etwas nicht nur Bestimmtes und Festgelegtes, Unverwechselbares, sondern auch als etwas schon Bekanntes betrachtet wird — es war ja vorher im Text schon von *„Lehrsätzen"*, von *„Systembildung"*, von *„Beweismaterial"* die Rede.

Bei Ausdruck (24) und (27) sind *„eine"* und *„die"* ohne Informationsänderung einsetzbar, beide generalisierend verstanden („präzisiert durch *die/eine* quantitative Formulierung und *die/eine* quantitative Analyse"). Die Ausdrücke (25) und (26) präsentieren die „Hypothesen" und „Lehrsätze" als aus vielen möglichen frei wählbar: wenn man hier *„der"* einfügt, werden sie als „schon bekannt, schon gegeben" präsentiert („die Formulierung *von* Hypothesen/ *der* Hypothesen", ebenso für *„von* Lehrsätzen/*der* Lehrsätze"). Hier bringt also die Einfügung des *„der"* einen faßbaren Informationsunterschied. In Ausdruck (20) dagegen läßt sich bei fast gleicher Information der Pronominalteil *„des"* einsetzen: „quantitative Analyse *von* ϕ Beobachtungsmaterial/*des* Beobachtungsmaterials". Einfügung von *„eines"* würde stärker vereinzelnd wirken (*„... eines dann und dann gegebenen Beobachtungsmaterials"*).

14 A 11.2 Ergebnis; Problematik der „Artikel"-Theorien

Der Ansatz dürfte richtig sein; die „semantische Skizze" hat uns in die Lage versetzt, sehr genau zu *lesen* und uns „Störstellen" bewußt zu machen, die wir sonst nur gespürt, aber nicht klar erkannt hätten. Die Arbeit ist aber anstrengend, sie bedingt, wenn sie mehr als eine Skizze liefern soll, eine sehr viel genauere Kenntnis der verschiedenen semantischen Klassen von Nomen (Substantiven), als wir sie heute haben; z. B. gehören dann „Beobachtung" und „Experiment" in verschiedene solche Klassen, weil wir das eine ohne weiteres generalisieren konnten, das andere aber durch „Experimentieren" ersetzen mußten (vgl. oben S. 135).

Wir stehen daher *erst am Beginn* einer zureichenden Behandlung dieser Phänomene, die ein zentrales Kapitel jeder deutschen Nomosyntax (ja wohl jeder Nomosyntax einer modernen Sprache) ausmachen dürfte. Wir haben aber zum mindesten gesehen, wie vorsichtig man sein muß, damit man nicht den so häufigen Strukturen *„der . . ."*, *„ein . . ."* und „Pronominalteil Null" (oder dem „bestimmten und unbestimmten Artikel" der traditionellen Grammatik) zu feste und zu enge semantische oder gar logische Werte zuschreibt. Weder die traditionelle Grammatik noch die meisten logischen Sprachanalytiker sind dieser Gefahr entgangen, und man kann ihr wohl nur entgehen, wenn man konsequent genug *von Texten aus* und mit einer *genügenden Zahl von Informanten* arbeitet.

14 A 11.3 Zum Possessiv

Eine gewisse Vorsicht gegenüber der traditionellen Grammatik ist insbesondere auch bei der an sich klaren Reihe der „Possessive" angebracht, also bei *„sein, ihr, mein, dein"* usw. Die durch den deutschen Schulterminus nahegelegte Deutung „besitzanzeigend" ist viel zu eng, der semantische Wert ist „Zugehörigkeit" ganz allgemein.

Das Possessiv ist, wie wir schon gesehen haben, allgemein durch einen attributiven Genitiv ersetzbar. Das wird besonders eindringlich beim vorangestellten attributiven Genitiv: „Die Schriften *Kants* — *Kants* Schriften — *seine* Schriften". Bemerkenswert ist auch, daß durch die Voranstellung des Genitivs der sonst unerläßliche Pronominalteil *„die"* überflüssig wird; die „Bestimmtheit" ist dann schon durch den Genitiv eindeutig signalisiert. Man kann dieses Fehlen eines *„die"* vor dem Genitiv vielleicht mit dem Hinweis auf den Satzrhythmus erklären. Im mhd. kann in solchen Fällen der Pronominalteil gesetzt werden: daz ist *der* Rûmoldes *rat* (Nib. 1469, 4) *die* Willalms *mage* (WH, 11, 3). Das entspricht dem griechischen Gebrauch: *„ho* tū anthrōpū *bios"* = *„das* des Menschen *Leben"*.

14 A 12 Mehrwortigkeit innerhalb der drei Teile

Pronominalteil, Adjektivteil und Kern sind, wie schon gesagt wurde, *nicht Wörter*, sondern *Stellen* in einer Struktur. Sie sind zwar meist von je einem Wort besetzt, aber das *muß* nicht so sein. Wir haben daher nun noch zu prüfen, welche Kombinationen einzelner Wörter an den verschiedenen Stellen auftreten können.

14 A 12.1 Mehrwortigkeit im Pronominalteil

Mehrwortigkeit im Pronominalteil finden wir bei Kopulation und Disjunktion: *„dieser und jener* kritische Leser wird sagen ..." „in *seinem und unserm* Interesse", „es war *nicht mein, sondern dein* erklärter Wunsch ..." Es sind die allgemeinen Kombinationsmöglichkeiten für Einheiten aller Art, die auch den Kern der Logik ausmachen.

Grundsätzlich lassen sich alle diese kombinierten Pronominalteile so zerlegen, daß man mit jedem Stück einen eigenen Satz bildet: „das ist nicht *ein*, sondern *das* wichtige Resultat" → „das *ist* nicht *ein* wichtiges Resultat, es *ist das* wichtige Resultat". Da aber solche Verteilung auf zwei Sätze oft als umständlich empfunden wird, ist die Komprimierung in *einen* Ausdruck häufig, und die morphosyntaktischen Schwierigkeiten werden dabei entweder umgangen oder mißachtet.

Nicht als mehrwortige Pronominalteile zu betrachten sind die Pronomen in „ein *jeder*", „dieser *eine*"; schwanken kann man bei „einige *wenige*" usw. Die Probe ergibt in der Regel, wo sie überhaupt möglich ist, daß das zweite Wort in diesen Kombinationen als Adjektivteil zu klassieren ist: „die Schwierigkeit jedes Versuchs — eines jeden Versuchs" — „mit diesem einen Ergebnis — mit einigem wenigen neuen Material".

Gerade hier erweist sich die Verschiedenheit des Begriffs „Pronominalteil" und des (erst noch genauer zu prüfenden) Begriffs der Wortart „Pronomen".

14 A 12.2 Mehrwortigkeit im Adjektivteil; Exkurs zu Kommasetzung und Verstehen

Auch im Adjektivteil sind alle Kombinationen mit „und", „oder" „aber nicht" usw. möglich („ein *kurzer, aber nicht ungefährlicher* Weg" usw.).

Weitaus am häufigsten ist aber eine einfache Reihung verschiedener Adjektive, ohne besondere Verknüpfungssignale, „ein *überraschender neuer* Weg", „die *großen alten* Männer", „*hübsche alte ziegelgedeckte* Häuser, „dieser *eine entscheidende neue* Gedanke".

Dabei kann das feinere semantische Verhältnis der so gereihten Adjektive durchaus verschieden sein. Die Theoretiker der deutschen Kommasetzung gaben und geben sich große Mühe, die hier möglichen semantischen Unterschiede eindeutig durch verschiedene Kommasetzung zu signalisieren — mit sehr beschränktem Erfolg, weil die semantischen Möglichkeiten zu vielfältig sind, als daß man sie mit der einfachen Wahl „Komma — kein Komma" zureichend unterscheiden könnte.

Das Paradebeispiel ist „ein Glas *dunkles bayrisches* Bier" (ohne Komma, weil die beiden den Adjektivteil bildenden Wörter nicht durch „und" verbunden werden können") gegenüber „einige *bedeutende, lehrreiche* physikalische Versuche" (mit Komma, weil „und" einfügbar ist). Demnach wird dann fein unterschieden (Duden, Rechtschreibung, 1967, S. 19): wenn man schreibe „die höher liegenden unbewaldeten Hänge", dann sei damit impliziert, daß es auch tiefer liegende unbewaldete Hänge gebe; wenn *nur* die höher liegenden Hänge unbewaldet seien, müsse man das durch Kommasetzung signalisieren und schreiben „die höher liegenden, unbewaldeten Hänge".

In Wirklichkeit dürfte aber der Entscheid, ein Komma zu setzen oder nicht, viel eher von rhythmischen Erwägungen abhängig sein, vom Willen, innerhalb des Ausdrucks zu gliedern oder nicht zu gliedern, was sich nur indirekt mit der genauen intendierten Information und noch weniger mit festen semantischen Qualitäten in Beziehung setzen läßt und daher grundsätzlich erst in dritter oder vierter Linie als Indiz für richtiges Verstehen herangezogen werden sollte, nicht primär, wie es kommagläubige Lehrer heute nicht selten tun. Man kann zwar sagen: wenn ein Komma gesetzt wird, ist das dem Komma Folgende als engere Einheit zu betrachten" („diese, sehr verdrießliche Wendung der Dinge" — „diese neue, sehr verdrießliche Wendung der Dinge") — aber man sollte *nicht* den umgekehrten Schluß ziehen, daß beim Fehlen eines Kommas *keine* Untergliederung anzunehmen sei. Der Satz „diese neue verdrießliche Wendung der Dinge" kann ebensowohl verstanden werden als „*neu* und sehr verdrießlich" wie als „*schon wieder* so verdrießlich".

Man kann daher vom Standpunkt des Linguisten nur raten, diese Dinge in der Schule nicht tragischer zu nehmen, als sie es verdienen; wenn man so großes Gewicht darauf legt, wie heute oft noch zu beobachten ist, vergeudet man nicht nur viel Zeit, die man für

Besseres nötig hätte, sondern man beeinträchtigt die richtige Entwicklung der Verstehensfähigkeit und Verstehenstechnik überhaupt, weil man einem Detail der gesamten Signalfolge ein Gewicht zuschreibt, das dieses Detail nie haben kann. Der Lernende glaubt dann, an einer Einzelheit einen sicheren Halt zu haben, und er versäumt es leicht, den Informationszusammenhang im Ganzen gebührend zu berücksichtigen; er vernachlässigt also zu Gunsten eines Detailhinweises wichtigere Strukturhinweise und verbaut sich so oft selber den Weg zu einem zureichenden Verstehen und zu einer wissenschaftlich fundierten Verstehenstechnik.

14 A 12.3 Mehrwortigkeit im Kern

Hier finden wir die kompliziertesten Verhältnisse. Wir haben nicht nur Kombinationen mit *„und"* und *„oder"* („Das Flußpferd *oder* Nilpferd", „die Türme, Läufer *und* Springer auf dem Schachbrett"), sondern wir finden auch feste Strukturen aus Wörtern verschiedener semantischer Klassen, die aber alle zur Wortart „Nomen" gerechnet werden: „Der Herr Präsident Fischer — des Herrn Präsidenten Fischer" „Direktor Müller — die Ansicht Direktor Müllers — die Ansicht des Direktor(s) Müller" „die Politik des Ersten Vorsitzenden Mao" usw.

Die Kombinierbarkeit ist offenbar gebunden an die Zugehörigkeit zu den semantischen Klassen „Vorname", „Eigenname", „Titel", „Funktion, Rolle" und ähnliches. So kann man nicht sagen „er spürte *Last Müdigkeit*", sondern nur mit komplexem Ausdruck „er spürt die Last *der* Müdigkeit"; wohl aber kann man sagen „er fragte *den Direktor Professor Dr. X.* Die Struktur läßt sich in Verbindung bringen mit der Struktur „zitierter Ausdruck", die wir bei den komplexen Satzgliedern aufwiesen. Der Unterschied liegt aber darin, daß dort Fallverschiedenheit auftreten kann („in *der* Zeitung ‚*Die* Welt' stand ..."), während hier der ganze Ausdruck nur *einen* Fall zeigt (soweit überhaupt der Fall erkennbar ist): „(der Vortrag) *des* Leitend*en* Ministerialdirigent*en* XY — (der Vortrag) *des* XY, (der Vortrag) XY-s".

Wir können diese Strukturen hier nicht im einzelnen aufweisen, sondern nur zeigen, *daß* bei der Konstitution von *Namen* Kombinationsmöglichkeiten bestehen, die es sonst für fallbestimmte Ausdrücke nicht gibt.

Auch auf die Frage der phonomorphischen Kennzeichnung (an welcher Stelle des mehrwortigen Namens wird der Genitiv signalisiert?) gehen wir nicht ein; die nötigen Einzelauskünfte können der Duden-Grammatik entnommen werden (Ziff. 1865—1930 und Ziff. 5790—5820). Zu warnen ist aber vor der *grammatischen* Klassifikation, die die Duden-Grammatik gibt. Sie subsumiert nämlich alle diese Phänomene unter den vagen Begriff der „Apposition" (Ziff. 5770—5830), weil sie *nur* auf das Kriterium „Kasusgleichheit" achtet und weder die Zuordnung durch „als" und „wie" vom einfachen Nachtrag unterscheidet noch den Nachtrag vom bloßen Teil eines mehrteiligen Namens; für sie ist also „Apposition" gleicherweise gegeben in:

Karl *Müller* — Karl *der Große* — Karl, *der große Politiker* —Karl *als kluger Politiker* — ein Glas *Wein* — die Villa *Neumann* (Ziff. 5775).

Sie rekurriert denn auch für „ein Glas Wein" auf die Sprachgeschichte, indem sie dieses Beispiel unter den Titel setzt „Bezeichnungen für das Gemessene oder Gezählte, *die früher im Genitiv standen"*; die Beispiele vom Typ „die Villa Neumann" werden schon im Titel als „uneigentlich" abqualifiziert: „Namen, die *eigentlich als genitivisches oder präpositionales Attribut stehen müßten"*. Man sieht, wie hier synchrone und diachrone, deskriptive und normative Standpunkte unkontrolliert durcheinandergehen.

14 A 13 Spezialfälle; Übergänge von komplexem Kern zu komplexem Satzglied

Es wurde schon gesagt, daß die komplexen Kerne in die Nähe der komplexen Glieder mit zitierten Ausdrücken gerückt werden können. Das Kriterium für alle hier vorliegenden Unterscheidungen ist ja der *Kasus:* wenn verschiedene Kasus vorliegen, sprechen wir von komplexem Glied mit zitiertem Ausdruck; wenn nur *ein* Kasus durchgeht, sprechen wir von einfachem Ausdruck mit komplexem Kern. Ebenso unterscheiden wir Pronominalteil und Adjektivteil nach der Verteilung der deutlichen Kasusmerkmale (*„-em, -es, -er")* auf die verschiedenen Stellen der Struktur.

Nun haben wir aber schon mehrmals festgestellt, daß die Kasus trotz dieser systematisch zentralen Stellung für das praktische Verstehen gar nicht so wichtig sind. So überrascht es uns auch nicht, daß wir zwischen komplexem Glied und komplexem Kern manche Übergänge finden.

Wir fanden schon als eindeutig komplexes Glied *„So etwas wie ein X"* (vgl. oben S. 78); damit steht im Austausch, wie Ersatzproben beweisen,

„eine Art von X" (auch einwandfrei komplexes Glied), und für dieses wiederum wird oft gesagt „eine Art X". Proben zeigen, daß dabei nicht mehr zwei Kasus vorliegen, sondern nur ein einziger:

eine Art von *neuem* Ansatz | (die Folgen) dieser Art von neuem Anstz
N/Akk Dat | Gen Dat

aber: eine Art neu*er* Ansatz (Nom.)

er wagte eine Art neu**en** Ansatz (Akk.)

mit ein**er** Art neu**em** Ansatz (Dat.)

Es liegt also nach unsern Kriterien nicht mehr komplexes Satzglied, sondern nur komplexer Kern vor.

Ganz ähnliche Übergänge finden sich bei der Verbindung von Maßeinheit und Gemessenem:

ein km neuer Belag kostet . . . ein km des neuen Belags kostet . . .

auf jeden km neuen Belag kommt . . . auf jeden km des neuen Belages

eine Menge Leute/mit einer Menge Leute — eine Menge von Leuten

ein Glas roter Wein
— mit einem Glas rotem Wein
— ein Glas voll rotem Wein
roten Weins
ein Büschel blühende Zweige — ein Büschel blühender Zweige
von blühenden Zweigen

mit einem Büschel < blühende Zweige / blühenden Zweigen

Die Beispiele für solche Übergänge lassen sich leicht vermehren, und sie können den Pedanten unter den Grammatikern und Lehrern großes Kopfzerbrechen bereiten. Als linguistischer, hier vor allem psycholinguistischer Befund ist offensichtlich festzuhalten: man hat für die *Information* das Bedürfnis, komplexe Einheiten für irgend eine Aussage zu bilden; dabei kümmert man sich wenig darum, ob man zu diesem Zweck komplexe *Gliedstrukturen* benutzt (mehrwortig, verschiedene Kasus unterscheidbar), ob man *komplexe Kerne* bildet (mehrwortig, aber nur *ein* Kasus durchgehend) oder ob man *komplexe Wörter* zur Verfügung hat oder neu bildet.

Das Strukturmerkmal „Kasus" wird hier als irrelevant behandelt, ja es erscheint als Belastung und wird nach Möglichkeit überspielt. Dieses gleiche Strukturmerkmal ist jedoch für den Bau des *finiten*

Satzes, für die Kennzeichnung der *fallbestimmten Satzglieder* zwar nicht so verstehenswichtig, wie man oft meint, aber *unbedingt fest*, so daß seine Vernachlässigung als Zeichen für mangelhafte Sprachbeherrschung empfunden wird.

Man prüfe die Reaktion beliebiger Informanten und auch die eigene Reaktion auf Sätze wie „Diesem Mann will mit diese Frauen über dieser Straße gehen". Damit vergleiche man die Reaktion der gleichen Informanten auf Unterschiede wie „mit einer Menge Leute — mit einer Menge Leuten" „ein Büschel blühende Zweige — ein Büschel blühender Zweige". Hierher gehören auch die „Kasusabweichungen bei der nachgetragenen Apposition", von denen die Duden-Grammatik Ziff. 5805—5820 spricht („am Beispiel Brasiliens, *dem* größten Land des Subkontinents" usw.). Als Kuriosum sei erwähnt, daß nach dem Bericht schwedischer Germanisten in den Deutschprüfungen der schwedischen höheren Schulen lange Zeit die Beherrschung des Ausdrucks „ein Glas Weines" verlangt wurde und ein Ausdruck wie „mit einem Glas Wein" als ein schwerer Fehler galt — noch in Zeiten, als im deutschen Sprachgebiet kein Mensch mehr von „einem Glas Weines", sondern nur von „einem Glas Wein" sprach.

14 A 14 Übergang von mehrwortiger Struktur zu komplexem Wort

Eine Unterscheidung, die der hier für das Deutsche aufgewiesenen Unterscheidung von Adjektivteil und Kern entspricht, gibt es in sehr vielen Sprachen, so auch im Englischen und Französischen. Kennzeichnend für das Deutsche ist die Voranstellung des Adjektivteils und seine feste Einbettung zwischen Pronominalteil und Kern. Nachstellung (dann unflektiert) gibt es zwar, doch wird sie als archaisch empfunden: „ein Blümlein *klein*", „Röslein *rot*". Als ebenso archaisch empfinden wir, was man historisch nicht als archaisch, sondern als nicht durchgedrungenen Modernismus betrachten muß: das unflektierte Adjektiv zwischen Pronominalteil und Kern, also „ein *klein* Häuschen" „ein *gut* Stück" usw. Diese Vereinfachung, die im Englischen durchgedrungen ist, war auch in frühnhd. Zeit vorhanden (und vielleicht sogar häufiger als heute), doch wurde sie dann nicht aufgegriffen, sondern zurückgedrängt, so daß uns heute die komplizierte Flexion der Adjektivteile als „normal" erscheint und die historisch jüngere unflektierte Form als „archaisch".

Einen Übergang zur Bildung komplexer Wörter finden wir in Ersatzreihen wie „ein *großer* Kerl, ein *Pfunds*kerl, ein *Mords*kerl" oder „eine *riesige* Gestalt — eine *Riesen*gestalt" usw. Es handelt sich nicht nur um historische Zusammenhänge, sondern z. T. um noch lebendige („produktive") Möglichkeiten. Die Lage ist ganz ähnlich wie beim Übergang von attributivem Genitiv zu zusammengesetztem Wort („die Philosophie der Existenz — die Existenzphilosophie"; „die Debatten im Bundestag — die Bundestagsdebatten"). Es zeigt sich, daß die deutsche Wortbildung weithin eine „Wortbildung mit syntaktischen Mitteln" ist, oder anders gesagt: fallbestimmte Ausdrücke in Satzgliedform (morphosyntaktisch mehrere Einheiten umfassend: „Gespräche über eine mögliche Koalition") und zusammengesetzte Wörter (schon morphosyntaktisch als *eine* Einheit gefaßt: „Koalitionsgespräche") gehören unter dem Aspekt des *Semantischen* in *eine* große Klasse.

14 A 15 Vorausnahme des Kerns aus einem fallbestimmten Ausdruck

Bei einigen Pronominalteilen („alle, kein, einige, viele" u. ä.) ist es möglich, in F-Zweitstellung den Kern des fallbestimmten Ausdrucks an die erste Stelle zu rücken, vor das Finitum: „*Geld* hatte er *keines*", „*Bekannte* sah ich *viele* (aber nicht meinen Freund") usw. Dasselbe kann bei Adjektivteilen vorkommen: „*Manieren* hat er nicht *die besten*", „*Frauen* kennt er *genug*" (nicht als: „er kennt sie genügend" sondern als: „er kennt genügend viele").

Man kann sich fragen, ob man hier gar nicht von Kern, Pronominalteil und Adjektivteil sprechen sollte, sondern von zwei getrennten Satzgliedern. Für diese Lösung spräche, daß gelegentlich der Pronominalteil durch fallfremden Ausdruck ersetzt werden kann: „Geld hatte er *keines* — hatte er *nicht*". Dagegen spricht aber, daß man *nur* den Kern, *nicht* den Pronominal- oder den Adjektivteil vor das Finitum rücken kann: ausgeschlossen ist „*viele* sah ich Bekannte" „*kein(es)* hatte er Geld" (vgl. die schon S. 39 eingeführte Regel, daß in solchen Fällen nicht zwei Satzglieder anzunehmen sind, sondern nur eines). Es ist daher angesichts der Häufigkeit und Festigkeit der Struktur „Pronominalteil + Adjektivteil + Kern" die zweite Lösung vorzuziehen und *ein* Satzglied mit vorausgenommenem Kern und erst später folgendem Pronominal- bzw. Adjektivteil anzunehmen.

Schwieriger ist es bei der Kombination „sie alle" („wir alle", „ihr alle"). Hier können beide Teile vor das Finitum rücken: „*Sie* hatte er *alle* gekannt — *alle* hatte er *sie* gekannt". Dazu ist hier die

Trennung auch bei F-Endstellung möglich: „weil er uns damals *alle* gekannt hatte". Ferner liegt der Ersatz durch fallfremden Ausdruck nahe: „er hatte *sie* damals *alle* beisammen — er hatte sie damals *vollzählig* beisammen". Das „alle" ist aber einwandfrei fallbestimmt, denn man kann auch sagen: „weil er *ihnen* damals *allen* wohlgesonnen war". Die beste Lösung ist wohl, hier von „selbständigem Pronominalteil zum Subjekt (zum Objekt)" zu sprechen und an dieser Stelle das Ergebnis der Verschiebeprobe (wonach ein eigenes Satzglied anzusetzen wäre) bewußt hintanzustellen, weil dieses Ergebnis allen andern Proben und allen auf der Grundlage dieser Proben entwickelten Satzgliedbegriffen widerspricht. Man kann es auch so motivieren, daß man sagt, hier könne jeder Teil (das „sie" und das „alle") als Kern betrachtet und daher vorausgenommen werden. Dazu ist ja auch die Stellung an sich singulär, weil das „sie" („wir", „ihr") dem „alle" vorausgeht und nicht folgt.

Unter diachronem Aspekt ist zu sagen, daß hier im Deutschen ein Rest der Stellungsfreiheit bewahrt ist, der die alten idg. Sprachen kennzeichnet („nos omnes te laudamus — nos te omnes laudamus — nos te laudamus omnes" oder „eos vincit omnes — omnes vincit eos" usw.).

Die hier diskutierten Stellungsbesonderheiten sind nicht gerade häufig, aber auch heute durchaus möglich, und wir müssen sie daher explizit kennzeichnen als eine Stelle, wo auf Grund aller andern Kriterien das Ergebnis der Verschiebeprobe, auf dem wir sonst die weiteren Proben aufbauen, korrigiert werden muß. Bei den fallfremden Ausdrücken, wo solche korrigierenden Kriterien nicht mehr überall in genügendem Maße gegeben sind, müssen wir demgemäß auf eine durchgehende Anwendung des Satzglied-Begriffs ohnehin verzichten (vgl. dazu oben S. 39 und unten S. 213—14 und 226).

14 A 16 Zusammenfassung der Ergebnisse, morphosyntaktisch und semantisch

Wir fassen zusammen:

1. Bei den reinen fallbestimmten Ausdrücken (fallbestimmten Teilen im Rahmen der ganzen fallbestimmten Ausdrücke) spielen die Kategorien „Singular-Plural" und „Maskulin-Feminin-Neutrum" eine große Rolle. Alle diese Kategorien gehören zunächst in die Morphostruktur. Für Singular-Plural sind Morphostruktur und Nomostruktur weitgehend parallel — anders gesagt, es ist oft nicht nötig, das Semantische vom Morphostrukturellen abzuheben. Im

Gegensatz dazu sind die Kategorien Maskulin-Feminin-Neutrum, so wichtig sie morphosyntaktisch sind, semantisch fast völlig irrelevant; nur an wenigen Stellen sind sie mit der semantischen Unterscheidung „männliches Lebewesen — weibliches Lebewesen" verknüpft.

2. Singular-Plural und Maskulin-Feminin-Neutrum sind *paradigmatische* Kategorien; es tritt jeweils eine von ihnen ein, je nach dem gewählten Wort und dem intendierten semantischen Wert; sie konstituieren nicht *als solche* die Bestandteile, aus denen man höhere Komplexe aufbaut; als solche Bestandteile, d. h. als *syntagmatische Kategorien* finden wir in den rein fallbestimmten Teilen der fallbestimmten Ausdrücke drei *Stellen,* die sich auf Grund der Verteilung der Kasus-Signale recht klar abgrenzen lassen: den Pronominalteil, den Adjektivteil, den Kern. Sie finden sich in den Kombinationen:

Pronominalteil + Kern,
Adjektivteil + Kern,
Pronominalteil + Adjektivteil + Kern,
Kern allein.

3. Für die semantische Tragweite ergibt sich, wenn wir nun die Struktur als ganze semantisch betrachten (nicht nur den Unterschied verschiedener Pronominalteile wie in der „ersten semantischen Skizze" S. 129—30 und der darauffolgenden Erprobung): für die Präsentation von beliebigem zu Nennendem steht eine „Hohlform" zur Verfügung, die nicht nur morphosyntaktisch ist (etwa wie Maskulin-Feminin-Neutrum als obligatorische Form für alle Nomen), sondern die auch einer sehr häufigen semantischen Strukturierung des zu Nennenden entspricht oder mindestens eine solche Strukturierung nahelegt. Wir haben nämlich:

A) einen Platz für das *Hinstellen von etwas „als etwas",* d. h. als eine von der Gesprächssituation (den hier beteiligten Partnern und dem im Augenblick erreichten Stand des Gesprächs) relativ *unabhängige* Größe; diese Größe kann in sich semantisch sehr komplex sein, sie kann z. B. viele Merkmale haben, aber diese sind in ihr inbegriffen, sie sind alle zusammen als *Einheit* gefaßt;

B) einen Platz für die *Situierung im konkreten, aktuellen Bezugsfeld und Verstehensablauf der Gesprächspartner* (das als Größe Genannte ist aus einer Klasse frei zu wählen — es ist schon als Exemplar gegeben und als solches bekannt und bestimmt und soll in dieser Bestimmtheit aufgefaßt werden — es soll als mehr oder weniger charakterisierte Mehrheit von Einheiten aufgefaßt werden — es soll in einer besonderen Relation zu einem der Gesprächspartner oder einem dritten aufgefaßt werden;

C) einen Platz für das *ausdrückliche Nennen von besonderen Merkmalen,* seien diese nun nur Verdeutlichung (in der Größe als solcher schon enthalten) oder seien sie zusätzlich, seien sie als dauernd oder als nur für gewisse Zeit gültig aufzufassen, seien sie „Qualität" oder „Zugehörigkeit" — aber immer *unabhängig von der Gesprächssituation,* und daher in der Regel im ganzen Gespräch konstant, während die Markierungen unter B von einem Gesprächsmoment zum andern wechseln können und es oft auch tun.

Man sieht, daß unter C eine semantische Interpretation der Strukturstelle „Adjektivteil" gegeben ist, unter B eine solche für die Strukturstelle „Pronominalteil" und unter A eine für die Strukturstelle „Kern".

Dabei muß ganz klar sein, daß zwar für jede der drei Strukturstellen an sich eine solche Interpretation naheliegt, daß aber das Verhältnis beileibe nicht gepreßt und vor allem *nicht umgekehrt* werden darf; so können *Merkmale* nicht nur durch Adjektivteil, sondern anders (z. B. durch attributiven Ausdruck) gegeben werden, und auch manches zur Situierung im Gesprächsablauf kann statt durch Pronominalteil durch andere Mittel dargestellt werden. Insgesamt kann die „eigensemantische Wirkung" der Struktur im Kontext völlig irrelevant werden.

Wir sind hier an einer Stelle, die für das *genaue Verstehen* außerordentlich wichtig ist und die geklärt werden muß, wenn man das Verhältnis von Sprache und Denken (oder, modern ausgedrückt, das Problem der kognitiven Relevanz sprachlicher Mittel und ganzer Sprachstile, und der Relevanz ihres Fehlens bei den sogenannten „Sprachbarrieren") wissenschaftlich in den Griff bekommen will. Diese Klärung ist aber erst an späterer Stelle möglich, und hier müssen wir uns damit begnügen, die morphosyntaktische Struktur deutlich herausgearbeitet und die semantischen Zusammenhänge ein erstes Mal skizziert zu haben.

4. Im Blick auf die skizzierte „Hohlform für die Präsentation beliebiger Nennungen" treten die morphosyntaktischen Strukturen als solche, vor allem die Kategorie „Kasus", stark zurück. Sie ist hier viel weniger wichtig als in der verbalen Wortkette und im finiten Satz. Die oft diskutierten Übergänge und Schwankungen („Schwie-

rigkeiten mit dem Kasus in der Apposition") sind eine Folge des hier besonders stark möglichen Auseinandertretens von Morphostruktur und Nomostruktur — und natürlich eine Folge der Tatsache, daß es gerade hier um besonders wichtige Formen aller Darstellung von „etwas" im Rahmen von „Aussagen über etwas" geht, also um ein Kernproblem alltäglich vielfältigen wie wissenschaftlich regulierten Gebrauchs des Zeichensystems „Sprache" überhaupt.

Aufgaben zu 14

14 B 1 Häufigkeit ein- und mehrwortiger fallbestimmter Ausdrücke

Geben Sie sich Rechenschaft von der Häufigkeit des Auftretens einwortiger und mehrwortiger fallbestimmter Ausdrücke, indem Sie die folgenden Texte daraufhin analysieren und die Ergebnisse in eine Tabelle eintragen.

1 Es hat[2] sich mehr[4] und mehr[6] die Erkenntnis[8] Geltung verschafft[10],
daß für[12] logarithmische Rechnungen[14], abgesehen von[16] vereinzelten
Zwecken[18], der Gebrauch[20] fünfstelliger, für[22] viele Fälle[24] sogar
vierstelliger[26] Logarithmentafeln ausreicht[28], die bisher[30] am mei-
sten[32] verbreitete Anwendung[34] siebenstelliger Logarithmen[36] aber
eine[38] erhebliche und[40] dabei doch[42] ganz nutzlose[44] Erschwerung
2 des[46] Rechnens zur[48] Folge hat[50]. / Wissenschaftliche Autoritäten[2]
haben wiederholt[4] auf das[6] Mißverhältnis hingewiesen[8], das bei[10]
der Anwendung[12] siebenstelliger Logarithmen[14] zwischen der[16] Ge-
nauigkeit des[18] Zahlenapparats, mit[20] dem man[22] rechnet, und[24] der
3 Beschaffenheit[26] der Rechnungsunterlagen[28] besteht. / Den fünfstel-
ligen[2] Tafellogarithmen entsprechen[4] die zugehörenden[6] Zahlen mit[8]
einer Genauigkeit[10], die selbst[12] in den[14] ungünstigsten Fällen[16]
noch $\frac{1}{86\,858}$[18] beträgt, während[20] die durch[22] Messen, Wägen[24], selbst
Zählen[26] usw. gefundenen[28] Unterlagen einer[30] Rechnung nur[23] sel-
ten diesen[34] Genauigkeitsgrad erreichen[36], in der[38] Regel um[40] ein
4 Namhaftes[42] dahinter zurückbleiben[44]. / Den aus[2] solchen Unter-
lagen[4] durch logarithmische[6] Rechnungen gewonnenen[8] Ergebnissen
aber[10] eine größere[12] Genauigkeit beilegen[14] zu wollen[16], als den[18]
Unterlagen selbst[20], würde bedeutungslos[22] sein, womit[24] jeder Ein-
wand[26] der Unzulänglichkeit[28] fünfstelliger Logarithmen[30] für die[32]
meisten Rechnungen[34] hinfällig wird[36].

F. G. Gauß, Fünfstellige vollständige logarithmische und trigonometrische Tafeln, 22. Aufl., 1925, Nachwort, S. XXXI

Tabelle für den Aufbau fallbestimmter Ausdrücke

Text: Gauß, Nachwort

1	2	3	4	5	6	7	8	9
Satz (Vers) Nr.	Wörter Nr.	Kern allein	PronT + Kern	Adj T + Kern	PronT + Adj T + Kern	Mehrwortigkeit		
						im PronT	im Adj T	im Kern
1	3	×						
	7—8		×					
	9	×						
	13—14			×				
	17—18			×				
	19—20		×					
	21 u. 26—27			×			×	
	29 u. 33—34				×			
	35-56			×				
	38—39 u. 44—45				×		×	
	46—47		×					
	48—49		×					

Arbeitsanleitung

Nummer des Satzes (bei Gedichten: des Verses) in Kolonne 1 eintragen;

Wortnummern aller fallbestimmten Ausdrücke (ohne fallfremde Wörter darin) in Kolonne 2 eintragen, für jeden Ausdruck eine Zeile nehmen;

In Kolonne 3–9 mit Kreuzen markieren, was vorliegt: nur Kern (gleichgültig ob Pronomen, Nomen oder anderes) in Kolonne 3 – Pronominalteil + Kern in Kolonne 4 – Adjektivteil + Kern in Kolonne 5 – Pronominalteil + Adjektivteil + Kern in Kolonne 6 – Mehrwortigkeit im Pronominalteil, Adjektivteil oder Kern in Kolonne 7, 8, 9.

Lösungshinweise zu Gauß:

„Es" ist nicht fallbestimmtes Satzglied, sondern nur Platzhalter (fällt bei Verschiebeprobe weg); „mehr und mehr" ist fallfremd, ebenso „am meisten" (Umformung „viel, mehr", nicht „am vielen"); aus „*zur* Folge" ist „*die* Folge" zu entnehmen usw.

Sachliche Romanze

Als sie[2] einander acht[4] Jahre kannten[6]
(und man[2] darf sagen:[4] sie kannten[6] sich gut[8]),
kam ihre[2] Liebe plötzlich[4] abhanden.
Wie anderen[2] Leuten ein[4] Stock oder[6] Hut.

Sie waren[2] traurig, betrugen[4] sich heiter,[6]
versuchten Küsse[2], als ob[4] nichts sei,[6]
und sahen[2] sich an[4] und wußten[6] nicht weiter.[8]
Da weinte[2] sie schließlich.[4] Und er[6] stand dabei.[8]

Vom Fenster[2] aus konnte[4] man Schiffen[6] winken.
Er sagte,[2] es wäre[4] schon Viertel[6] nach vier[8]
und Zeit,[2] irgendwo Kaffee[4] zu trinken.[6]
Nebenan übte[2] ein Mensch[4] Klavier.

Sie gingen[2] ins kleinste[4] Café am[6] Ort
und rührten[2] in ihren[4] Tassen.
Am Abend[2] saßen sie[4] immer noch[6] dort.
Sie saßen[2] allein, und[4] sie sprachen[6] kein Wort[8]
und konnten[2] es einfach[4] nicht fassen[6].

Erich Kästner

Kästner, Sachliche Romanze

1	2	3	4	5	6	7	8	9
1	2	×						
	3	×						
	4–5			×				
2	2	×						
	5	×						
	7	×						
3	2–3		×					
4	2–3			×				
	4–8		×					×

Lösungshinweise zu Kästner:

„einander“ ist zwar semantisch komplex („jeder den andern“), aber morphosyntaktisch ist es ein einwortiges Objekt (Verschiebeprobe!)

„acht“ ist wie alle Zahlen über 1 nicht als Pronominalteil, sondern als Adjektivteil zu betrachten, da es keinerlei Wirkung auf die Flexion eines folgenden Adjektivs hat („acht lange Jahre – die acht lang*en* Jahre“).

Zu „andere“ vgl. auch S. 175 und 176.

14 B 2 Semantische Relevanz oder Irrelevanz von Pronominalteilen

Diskutieren Sie an den gleichen Texten die semantische Relevanz der Pronominalteile (vgl. S. 128—36).

14 B 3 Semantische Relevanz oder Irrelevanz von Singular und Plural

Diskutieren Sie ebenso die semantische Relevanz von Singular und Plural (vgl. S. 116—18).

14 B 4 Zur Deutung des Genus als „Geschlecht"

Diskutieren Sie das folgende Gedicht von Morgenstern im Blick auf das S. 121—23 Ausgeführte.

Herr Löffel und Frau Gabel

Herr Löffel und Frau Gabel,
die zankten sich einmal.
Der Löffel sprach zur Gabel:
Frau Gabel, halt den Schnabel,
du bist ja bloß aus Stahl!

Frau Gabel sprach zum Löffel:
Ihr seid ein großer Töffel
mit Eurem Gesicht aus Zinn,
und wenn ich Euch zerkratze
mit meiner Katzentatze,
so ist Eure Schönheit hin!

Das Messer lag daneben
und lachte: Gut gegeben!
Der Löffel aber fand
mit Herrn und Fraun aus Eisen
ist nicht gut Kirschen speisen,
und küßte Frau Gabel galant — die Hand.

Chr. Morgenstern

15 Die Wortarten Nomen — Adjektiv — Pronomen

15 A 1 Ausgangslage; Material

Wir haben bisher erst eine einzige „Wortart" genau bestimmt, nämlich das Verb (Teil I S. 48—50). Bei der Betrachtung der drei Genera ergab sich eine erste Definition für die Wortart „Nomen" (S. 120—21). Darüber hinaus haben wir noch keine Klassen für Wörter als solche aufgewiesen, sondern erst Strukturstellen: für selbständig verschiebbare fallbestimmte Ausdrücke (Satzglieder) — für fallbestimmte Ausdrücke innerhalb von Satzgliedern (Grundbestandteil und attributive Ausdrücke verschiedener Art) — für fallbestimmte Wörter innerhalb einfacher fallbestimmter Ausdrücke (Pronominalteil, Adjektivteil, Kern). Dazu haben wir paradigmatische Kategorien aufgewiesen, nämlich die Zweiteilung „Singular-Plural", die für alle fallbestimmten Wörter, unabhängig von ihrer Klasse, anwendbar ist, und die Dreiteilung „Maskulin-Feminin-Neutrum", der gegenüber sich die fallbestimmten Wörter offensichtlich je nach ihrer Klasse verschieden verhalten (die einen nehmen je nach Kombination mit einem andern Wort eine der drei Kategorien an, die andern verlangen von den mit ihnen kombinierten Wörtern solche Annahme einer der drei Kategorien).

Diese Hinweise nehmen wir nun zusammen, wir ergänzen sie durch weitere und wir gelangen auf diese Weise zu einer Klassenbildung für die Wörter als solche, d. h. zu den *Wortarten* im Bereich des Kasusbestimmten und Kasusfähigen. Es handelt sich um den Bereich, den man in der traditionellen Grammatik mit den Begriffen „Nomen-Substantiv, Artikel, Pronomen, Numerale, Adjektiv" zu bewältigen versucht hat.

Wir gehen aus von der Strukturstelle „Adjektivteil" und von der Operation „der x ist *y-artig* — der *y-artige x*", die wir schon bei der Analyse der komplexen Satzglieder benutzt haben.

Wir wählen wieder einen geschlossenen Probetext, und zwar aus dem Buch „Das sogenannte Böse, zur Naturgeschichte der Aggression" von Konrad Lorenz, 1963, S. 349—351.

1 Mit anderen[2] Worten, die[4] natürlichen Neigungen[6] des Menschen[8]
2 sind gar[10] nicht so[12] schlecht. (2) Der Mensch[2] ist gar[4] nicht so[6] böse
von[8] Jugend auf[10], er ist[12] nur *nicht*[14] *ganz gut*[16] *genug* für[18] die
3 Anforderungen[20] des modernen[22] Gesellschaftslebens. (3) Schon die[2]
Vergrößerung der[4] zu einer[6] Sozietät gehörenden[8] Individuenzahl
muß[10] zwei Wirkungen[12] entfalten, die[14] das Gleichgewicht[16] zwischen
den[18] wichtigsten Instinkten[20] der gegenseitigen[22] Anziehung und[24]
Abstoßung, das[26] heißt zwischen[28] dem persönlichen[30] Band und[32]

4 der inner-artlichen[34] Aggression stören[36]. (4) Erstens ist[2] es den[4]
persönlichen Bindungen[6] abträglich, wenn[8] ihrer zu[10] viele wer-
5 den[12]. (5) Es ist[2] alte Sprichwortweisheit[4], daß man[6] nur wenige[8]
6 wirklich gute[10] Freunde haben[12] kann. (6) Das große[2] Angebot an[4]
„Bekannten", wie[6] jede größere[8] Gemeinschaft es[10] zwangsläufig
mit[12] sich bringt[14], vermindert daher[16] die Festigkeit[18] der Einzelbin-
7 dung[20]. (7) Zweitens bewirkt[2] das enge[4] Zusammendrängen vieler[6]
Individuen auf[8] kleinem Raum[10] eine Ermüdung[12] aller sozialen[14]
8 Reaktionen. (8) Jeder moderne[2] Großstadtmensch, der[4] mit sozia-
len[6] Beziehungen und[8] Verpflichtungen aller[10] Art zwangsüber-
füttert[12] ist, kennt[14] die beunruhigende[16] Erscheinung, daß[18] man
sich[20] über den[22] Besuch eines[24] Freundes, selbst[26] wenn man[28] ihn
wirklich[30] liebt und[32] ihn lange[34] nicht gesehen[36] hat, nicht[38] mehr
9 ganz[40] so freuen[42] kann, wie[44] man erwarten[46] sollte. (9) Auch be-
merkt[2] man in[4] sich eine[6] deutliche Neigung[8] zu knurriger[10] Abwehr,
wenn[12] nach dem[14] Abendessen noch[16] das Telephon[18] läutet.
10 (10) Vermehrte Bereitschaft[2] zu aggressivem[4] Verhalten ist[6] eine
kennzeichnende[8] Folge des[10] Zusammengepferchtseins (engl.[12] crow-
ding), wie[14] die experimentierenden[16] Soziologen schon[18] seit lan-
11 gem[20] wissen. (11) Zu diesen[2] unerwünschten Folgen[4] des An-
wachsens[6] unserer Sozietät[8] gesellen sich[10] noch diejenigen[12] der
Unmöglichkeit[14], aggressive Triebe[16] im artgemäß[18] „vorgesehenen"
12 Ausmaße[20] abzureagieren. (12) Frieden ist[2] die erste[4] Bürgerpflicht,
und[6] das feindliche[8] Nachbardorf, das[10] einst der[12] intraspezifischen
Aggression[14] befriedigende Objekte[16] bot, ist[18] in ideale[20] Ferne
13 gerückt[22]. (13) Mit der[2] höheren Entwicklung[4] der Zivilisation[6] wer-
den alle[8] Voraussetzungen für[10] das richtige[12] Funktionieren unse-
rer[14] natürlichen Neigungen[16] zu sozialem[18] Verhalten immer[20] un-
günstiger, während[22] die Anforderungen[24], die an[26] dieses gestellt[28]
14 werden, immer[30] größer werden[32]. (14) Wir sollen[2] unseren „Näch-
sten"[4] so behandeln[6], als wäre[8] er unser[10] bester Freund[12], obwohl
wir[14] ihn vielleicht[16] nie gesehen[18] haben, ja[20], wir können[22] mit
Hilfe[24] unserer Vernunft[26] durchaus einsehen[28], daß wir[30] verpflich-
tet sind[32], sogar unsere[34] Feinde zu[36] lieben, worauf[38] wir auf[40]
Grund unserer[42] natürlichen Neigungen[44] nie verfallen wären.
15 (15) Alle Predigten[2] der Askese[4], die davor[6] warnen, den[8] instinkt-
mäßigen Antrieben[10] die Zügel[12] schießen zu[14] lassen, die[16] Lehre
von[18] der Erbsünde[20], die besagt[22], daß der[24] Mensch böse[26] von
Jugend[28] auf sei[30], sie alle[33] haben den[34] gleichen Wahrheitsgehalt[36]:
die Einsicht[38], daß der[40] Mensch seinen[42] ererbten Neigungen[44] nicht
blindlings[46] folgen darf[48], sondern lernen[50] muß, sie[52] zu beherr-
schen[54] und ihre[56] Auswirkungen vorausschauend[58] in verantwort-
licher[60] Selbstbefragung zu[62] überprüfen.

Der Text umfaßt 15 Sätze mit insgesamt 404 Wörtern. Die Aufteilung auf unmittelbare Textelemente interessiert uns hier nicht, da es uns an dieser Stelle nicht um den Aufbau der Sätze als solcher geht, sondern um die Klassen der darin verwendeten Wörter.

In diesem Text finden wir nun folgende als Adjektivteil stehende Wörter (im Originalkasus gegeben, wenn mit Präposition, sonst im Nominativ):

1/2 mit *andern* Worten
1/5 die *natürlichen* Neigungen
2/22 das *moderne* Gesellschaftsleben
3/8 die zu einer Sozietät *gehörende* Individuenzahl
3/11 *zwei* Wirkungen
3/19 die *wichtigsten* Instinkte
3/22 die *gegenseitige* Anziehung und Abstoßung
3/30 das *persönliche* Band
3/34 die *inner-artliche* Aggression
(4/5 die *persönlichen* Bindungen = 3/30)
5/3 *alte* Sprichwortweisheit
5/8 nur *wenige* wirklich *gute* Freunde
6/2 das *große* Angebot
(6/8 jede *größere* Gemeinschaft = 6/2)
7/4 das *enge* Zusammendrängen
7/6 *viele* Individuen
7/9 auf *kleinem* Raum
7/13 alle *sozialen* Reaktionen
(8/12 jeder *moderne* Großstadtmensch = 2/22)
(8/6 mit *sozialen* Beziehungen und Verpflichtungen = 7/13)
8/16 die *beunruhigende* Erscheinung
9/7 eine *deutliche* Neigung
9/10 zu *knurriger* Abwehr
10/1 *vermehrte* Bereitschaft
10/4 zu *aggressivem* Verhalten
10/8 eine *kennzeichnende* Folge
10/16 die *experimentierenden* Soziologen
10/20 seit *langem*
11/3 zu diesen *unerwünschten* Folgen
(11/15 *aggressive* Triebe = 10/4)
11/19 im artgemäß „*vorgesehenen*" Ausmaße
12/4 die *erste* Bürgerpflicht
12/8 das *feindliche* Nachbardorf
12/13 die *intraspezifische* Aggression (vgl. 3/34)
12/15 *befriedigende* Objekte
12/20 in *ideale* Ferne

13/2 mit der *höheren* Entwicklung
13/12 das *richtige* Funktionieren
(13/15 unsere *natürlichen* Neigungen = 1/5)
(13/18 zu *sozialem* Verhalten = 7/13)
(14/11 unser *bester* Freund = 5/10 „*gute* Freunde")
(14/43 unsere *natürlichen* Neigungen = 1/5 und 13/15)
15/9 die *instinktmäßigen* Antriebe
15/35 der *gleiche* Wahrheitsgehalt
15/43 seine *ererbten* Neigungen
15/60 in *verantwortlicher* Selbstbefragung

Es sind 46 Beispiele, also mehr als 10% aller Wörter. Dabei bestätigt sich sehr klar, was schon gesagt wurde: der Begriff „Adjektivteil" ist keineswegs fest mit einer Wortklasse verbunden. Wir finden in unsern Adjektivteilen, wenn wir im Sinne einer ersten Annäherung von den Wortarten der traditionellen Grammatik ausgehen, sowohl *Adjektive* wie *Verben* (in Form von Partizip I oder II) wie *Numeralien* („erste") wie Wörter, bei deren Einordnung man zwischen „Numerale" und „Pronomen" schwankt („wenige, viele").

Einer Diskussion bedarf die Einordnung des Beispiels 3/11 „*zwei* Wirkungen". Bei „*zwei*" wie bei allen Zahlen finden wir nämlich keinerlei Kasussignale; sie zeigen daher die gleiche Form nach Pronominalteil „der" wie nach Pronominalteil Null, und man könnte sagen, daß sie selber als Pronominalteile aufzufassen seien, wenn kein Pronominalteil vorangeht. Dafür würde auch die Analogie mit „ein" sprechen. Dagegen spricht aber die Analogie mit „wenige, viele, zahlreiche", die wir deutlich als Adjektivteile erkennen („viele persönliche Bindungen"). Wir betrachten daher nur „ein-, beid-, manch-, jed-, all-" als Pronominalteile und „zwei, drei, vier" usw. wie „zweierlei, dreierlei" usw. als Adjektivteile, auch wenn kein Pronominalteil vorangeht (wenn Pronominalteil Null vorliegt).

15 A 2 Partizipien als Adjektivteile

Wir beginnen nun mit der Bestimmung von Wortklassen im Bereich der als Adjektivteile vorkommenden Wörter. Dabei lassen sich zuerst die *Partizipien* herauslösen, und zwar nach dem Kriterium der Auflösbarkeit in finites Verb:

3/8 die zu einer Sozietät *gehörende* Individuenzahl
→ zu einer Sozietät *gehört* eine gewisse Individuenzahl
8/16 die *beunruhigende* Erscheinung
→ die Erscheinung *beunruhigt* (uns, jemand)
10/1 *vermehrte* Bereitschaft
→ die Bereitschaft *hat* sich *vermehrt*, sie *vermehrte* sich

10/8 eine *kennzeichnende* Folge
→ eine solche Folge *kennzeichnet* eine gewisse Situation

10/16 die *experimentierenden* Soziologen
→ die Soziologen *experimentieren (haben experimentiert)*

12/15 *befriedigende* Objekte
→ die Objekte *befriedigen* jemanden/etwas

15/43 seine *ererbten* Neigungen
→ er *hat* diese Neigungen *ererbt/er ererbte* diese Neigungen

Möglich, wenn auch etwas auffällig ist diese Auflösung auch bei 11/19 „im artgemäß *vorgesehenen* Ausmaß; man muß wohl die Umformung zulassen „jemand *hat* dieses Ausmaß *vorgesehen*/jemand *sah* es *vor*, auch wenn dieser „jemand" uns als Hypostasierung erscheint.

Anders zu beurteilen ist dagegen das Beispiel 11/3 „zu diesen *unerwünschten* Folgen". Es gibt keine Umformung „man *erwünschte* diese Folgen nicht", sondern nur „man *wünschte* sie nicht". Wir sind daher veranlaßt, hier nicht einfach von einem Verb in Form des Partizips zu sprechen, sondern das Wort derjenigen Klasse zuzuweisen, die wir auch haben in „die *willkommenen/unwillkommenen* Folgen" (*„angenehmen-unangenehmen", „vorteilhaften — nachteiligen"*).

Wir sehen klar, daß hier Übergänge vorliegen und daß oft nur ein ganz kleiner Unterschied vorliegt zwischen Partizip (das sich regulär in eine finite Form verwandeln läßt) und nichtverbalem Wort, das aus einem Verb gebildet ist. Ebenso klar ist, daß der Unterschied nur die Morphostruktur betrifft, denn in der Nomostruktur müssen wir offensichtlich „unerwünscht, störend, nachteilig, unwillkommen" als *eine* Klasse ansetzen.

15 A 3 „Gleiches Wort in deklinierter und undeklinierter Form"; das Adjektiv

Als nächstes erproben wir nun die Transformation des im Adjektivteil stehenden Wortes in eine eigene fallfremde Einheit (ein eigenes Satzglied) nach dem Muster „diese *unerwünschten* Folgen — diese Folgen sind *unerwünscht*".

Die Transformation läßt sich nicht nur regulär durchführen, sondern sie entspricht einer spontanen Verdeutlichung bei folgenden Beispielen:

1/5 die *natürlichen* Neigungen
→ diese (solche) Neigungen sind *natürlich*

3/19 die *wichtigsten* Instinkte
→ diese Instinkte sind sehr *wichtig*
3/22 die *gegenseitige* Anziehung und Abstoßung
→ die Anziehung (Abstoßung) ist (erfolgt) *gegenseitig*
3/30 das *persönliche* Band
→ das Band ist *persönlich* (nicht nur gattungsbedingt)
5/3 *alte* Sprichwortweisheit
→ die Sprichwortweisheit ist (schon) *alt*
6/2 das *große* Angebot
→ das Angebot ist *groß*
6/8 jede *größere* Gemeinschaft
→ eine Gemeinschaft ist *größer* (als die andere)
7/9 auf *kleinem* Raum
→ der Raum ist (wird) *klein*
9/7 eine *deutliche* Neigung
→ die Neigung ist (war) *deutlich*
9/10 zu *knurriger* Abwehr
→ die Abwehr war *knurrig*
10/4 zu *aggressivem* Verhalten
→ das Verhalten ist *aggressiv*
11/3 diese *unerwünschten* Folgen
→ diese Folgen sind *unerwünscht*
12/8 das *feindliche* Nachbardorf
→ das Nachbardorf war *feindlich* (gesinnt)
15/9 die *instinktmäßigen* Antriebe
→ diese Antriebe sind (erfolgen) *instinktmäßig*
15/35 der *gleiche* Wahrheitsgehalt
→ der Wahrheitsgehalt ist (hier) *gleich*

Nicht so naheliegend, aber durchaus möglich ist die Transformation für die folgenden Beispiele:

1/22 das *moderne* Gesellschaftsleben
→ das Gesellschaftsleben kann *modern* oder altertümlich sein
3/34 die *inner-artliche* Aggression
→ die Aggression kann *inner-artlich* oder zwischen-artlich sein (erfolgen, wirksam sein)
12/12 die *intraspezifische* Aggression
→ die Aggression ist *intraspezifisch* oder inter-spezirisch
13/3 mit der *höheren* Entwicklung
→ die Entwicklung kann *höher* oder weniger hoch sein
15/60 in *verantwortlicher* Selbstbefragung
→ die Selbstbefragung muß *verantwortlich* durchgeführt werden

Bei zwei Beispielen ist es nötig, den Kern des fallbestimmten Ausdrucks in ein finites Verb zu verwandeln:

7/4 das *enge* Zusammendrängen
→ nicht: das Zusammendrängen *ist eng*
wohl aber geläufig: man *drängt* (sie) *eng* zusammen

13/12 das *richtige* Funktionieren
→ nicht: das Funktionieren *ist richtig*
wohl aber geläufig: etwas *funktioniert richtig*

Diese Art der Transformation liegt auch nahe bei den schon behandelten Beispielen 9/10 (man wehrt *knurrig* ab) und 10/4 (man verhält sich *aggressiv*).

Hemmungen des spontanen Umsetzens, die offenbar auf semantische Schwierigkeiten zurückzuführen sind, zeigen sich bei den Beispielen 7/13 (mit 8/6 sowie 13/18) und 12/20.

Die Transformation von „alle *sozialen* Reaktionen" zu „die Reaktionen *sind sozial*" würde nahelegen, daß es auch „unsoziale Reaktionen" gibt; „sozial" hieße dann „auf das Soziale Rücksicht nehmend". In unserem Text liegt aber nicht dieses Werturteil, sondern eine neutrale Einordnung vor: „soziale Reaktionen" gegenüber „individuelle, nicht durch das soziale Verhältnis, (d. h. durch das Zusammenleben mit andern Individuen) bedingte Reaktionen". In 8/6 ist das noch deutlicher, weil *„Beziehungen und Verpflichtungen"* eo ipso als *„sozial"* begriffen werden und zu erläutern ist „die Beziehungen und Verpflichtungen, die durch das Zusammenleben entstehen und dieses Zusammenleben konstituieren". Wenn aus dem Kontext feststeht, daß „sozial" diesen semantischen Wert haben soll, ist auch die Transformation möglich: „diese Beziehungen und Verpflichtungen sind *sozial"* (= „sind *sozialer Natur,* nicht im Individuum als alleinstehendem Wesen zu denken"). Dasselbe gilt für 13/18: *„soziales* Verhalten", wo man etwa erläutern könnte „das Verhalten der Lebewesen ist grundsätzlich *sozial"*.

Auch bei 12/20 *„ideale* Ferne" stört die Transformation „die Ferne *ist ideal"*, weil man dann spontan einen andern semantischen Wert für „ideal" einsetzt. Wenn man aber verdeutlicht *„ideale* Ferne" = *„extrem großer* Abstand" *„gar nicht mehr wirkliche, sondern nur noch denkbare* Existenz", so kann man ohne weiteres transformieren „der Abstand ist *extrem groß"*, „die Existenz ist *gar nicht mehr wirklich, sondern nur noch denkbar"* oder ähnlich.

Schwierigkeiten machen auch die Beispiele 5/10 und 14/11. Zwar läßt sich formal leicht umsetzen „wenige wirklich *gute* Freunde — wenige Freunde sind wirklich *gut"* oder für 14/11 (mit Umwandlung des Superlativs „bester"): „ein *sehr guter* Freund — dieser Freund ist *sehr gut"*. In beiden Fällen geht aber durch die Umformung die originale Information verloren. Wenn man einen *guten Freund* hat, dann ist eben nicht *der Freund* gut, sondern die *Beziehung* zu ihm, die *Freundschaft* ist gut. Die Unmöglichkeit der Transformation ist offenbar dadurch bedingt, daß „Freund" in eine besondere semantische Klasse gehört. Zu „ein *guter*

Lehrer" ist nämlich ohne jede semantische Störung möglich „der Lehrer ist *gut*", zu „ein *intimes* Verhältnis" die Transformation „das Verhältnis ist *intim*" aber nicht zu „sein *engster* Mitarbeiter" die Transformation „sein Mitarbeiter ist sehr *eng*".

Es bleiben noch die Beispiele 1/2 („mit *andern* Worten") 3/11 („*zwei* Wirkungen") 5/8 („*wenige* (gute) Freunde") 7/6 („*viele* Individuen") 10/20 („*seit langem*") 12/4 („die *erste* Bürgerpflicht").

Hier gehören offenbar „zwei, wenige, viele" enger zusammen; überall ist die Transformation mit „gibt es" möglich: „Wirkungen gibt es *zwei*", „gute Freunde gibt es *wenig(e)*" „Individuen gibt es *viel(e)*".

Wir erkennen aber sofort, daß diese Transformation nicht mehr mit der vorher behandelten gleichzusetzen ist. Es entstehen nämlich durch die Transformation keine frei verschiebbaren nichtverbalen Einheiten; man vergleiche:

die *natürlichen* Neigungen
→ *natürlich* sind diese Neigungen ohne Zweifel
die *vielen* Individuen
nicht → „*viel* sind diese Individuen ohne Zweifel".

Noch anders ist es beim Präpokasus „seit langem". Wir bringen ihn zwar spontan in Verbindung mit dem Wort „lange" („seit *langer* Zeit") und insofern rücken wir ihn zunächst in die Reihe der Adjektivteile; wir finden aber kein Nomen, das wir unmittelbar als Kern einsetzen können — dafür Nomen, die wir an die Stelle von „langem" setzen: „seit langem — seit Jahren/Jahrzehnten/Jahrhunderten" usw. Ebenso finden wir keinen fallfremden Ausdruck dazu. „Es ist schon *lange*" ist ungebräuchlich. Offenbar liegt ein fester Ausdruck vor, und wenn wir den fallbestimmten Teil in eine Wortklasse einordnen wollen, so paßt er besser in die Klasse „Nomen" als in die Klasse „Adjektiv", trotz der Kleinschreibung. Entsprechendes gilt für das Gegenstück „vor kurzem". Bei beiden Ausdrücken wäre daher, wenn man die heutigen Konventionen der Großschreibung ernst nehmen wollte, Großschreibung oder dann Zusammenschreibung sinnvoll: seit Langem — seitlangem; vor Kurzem — vorkurzem. Wir werden im Abschnitt „Nomen oder Adjektiv?" nochmals darauf zurückkommen müssen.

Völlig ausgeschlossen ist die Transformation bei 12/4 „die erste Bürgerpflicht"; es gibt keinen möglichen Satz wie „die Bürgerpflicht ist erst" oder ähnlich. Ein Sonderfall liegt vor in Beispiel 1/2 „mit *anderen* Worten". Hier lautet nämlich die Umformung (soweit man sie überhaupt als semantisch unanstößig zuläßt): „diese (solche) Worte sind *anders*." Das Wort nimmt also, wenn es aus dem Adjektivteil gelöst und zu einer eigenen nichtverbalen Einheit gemacht wird, ein „*s*" an — eine Erscheinung, die wir bei keinem der andern Beispiele fanden. Wir stellen das als Sonderfall zunächst zurück.

Wenn wir nun von den diskutierten Sonderfällen absehen und die besonderen semantischen Restriktionen als erst für die Nomosyntax wichtig werdende, in der hier aufzubauenden Morphosyntax noch nicht zu berücksichtigende Phänomene zurückstellen, kommen wir zu folgendem Ergebnis: Wir finden eine große Zahl von Wörtern, die mit im wesentlichen gleichem semantischem Wert (Sonderfälle vorbehalten) *sowohl in deklinierter Form (als Adjektivteile) wie in undeklinierter Form (als eigene fallfremde Satzglieder) auftreten können.* Diese Kriterien konstituieren offensichtlich eine *Wortklasse* oder, wie man in der Praxis meistens sagt, eine *Wortart.* Es sind die *Adjektive* der traditionellen Grammatik: „natürlich, modern, wichtig, offenbar, gegenseitig, persönlich, innerartlich, alt, gut, groß, eng, klein, sozial, deutlich, knurrig, aggressiv, unerwünscht, feindlich, intraspezifisch, ideal, hoch, richtig, instinktmäßig, gleich, verantwortlich".

Die Adjektive zeigen oft *Vergleichsformen: „groß-größer; wichtig — die wichtigsten/am wichtigsten; gut — der beste/am besten".*

15 A 4 Verschiedene Adjektiv-Begriffe in verschiedenen Sprachen

Die Wortart-Begriffe der traditionellen deutschen Grammatik wurden nicht am Deutschen entwickelt, sondern aus dem Lateinischen übernommen, das sie seinerseits im wesentlichen von den Griechen übernahm. Diese Übernahme war unproblematisch, wo eine im Wesentlichen gleiche Sprachstruktur vorliegt, d. h. im Bereich von Verb, Nomen und Pronomen. Sie mußte aber zu schiefen Ergebnissen führen, wo die Struktur des Deutschen von der des Lateinischen abweicht. Das ist nun bei dem, was man als „Adjektiv" anspricht, in markanter Weise der Fall.

Im *Lateinischen* gibt es wie im Griechischen *kein* Adjektiv im Sinn der modernen deutschen Grammatik. Man kann nicht sagen „der Mann ist *klug* — die Frau ist *klug* — das Kind ist *klug* — alle drei handeln *klug*", wie das im Deutschen möglich ist. Vielmehr muß man sagen: „der Mann ist ein kluger — die Frau ist kluge — das Kind ist kluges — alle drei handeln klugartig" („hó anér sophós estín — hē gyné sophē estín — to téknon sophón estín — pántes sophōs práttousin). Es gibt also im Lateinischen und Griechischen zwei Arten von Nomen: solche, die ein Genus (Maskulin, Feminin, Neutrum) *aufweisen* und es von den mit ihnen zu verbindenden Wörtern *verlangen,* und solche, die je nach Kombination mit einem andern Wort eines der drei Genera *annehmen* können. Das eine sind die „nomina substantiva", das andere die „nomina adiectiva". Dabei gibt es die phonomorphische Verschiedenheit, daß manche nomina adiectiva für Maskulin und Feminin, manche für alle drei Genera nur *eine* Form haben.

In allen Fällen werden aber *zwei Nomen* miteinander verknüpft, und jedes behält in der Verbindung die gleiche Form, die es auch allein haben kann. Es kann daher in sehr vielen Fällen gar nicht gesagt werden, ob eine feste Verbindung von Substantiv und Adjektiv (also ein Satzglied) vorliegt oder ob zwei Satzglieder vorliegen.

vir prudens est = (der) *Mann* ist *klug* / (er) ist (ein) *kluger Mann*

Dafür wird genau gekennzeichnet, ob das mit dem Adjektiv Genannte einem *Wesen* als Merkmal zugeschrieben werden soll oder ob es eine *Handlung* dieses Wesens charakterisiert:

vir *prudens* est	vir		
viri *prudentes* sunt	viri		
puer *modestus* est	puer	*prudenter*	agit
pueri *modesti* sunt	pueri	*modeste*	agunt
puella *modesta* est	puella		
puellae *modestae* sunt	puellae		

Entsprechendes gilt für das *Französische:*

Il est *prudent*	Il agit *prudemment*
Elle est *prudente*	Elle agit *prudemment*

Im Gegensatz zum Latein ist eindeutig, ob Zusammengehörigkeit im Satzglied oder Konstitution eines eigenen Satzgliedes vorliegt;

c'est un homme prudent	=	cet homme est prudent
une femme prudente		cette femme est prudente

Im *Englischen* gibt es kein grammatisches Genus der Nomen, und die durch den Unterschied „he — she" dargestellte Unterscheidung der zwei natürlichen Geschlechter hat keinerlei Widerspiegelung im Adjektiv: „*he* is very kind — *she* is very kind — *they were* very kind". Dagegen ist für die Charakterisierung einer verbal gegebenen Nennung eine besondere Form obligatorisch: he/she/they asked me very *kindly.*

Die Unterscheidung von „etwas durch Nomen oder Pronomen Dargestelltes charakterisierend — etwas durch Verb Dargestelltes charakterisierend" ist nun offensichtlich im Deutschen *nicht* obligatorisch; sie findet sich *nicht* in der Morphosyntax, sondern, wenn überhaupt, dann erst im nomosyntaktischen Bereich, und sie konstituiert daher *keine* Wortklasse. Der Unterschied liegt hier zwischen „in ein Satzglied eingebaut" (als Adjektivteil) und „als eigenes Satzglied auftretend":

ein klug*er* Mann — eine klug*e* Frau — ein klug*es* Kind
klug sein, *klug* handeln, jemand *klug* finden.

Im Deutschen ist daher der traditionelle Begriff „Adjektivadverb" fehl am Platz — er ist so sinnlos, wie wenn man im Präteritum ein „Imperfekt" und einen „Aorist" unterscheiden wollte, z. B. in dem Satz" „Es *regnete*, als er *ging*" — weil das im Französischen wiedergegeben wird durch „Il *pleuvait*, lorsqu'il sort*it*" und „pleuvait" in die Kategorie „imparfait", „sortit" dagegen in die Kategorie „passé simple" einzureihen ist.

Wir fassen daher in der S. 159 oben aufgewiesenen Wortklasse („Wörter, die mit im wesentlichen gleichem semantischen Wert sowohl als Adjektivteile wie als eigene Satzglieder auftreten können") ausdrücklich *auch* die „Adjektivadverbien" der älteren deutschen Grammatik.

Diese Auffassung, die schon früher gelegentlich vertreten wurde, ist seit den in „Innere Form des Deutschen" (1952) und „Der deutsche Satz" (1957) vorgetragenen Argumenten (trotz z. T. leidenschaftlicher Ablehnung bei manchen Lehrern und Schulbehörden) allgemein akzeptiert worden (Erben 1958 und 1968, Duden-Grammatik 1959 und 1966, sozusagen alle Schulgrammatiken). Für den Einbezug von Randgruppen und die dadurch nötige Lockerung der Definition vgl. unten S. 176.

15 A 5 Vergleichsformen

Als auffälligste Erscheinung bei den Adjektiven ist seit je die Existenz von *Vergleichsformen* betrachtet worden (sie wurden oft mit einem ungeschickten, weil zu engen deutschen Terminus als „Steigerung" bezeichnet).

Wir finden schon bei unsern 45 Beispielen (aus einem Text von 404 Wörtern) den Komparativ „jede *größere* Gemeinschaft" und die zwei Superlative „die *wichtigsten* Instinkte", „unser *bester* Freund". Offensichtlich lassen sich die folgenden Reihen aufstellen:

groß	größer	der (die, das) größte am größten
wichtig	wichtiger	der (die, das) wichtigste am wichtigsten
gut	besser	best-
„Positiv“	„Komparativ“	„Superlativ“

Mit der Verschiedenheit der Phonomorphie („lahm — lahmer“, aber „lang — länger“; „gut — besser“; dunkel — dunk*ler*“ usw.) brauchen wir uns hier nicht zu beschäftigen, es kann verwiesen werden auf die Duden-Grammatik 1966 Ziff. 2320.

Dagegen ist es angebracht, vor einer oft anzutreffenden semantischen Verengung zu warnen. Komparativ und Superlativ signalisieren nämlich keineswegs einen gegenüber dem unveränderten Adjektiv *absolut* höheren Grad oder höchsten denkmöglichen Grad, sondern sie signalisieren nur „höherer Grad gegenüber dem an dieser Stelle erwarteten Grad“ (gegenüber dem, wovon bisher die Rede war). So ist die *„größere* Gemeinschaft“ in 6/8 noch gar nicht unbedingt eine *große* Gemeinschaft, sondern nur eine, die *größer* ist als eine *kleine* Gemeinschaft. Vom semantischen Standpunkt aus heißt die Reihe nicht „groß — größer — am größten“, sondern „klein — größer — groß — sehr groß — überaus groß“ oder ähnlich. Ein *älterer* Herr ist bekanntlich jünger als ein *alter* Herr, und eine *jüngere* Frau ist nicht so jung wie eine *junge* Frau.

Ebenso müßte vom semantischen Standpunkt aus geordnet werden:

weniger groß (als)	*gleich* *ebenso*	*groß* (wie)	*größer* (als)

In dieser Beziehung bietet das Französische eine viel genauere Entsprechung von Morphostruktur und Nomostruktur:

moins grand (que) — *aussi* grand (que) — *plus* grand (que)

Dem im Deutschen obligaten (wenn auch in manchen Regionalsprachen vereinfachten) Unterschied von „wie“ und „als“ steht hier ein einfaches „que“ gegenüber, und alle drei Grade, die Normalstärke, die Abweichung nach unten wie die Abweichung nach oben, werden durch je verschiedenes Zusatzsignal in sonst identischer Struktur markiert. Als einen Akt der Ökonomie kann man es interpretieren, wenn auf einen Superlativ verzichtet wird und der höchste bzw. geringste im jeweiligen Fall denkbare

Grad einfach dadurch signalisiert wird, daß man ein entsprechendes Pronomen voranstellt:
le plus grand effort — *la* difficulté la moins grande

Qui est le plus grand?	wer ist	der größere? der größte?

Man kann daher bei der Übersetzung ins Deutsche oft schwanken:

le mien est le plus grand!	der meine ist	größer der größte

Eine besondere Schwierigkeit der Einordnung im Deutschen bieten die Superlativ-Formen „am besten, am längsten" usw.; diese Formen sehen aus wie Präpositionaldative, sind aber offensichtlich nicht als solche zu klassieren, da jede Ersetzbarkeit durch andere Präposition fehlt und bei Nicht-Superlativ sofort ein fallfremder Ausdruck eintritt. Man vergleiche:

Er ist *am blindesten*	Er ist *der blindeste*
Er ist *blinder* als andere	Er ist *der blindere* (von beiden)
Er ist *blind*	Er ist ein *blinder*

Das Beispiel zeigt auch, welche semantische Bedingung erfüllt sein muß, damit Vergleichsformen überhaupt sinnvoll sind: das in dem betreffenden Adjektiv Genannte muß einer Graduierung zugänglich sein.

Diese Bedingung ist meistens gar nicht für jedes Adjektiv als Einheit der *Morpho*struktur festgelegt, und darum ist es sinnlos, irgend eine Aufzählung von „vergleichsunfähigen" Adjektiven" zu präsentieren, wie man es früher in der Schule oft tat und wie es die Duden-Grammatik noch 1966 tut (Ziff. 2475); hier gehen beim „Duden" deskriptive und normative (wertende) Kriterien unkontrolliert durcheinander. Eine linguistisch haltbare Formulierung für das in dieser Ziffer Gemeinte wäre etwa: Das Auftreten von Vergleichsformen zeigt an, daß das betreffende Adjektiv als graduierbar betrachtet wird. Vergleichsformen sind daher nicht üblich bei Adjektiven, die als absolut und damit als nicht-graduierbar betrachtet werden. Diese Auffassung kann aber jederzeit geändert werden, und so ist eine Aussage „die Figur A ist *viereckiger* als die Figur B" jederzeit möglich und sie ist zu verstehen als: „die Figur A ist *in deutlicherer Weise als viereckig zu erkennen* als die Figur B".

15 A 6 Adjektiv oder Nomen?

Wir fanden schon bei der Diskussion des grammatischen Genus (Maskulin, Feminin, Neutrum) eine mögliche Aufteilung aller fallbestimmten Wörter auf zwei Gruppen: Genus-fordernde und Genus-Annehmende, und wir bestimmten dabei in erster Annäherung die Wortart „Nomen“, nämlich als ≪Wortklasse, deren Angehörige als Einleitungswort wie als Stellvertreter entweder ein „der“ oder ein „die“ oder ein „das“ verlangen≫. Schon dort zeigten sich aber Schwierigkeiten, z. B. für „*der* Angestellte — *die* Angestellte“ und „*der* Gute, *die* Gute, *das* Gute“. Wir untersuchen daher nun, nachdem wir die Wortart „Adjektiv“ ein erstes Mal definiert haben, an Hand unseres Probetextes die Genauigkeit der Abgrenzung zwischen „Nomen“ und „Adjektiv“.

Die folgenden Wörter sind eindeutig als Nomen zu identifizieren (nur *ein* Genus, Großschreibung):

Maskulin „der“

Mensch 1/8, 2/2, 15/25, 14/41
Instinkte 3/20
Freund 5/11, 8/25, 14/12
Raum 7/9
Großstadtmensch 8/3 (vgl. 1/8, 2/2)
Besuch 8/23
Soziologe 1/17
Trieb 11/16
Friede 12/1
Feind 14/35
Grund 14/41
Antrieb 15/10 (vgl. 11/16)
Zügel 15/12
Wahrheitsgehalt 15/36

Feminin „die“

Neigung 1/6, 9/8, 13/16, 14/44, 15/44
Jugend 2/9, 15/28
Anforderung 2/20, 13/24
Vergrößerung 3/3
Sozietät 3/7, 11/8
Individuenzahl 3/8
Wirkung 3/12
Anziehung 3/23
Abstoßung 3/25
Aggression 3/5, 12/14
Bindung 4/6
Sprichwortweisheit 5/4
Gemeinschaft 6/9
Festigkeit 6/18
Einzelbindung 6/20 (vgl. 4/6)
Ermüdung 7/11
Reaktion 7/14
Beziehung 8/7
Verpflichtung 8/9

Neutrum „das“

Wort 1/3
Gesellschaftsleben 2/23
Gleichgewicht 3/16
Band 3/31
Angebot 6/3
Zusammendrängen 7/5
Individuum 7/7
Abendessen 9/15
Telephon 9/18
Verhalten 10/5, 13/18
Zusammengepferchtsein 10/11
crowding 10/13
Anwachsen 11/6
Ausmaß 11/20
Nachbardorf 12/9
Objekt 12/16
Funktionieren 13/13

Maskulin „der“	Feminin „die“	Neutrum „das“
	Erscheinung 8/17	
	Abwehr 9/11	
	Bereitschaft 10/2	
	Folge 10/17, 11/4	
	Unmöglichkeit 11/14	
	Bürgerpflicht 12/5	
	Entwicklung 13/4	
	Zivilisation 13/6	
	Voraussetzung 13/9	
	Hilfe 14/24	
	Vernunft 14/26	
	Predigt 15/2	
	Askese 15/4	
	Lehre 15/17	
	Erbsünde 15/20	
	Einsicht 15/38	
	Auswirkung 15/57	
	Selbstbefragung 15/16	

In der Reihe „Neutrum“ finden wir verschiedene Verben im Infinitiv („Zusammendrängen, Zusammengepferchtsein, Anwachsen, Funktionieren“), und wir stellen fest, daß durch die Verbindung mit einem Pronominalteil wie „das, ein, dieses“ usw. jedes Verb in ein Nomen verwandelt werden kann.

Zweifel könnten auftreten bei „Grund“ (14/41), weil hier auch die Zusammenschreibung gebräuchlich ist: „*aufgrund* unserer natürlichen Neigungen“. Die Auffassung als Nomen + Präposition wird aber gestützt durch den Ersatz „auf *dem Grund,* auf *der Grundlage* unserer Neigungen“. Die Zusammenschreibung „aufgrund“ (vom „Duden“ toleriert) signalisiert keine semantische Besonderheit — sonst müßte man ebenso „mithilfe“ statt „mit Hilfe“ schreiben usw.

Problematisch unter der Fragestellung „Nomen oder Adjektiv“ sind: *die Ferne* (12/21), „*Bekannte*“ (6/5) „unser *Nächster*“ (15/4).

Zu „die Ferne“, das offensichtlich mit dem Adjektiv „fern“ in Verbindung zu bringen ist, finden wir viele Parallelen: „hoch — die *Höhe*“, „groß — die *Größe*“; die hier auch phonomorphisch greifbaren Unterschiede stützen die eindeutige Zuweisung von „die Ferne“ zur Wortart „Nomen“.

Bei „Angebot an *Bekannten*" (6/2—5) ist zunächst offen, ob Maskulin oder Feminin vorliegt: „*der* Bekannte — *die* Bekannte"; Neutrum ist ausgeschlossen, denn bei „das Bekannte" ändert sich der semantische Wert, „ein Bekannter" oder „eine Bekannte" kennen mich so wie ich sie kenne — „etwas Bekanntes" ist nur etwas, das ich kenne, nicht etwas, das mich kennt. Wir haben also hier ein Nomen vor uns.

Ganz ähnlich ist es bei „der *Nächste*"; es liegt hier ein Nomen vor, das vom Superlativ des Adjektivs „nahe" (also von „der nächste") semantisch markant verschieden ist, wie ja gerade aus dieser Textstelle hervorgeht (der „Nächste" kann uns so fern sein, daß wir ihn noch nie gesehen haben). Als Adjektiv ist das Wort dagegen aufzufassen in Wendungen wie „der nächste bitte" (= „der Zunächststehende" oder „der Folgende"), denn hier kann man auch sagen „*das* nächste bitte" (z. B. für „Dia" bei einer Vorführung).

Entsprechendes gilt offenbar für den schon oben S. 158 diskutierten Präpokasus „seit langem". Die Unmöglichkeit, ein hier einsetzbares Nomen im Neutrum zu finden, und der Ersatz „seit *langer Zeit*", „seit *Jahren*" führen uns dazu, auch hier eine Art Nomen anzunehmen, das nur im Dativ in dieser Konstruktion vorkommt, entsprechend dem Ausdruck „vor kurzem".

Wir finden also durchaus Kriterien, die uns in vielen Fällen eine begründete Zuweisung zur Klasse „Nomen" oder dann zur Klasse „Adjektiv" gestatten. Diese Kriterien decken sich aber nicht überall mit den heute üblichen Regeln für Groß- und Kleinschreibung; es gibt Beispiele, für die eine klare Zuweisung nicht möglich ist — und die Entscheidung ist meistens auch *gar nicht wichtig,* weil in der Regel aus dem Kontext mit genügender Deutlichkeit hervorgeht, ob ein solches zwischen Adjektiv und Nomen schwankendes Wort als „Nennung von etwas" aufzufassen ist oder als „Nennung eines Merkmals von etwas" (z. B. zu einem schon vorher genannten Nomen, das nun nicht mehr wiederholt wird, wie in „zeig mir doch einmal das Buch, das neue").

Insgesamt zeigt sich auch hier wieder, worauf schon in Kapitel 13 (S. 99 hinzuweisen war): „Nomen" ist nicht nur eine Wortart wie die andern, sondern eine „Superklasse", in die *jedes* Wort, ja jedes beliebige Zeichen eingereiht werden kann, indem man es durch Einbau in eine entsprechende syntaktische Struktur (meist durch Verbindung mit einem Pronominalteil oder Adjektivteil) zu einem Nomen macht.

15 A 7 Die Wortart „Pronomen" als Sammelklasse

Wir betrachten nun die Klassenbildung bei den fallbestimmten Wörtern, die weder als Nomen noch als Adjektive gemäß unserer bisherigen Definition anzusprechen sind.

Zunächst muß zum Terminus „fallbestimmt" etwas gesagt werden, da hier erfahrungsgemäß oft Mißverständnisse auftreten. Wir verstehen unter „fallbestimmten Wörtern" nicht nur die Wörter, die deutliche Fallkennzeichen („Deklinationsendungen") zeigen, sondern *alle* Wörter, die die Stelle eines fallbestimmten Satzgliedes einnehmen können, also auch *„man"* (ersetzbar durch „jedermann, jeder, die Mehrheit"), *„etwas"* (ersetzbar durch „eine Sache") *„allerlei"* (ersetzbar durch „vieles") „genug" („jetzt ist *genug* gesagt — *alles* gesagt" usw.)

Wir stellen zunächst alle Beispiele aus unserm Probetext zusammen. Dabei erinnern wir uns daran, was sich in Kapitel 14 für den semantischen Wert derartiger Wörter im Pronominalteil ergeben hat, aber wir untersuchen jetzt *nicht* die Strukturstellen, sondern die an diesen Stellen möglichen Wörter *als solche*, als *Wörter*.

15 A 7.1 Häufigkeit im Probetext

Wir finden folgende Häufigkeiten:

A Die Wörter *„der, die, das"* (mit allen andern Kasus): 49 Belege, und zwar 42 als Pronominalteile, 7 als eigene Satzglieder (z. T. frei verschiebbar, z. T. als Relativ mit F-Endstellung); dazu kann man auch das Wort „diejenigen" rechnen, das als vollere Phonomorphie zu „die" verstehbar ist; dann haben wir 50 Belege.

B Die Wörter *„er, sie, es, wir, man"* (mit andern Kasus, darunter auch das Wort *„sich"*): 25 Belege, davon 24 als einwortige Ausdrücke, eines als Teil eines zweiwortigen Ausdrucks („sie alle");

C die Wörter *„unser, sein, ihr"*: 9 Belege, alle Pronominalteil.

D Die Wörter *„alle"* und *„jeder"*: 7 Belege (5 mal „alle", zweimal „jeder"), davon 6 als Pronominalteile, einer kombiniert mit „sie" („sie alle", 15/32).

E Die Wörter *„ein, eine"* (mit Deklinationsformen): 5 Belege, alle als Pronominalteile.

F Die Wörter *„zwei, wenige, viele"*: 4 Belege, davon 3 als Adjektivteile (3/11, 5/8, 7/6), einer in Verbindung mit fallfremdem Wort als eigenes Satzglied, zugleich eng zusammengehörig mit einem Genitivobjekt, dem in andern Sätzen ein attributiver Genitiv entspricht (4/11, „wenn ihrer *zu viele* werden").

G Das Wort *„diese"*: 2 Belege, einmal als Pronominalteil (11/2), einmal als Kern eines Präpokasus („an *dieses*", 13/27).

H Die Wörter *„erste, andere"*: 2 Belege, beide Adjektivteile.

Das sind insgesamt 104 Wörter auf eine Gesamtzahl von 404 Wörtern, also gut ein Viertel.

15 A 7.2 Häufigkeiten überhaupt

Es ist aufschlußreich, wenn man hier auch die absoluten Häufigkeiten heranzieht, soweit entsprechende Angaben aus Zählungen an großen Textmengen zur Verfügung stehen. Nach Meier, Deutsche Sprachstatistik, 1964 (fußend auf Kaeding 1898) ergibt sich für „der, die, das" und ihre Deklinationsformen folgendes Bild (Vorkommen dieser Wörter in den 10 910 777 insgesamt gezählten Wörtern):

die	349 533	deren	6 177
der	341 522	derer	288
den	138 664	denen	6 098
das	96 110	dessen	6 068
dem	89 109		

Das gibt zusammen mit „am, im, zum, zur" usw. insgesamt über 1 160 000 mal *„der, die das"* (und Kasusformen), oder etwa 11% der Gesamtzahl der bei Kaeding gezählten Wörter. Zum Vergleich: bei Lorenz fanden wir auf 404 Wörter 49 mal „der, die, das" usw., also etwa 12%. Die Prozentwerte für unsern kurzen Probetext (geschrieben 1962) und das Kaedingsche Zählkorpus (bald 100 Jahre alt, viel Texte aus älterer Sprache enthaltend) liegen also überraschend nahe beisammen.

Insgesamt finden wir für die Wörter, die auf S. 167—68 unter den Buchstaben A bis H aufgeführt sind (mit Einschluß aller zugehörigen Formen, also z. B. bei H „erster, ersten, letzte, zweite, dritte" usw.) bei Kaeding eine Häufigkeitszahl von ungefähr 2 830 000, d. h. etwa 26% aller laufenden Wörter. Genaue Zahlen sind nicht zu gewinnen, da z. B. für „sein" nicht nach Verb („zufrieden sein") und Possessiv („sein Haus") differenziert ist. Es kommt aber auch gar nicht auf so genaue Zahlen an, sondern nur auf die Prozentwerte — und auch hier deckt sich der Prozentwert in unserm Probetext, nämlich etwa 26% (104 Wörter von insgesamt 404) verblüffend genau mit dem Prozentwert nach Kaeding-Meier.

15 A 7.3 Traditionelle Einteilung; Kritik daran

Die quantitative Betrachtung, so unvollkommen sie noch ist (mangelhafte linguistische Kriterien bei aller bisherigen Verarbeitung größerer Textmengen, veraltete Teile im Korpus von Kaeding) zeigt doch schon etwas sehr wichtiges ganz klar: wir finden hier *wenige* Wörter, die aber *sehr häufig* vorkommen (eine große Wiederholungsdichte zeigen), während wir bei den Nomen und Adjektiven sehr *viele* Wörter finden, die meist eine recht *geringe* Wiederholungsdichte zeigen. Dafür bestehen aber im Bereich dieser wenigen (ziemlich leicht aufzählbaren) Wörter stärkere Unterschiede der *grammatischen* Struktur als bei den (praktisch unübersehbar vielen) Nomen und Adjektiven.

In der traditionellen Grammatik werden nun diese wenigen Wörter in *drei* Wortarten mit einer differenzierten Subkategorisierung eingeteilt. Die Unterteilung, ja sogar die Zuweisung der einzelnen Wörter schwankt seit je von einem Grammatiker zum andern. Wir geben hier die Einteilung der Duden-Grammatik 1966.

Artikel

bestimmter Artikel „der, die, das" *unbestimmter* Artikel „ein, eine"	(immer mit allen Kasusformen)

Pronomen

*Personal*pronomen	
gewöhnlich	„er, sie, es; ich — wir; du — ihr" mit allen Kasusformen, soweit nicht reflexiv gebraucht
reflexiv	„sich, mich — uns, dich — euch" usw.
reziprok	„sich, einander", wenn „gegenseitige Bezüglichkeit" vorliegt (Ziff. 2640)
*Possessiv*pronomen	„sein—ihr, mein—unser, dein—euer"
*Demonstrativ*pronomen	„der, die, das; dieser, -e, -es; jener; derjenige, selbst, selber; derselbe; solch" (Ziff. 2695)
*Relativ*pronomen	„der, die das; welcher, -e, -es; wer, was"
*Interrogativ*pronomen	„wer? was? welcher? -e? -es? was für ein?"

*Indefinit*pronomen	„all, ander, beide, einer, einige, ein paar, etliche, etwas, jeder-jedermann-jedweder-jeglicher, jemand-niemand, kein, man, mancher, mehrere, nichts, sämtlich, viel-wenig, welcher, wer-was"

Numeralien

*Kardinal*zahlen	„null, eins, zwei, drei" usw.
*Ordinal*zahlen	„erste, zweite, dritte"
*Bruch*zahlen	„Drittel, Viertel, Fünftel" usw.
Verteilungszahlwörter	„je zwei, je drei, je dreimal"
Vervielfältigungszahlwörter	„einfach, einfältig, zweifach, dreifach vielfach" usw.
Wiederholungszahlwörter	„einmal, zweimal, manchmal" usw.
Gattungszahlwörter	„einerlei, zehnerlei, vielerlei" usw.

Man sieht leicht, daß bei dieser Einteilung (und das gilt praktisch für alle Einteilungen dieser Wörter in der traditionellen Grammatik, so verschieden sie im einzelnen sein mögen) die verschiedensten Gesichtspunkte und Kriterien munter und unkontrolliert durcheinander gehen. Die ganze Klasse „Numeralien" ist *semantisch* bestimmt und umfaßt sowohl fallbestimmte wie fallfremde Wörter, und unter den fallbestimmten auch solche, die einwandfrei als Nomen („Million, Millionen") oder Adjektive („einfach, mehrfach") zu klassieren sind. Der Unterschied zwischen Artikel und Pronomen (Relativpronomen wie Demonstrativpronomen) ruht bei den Wörtern „der, die, das" darauf, ob diese Wörter als Pronominalteile auftreten (dann sind sie Artikel), ob sie Sätze mit F-Endstellung einleiten (dann sind sie Relative) oder ob sie gewöhnliche Satzglieder sind (dann sind sie Demonstrative). Der genau gleiche Unterschied des syntaktischen Gebrauchs wird aber bei „dieser" nicht beachtet, sondern dort spricht man gleicherweise von „Demonstrativ" bei *„dieser Mann* kam" und *„dieser* kam". Bei „wer, welches" wird die Möglichkeit, als fragendes Wort zu dienen, zur Subkategorisierung herangezogen (*„Interrogativ*pronomen"), bei andern Wörtern aber nicht, obwohl man ganz geläufig sagt: *„Wer* kommt? *Nur einer* kommt? *Niemand* kommt?" usw. und obwohl man ohne jede Frage sagt: „Ich weiß genau *wer* er ist".

15 A 7.4 Die Sammelklasse „Pronomen"; Definition

Als bester Ausweg aus den oben beschriebenen Inkonsequenzen bietet sich an, die (morpho-)*syntaktischen* Besonderheiten als *Strukturstellen,* nicht als Eigentümlichkeit von Wörtern zu beschreiben — das haben wir mit den Begriffen „Relativ", „Pronominalteil" schon weithin getan —, und die rein *semantischen* Unterschiede im Rahmen der Nomosyntax und ggf. des Nomolexikons zu behandeln. Es ist unbestritten, daß in einer *semantischen* Einteilung diejenigen Wörter, die *Zahlen* angeben oder damit zu tun haben, eine besondere Klasse ausmachen werden — wie die Wörter, die ein Maß angeben, die Wörter, die einen Stoff bezeichnen usw. Diese Einteilung gehört aber nicht in den Bereich der Morphosyntax. Hier, und ganz besonders bei der Einteilung aller Wörter in Wortklassen oder Wortarten ist es offensichtlich auch sehr unpraktisch, um nicht zu sagen untragbar, wenn ein und dasselbe Wort („der, wer, welcher") in ganz verschiedene Klassen eingeordnet werden muß je nach der syntaktischen Funktion, in der es auftritt, und wenn man dann diese Klassenbildung doch nicht für *alle* entsprechenden Wörter durchhalten kann.

Wir bilden daher hier eine *Sammelklasse,* deren Definition lautet: alle fallbestimmten Wörter (also alle als Subjekt und Objekt möglichen Wörter, auch ohne besondere Kasussignale), die nicht auf Grund der spezielleren Definitionen und Operationen und ggf. auf Grund von Konventionen zu den Klassen „Nomen" oder „Adjektiv" zu rechnen sind. Für diese Sammelklasse benutzen wir den Terminus *„Pronomen"*. Wenn Verwechslungen mit der traditionellen Grammatik möglich sind, können wir von „Pronomen im weiteren Sinn" sprechen. Für die konkrete Abgrenzung ist zu berücksichtigen, daß die Definition von „Adjektiv" noch erweitert werden wird, so daß sie auch die Wörter vom Typ „obere, untere, erste, zweite, dritte, weitere" usw. umfaßt.

15 A 7.5 Vollständige Listen der Pronomen

Die Wörter der Sammelklasse „Pronomen" lassen sich größtenteils in überschaubaren Listen aufzählen, und wo diese Listen sehr lang würden (bei den Zahlen geht sie von Null bis 999 999) ist die Zugehörigkeit leicht festzustellen, so daß nur Anfang und Bildungsgesetz der Liste zu geben sind. Die Zahlen von 1 000 000 an werden sprachlich durch Nomen, nicht durch Pronomen gegeben („ein*e* Million, zwei Million*en,* bis zu ein*er* Million"). Dasselbe gilt für die

Bruchzahlen („ein Drittel; drei Viertel eines Fünftels sind drei Zwanzigstel" usw.).

Wir geben nun die Listen der Pronomen und damit zugleich eine Möglichkeit für eine brauchbare Subkategorisierung — und zwar eine, die sich *nicht* um die speziellere syntaktische Funktion kümmert (diese ist ja bei der Definition der Strukturstellen in Satzglied und Satz schon gegeben worden), sondern nur um die *Wörter als solche.* Es handelt sich also um eine Art „semantischer Elementar-Klassifikation", die sich aber im Rahmen der morphosyntaktisch definierten Sammelklasse hält und die *keinen höheren Anspruch erhebt als den, den Überblick zu erleichtern.* Es ist auch ausdrücklich darauf hinzuweisen, daß der für die betr. Untergruppen angegebene semantische „Elementarwert" durch das Einsetzen des betr. Wortes an verschiedenen Strukturstellen (z. B. „welch-" als Relativ) völlig neutralisiert werden kann.

1 „Bekanntheitspronomen"

der, die, das (immer mit allen Kasusformen)
dieser, diese, dieses
jener, jene, jenes, derjenige
wer, was }
welcher, -e, -es } („Frage nach einem als bekannt Anzunehmenden")

Jemand oder etwas (zu Nennendes oder schon Genanntes) wird als *gegeben* und in dieser Gegebenheit *bekannt* präsentiert, neutral oder mit besonderem Hinweis (verschiedene Lage im „Wahrnehmungsraum" bei „jener" gegenüber „dieser").

2 „Rollenpronomen"

er, sie, es — sie — man (mit Kasusformen, auch *„sich", „einander"*)
ich — wir
du — ihr — Sie

Jemand-etwas wird in der jeweiligen Gesprächsrelation charakterisiert, nämlich als neutral — als Sprechender — als Angesprochener; bei „neutral" besteht weitgehende Äquivalenz mit „der, die, das", also den einfachsten Bekanntheitspronomen (oft auch mit „dieser, jener").

Beim Gebrauch des traditionellen Terminus „*Personal*pronomen" muß man also für „er — sie — es" vom Sinn des Namensbestandteils „Person" oft völlig absehen; das ist ganz anders im Englischen, wo „he — she" nur für Personen (und personal Aufgefaßtes) gebraucht werden.

Die traditionellen „Reflexivpronomen" erweisen sich als eine Untergruppe unserer Gruppe „Rollenpronomen"; dasselbe gilt für „Reziprokpronomen", wenn man diesen Unterschied in der Subkategorisierung der Wortart „Pronomen" überhaupt machen will.

3 „Zugehörigkeitspronomen"

sein, ihr — ihr (auf Plural bezogen)	*seinig-*	*ihrig-*
mein — unser	*meinig-*	*unsrig-*
dein — euer — Ihr	*deinig-*	*eurig-*

Jemand-etwas wird charakterisiert als zugehörig zu einem (genannten oder gedachten) in einer der drei Gesprächsrollen gegebenen Jemand-etwas.

Beim Gebrauch des traditionellen Terminus „Possessiv" muß man vom Sinn „besitzanzeigend" absehen, da diese weitherum übliche Verdeutlichung viel zu eng ist und die richtige Auffassung dieser Wörter oft empfindlich stört („mein Auto, mein Buch, meine Frau, mein Chef, meine Damen und Herren, mein Schicksal").

4 „Mengen- und Zahlpronomen"

4 a „Wählbarkeitspronomen", „Umrißpronomen"

ein, eine (im Plural: $\emptyset$)
jemand — etwas (einer, eine, eines)

Jemand oder etwas hier Einzusetzendes soll aus einer Klasse (die schon genannt wurde, sogleich genannt wird, nur zu denken ist) frei gewählt werden.

Bei der traditionellen Bezeichnung „unbestimmter Artikel" wird die Zugehörigkeit zur Sammelklasse „Pronomen" nicht deutlich, und das Wort „unbestimmt" führt oft irre: nicht das betr. Wort ist unbestimmt, sondern die Auswahl des hier Einzusetzenden aus der ganzen Klasse.

4 b „Wählbarkeitspronomen mit Mengenhinweis"

einige, etliche, etwelche
ein paar, ein wenig, ein bißchen
mehrere
manche

Wie bei 4a, aber Wählbarkeit einer Mehrzahl von Einheiten aus der betr. Klasse, und zugleich grobe Charakterisierung der Menge der zu wählenden Einheiten.

4 c „Grobe Mengenpronomen, graduierbar"

viel — mehr — meiste
wenig — weniger — wenigste

Grobe Mengenangabe, für frei Wählbares wie für schon als bekannt zu Betrachtendes; graduierbar durch *„sehr, zu"* (*„sehr viel, zu viel"*), Vorhandensein von Vergleichsformen.

4 d „Exakt konstruierbare Mengenpronomen", („natürliche Zahlen")

eins, zwei, drei, vier . . . 999 999, null

Auf einzelne Einheiten genaue Angabe der Menge, sowohl für frei Wählbares wie für schon als bekannt zu Betrachtendes; Konstruierbarkeit jeder Menge mit Hilfe der Vorhergehenden und/oder Folgenden (durch die Operationen Addition und Subtraktion); Grundlage der numerischen Mathematik.

4 e „Extreme Mengenpronomen"

alle
jeder, jeglicher, jedweder
kein
niemand — nichts

Die beiden möglichen Extreme der Mengenangabe: Totalität — völlige Negation; bei Totalität ist der Bekanntheitscharakter (Gruppe 1) eingeschlossen, bei völliger Negation eine sonst vorhandene Wählbarkeit (Gruppe 4 a bis d) vorausgesetzt.

4 f „Urteilendes Mengenpronomen"

genug

Die Menge wird auf einen Bedarf bezogen und in Relation dazu als befriedigend beurteilt; es ist zu beachten, daß das Wort auch als fallfremdes Satzglied dienen kann.

5 „Qualitätspronomen"

solch-
was für ein
solcherlei, welcherlei
derlei, dergleichen, meines-, deines-, seinesgleichen usw.
einerlei, zweierlei usw.
mancherlei, vielerlei, allerlei

> Sehr allgemeine Qualitätsangaben, z. T. bezogen auf Menge der Merkmale oder auf ein Wesen in bestimmter Gesprächsrolle (vgl. Gruppe 2 und 3).

Zu verschiedenen Besonderheiten (z. B. „all diese, solch ein, welch ein, manch ein"), die teils als morphosyntaktisch, teils als nur phonomorphisch einzustufen sind und für die heutige Sprache wenig relevant sind, vgl. „Innere Form des Deutschen" S. 289—90 und Duden-Grammatik 1966 Ziff. 2810.

Zur Einordnung der Ordinalzahlen („erste, zweite, x-te") und der Wörter „letzte, letztere, erstere" sowie des Wortes „ander-" bei den Adjektiven vgl. den folgenden Abschnitt.

15 A 8 Adjektive ohne reguläre unflektierte Form; semantische Weite des Adjektiv-Begriffs

Wir haben nun noch die fallbestimmten Wörter zu klassieren, die als Adjektivteile vorkommen (wie die bisher schon als Adjektiv definierten Wörter und auch einige Pronomen), zu denen aber nicht in der gleichen Weise wie für die bisher definierten Adjektive eine unflektierte Form aufzuweisen ist.

Wir hatten schon das Wort „ander-", zu dem die unflektierte Form „anders" heißt, und wir hatten die Ordinalzahlen „erste, zweite" usw., zu denen es keine unflektierte Form gibt („erst" ist etwas ganz anderes: „zu zweit, zu dritt" muß morphosyntaktisch als ein geschlossener fallfremder Ausdruck betrachtet werden, der als ganzer in die (in Kap. 16 zu besprechende) Rest- und Sammelklasse der „Partikeln" gehört.

Als semantisch recht klar geordnete Gruppe erscheint:

obere — oben	äußere — außen
untere — unten	innere — innen
hintere — hinten	

vordere — vorn
mittlere — in der Mitte
linke — links
rechte — rechts (neben „rechte — recht", das unter die allgemeine Adjektivdefinition fällt)

Etwas anders sind die Entsprechungen:

hiesige	— hier	gestrige	— gestern
dortige	— dort	morgige	— morgen
damalige	— damals	heurige	— heuer
einstige	— einst	diesjährige	— dieses Jahr
heutige	— heute		

„Täglich", „wöchentlich", „monatlich", „jährlich" fallen unter die allgemeine Adjektivdefinition.

Schwanken kann man bei „gräflicher Besitz", „landrätlicher Entscheid" (dazu „landrätlich genehmigt"), „obrigkeitliche Weisung" „ministerielle Verfügung" usw.

Es fragt sich nun, ob wir für diese Gruppen eine besondere (sehr kleine, recht unscharf begrenzte) Wortart ansetzen sollen, ob wir einiges daraus zur Sammelklasse „Pronomen" rechnen sollen oder ob wir die Adjektiv-Definition lockern und diese Wörter als Randgruppe zu den Adjektiven rechnen sollen.

Eine zwingende Zuweisung ergibt sich nicht, wir müssen auf jeden Fall die Existenz von Grenzfällen anerkennen und die praktische Zuweisung, soweit sie überhaupt nötig erscheint, durch Konvention regeln. Eine Zuordnung zur Sammelklasse „Pronomen" läge nahe für „ander" und für die Ordinalzahlen; aber sie stört stark für die „Zugehörigkeitswörter" auf *„-lich"* oder *„-ig"*, denn solche können jederzeit neu gebildet werden, zu jeder Institution, ja zu jedem Namen. Für die Pronomen ist aber gerade konstitutiv, daß es sich um eine geschlossene Klasse handelt, *ohne* die für Verben, Nomen und Adjektive typische Möglichkeit von Neubildungen.

Wir weisen daher alle diese Wörter der Wortart „Adjektiv" zu, als eine Randgruppe, und wir erweitern zu diesem Zweck die Adjektivdefinition, so daß sie folgendermaßen lautet: Als Adjektive betrachten wir *alle Wörter, die als Adjektivteile* (in der Struktur Pronominalteil — Adjektivteil — Kern) *vorkommen können und die nicht in den Listen der Sammelklasse „Pronomen" genannt sind.*

Diese Adjektivdefinition ist allerdings erheblich weniger elegant als die oben S. 159 gegebene, die sich nur auf das Nebeneinander von Vorkommen als Adjektivteil und Vorkommen in unflektierter

Form stützt; sie bietet aber die praktisch beste Lösung. Es muß ohnehin betont werden, daß wir den Begriff „Adjektiv" nicht mit dem semantischen Merkmal „Qualität, Eigenschaft" vermengen dürfen (daher ist der beliebte deutsche Schulterminus „Eigenschaftswort" so irreführend), sondern daß von vornherein die semantischen Merkmale „Zugehörigkeit" und „Rangplatz" neben „Qualität" und „Intensität" als mögliche semantische Werte von Adjektiven gesehen werden müssen. Man kann entsprechend die semantischen Untergruppen „Qualitätsadjektive", „Intensitätsadjektive", „Zugehörigkeitsadjektive", „Zahladjektive" und ggf. noch weitere („Lage-Adjektive" für „obere, untere" usw.) bilden. Das paßt insgesamt auch besser zu der Abgrenzung des Begriffs „Adjektiv" im Französischen und Englischen.

Aufgaben zu 15

15 B 1 Vorkommen im Text und Gesamthäufigkeit bei den Pronomen

Geben Sie sich Rechenschaft, wieviel Text Sie analysieren müssen, bis Sie eine einigermaßen vollständige Liste der Pronomen haben. Identifizieren Sie zu diesem Zweck in einem beliebigen Text alle Pronomen und setzen Sie bei jedem Vorkommen eines Pronomens ein Kreuz in das entsprechende Feld der Tabelle auf Seite 178. Der Flächeninhalt der Felder entspricht der Häufigkeit des Vorkommens der Pronomen (geordnet nach den Gruppen S. 172—75) im Zählkorpus von Kaeding (alle Kasusformen jeweils inbegriffen, also bei „der, die, das" auch „dem, den, denen, derer, zum, zur" usw.):

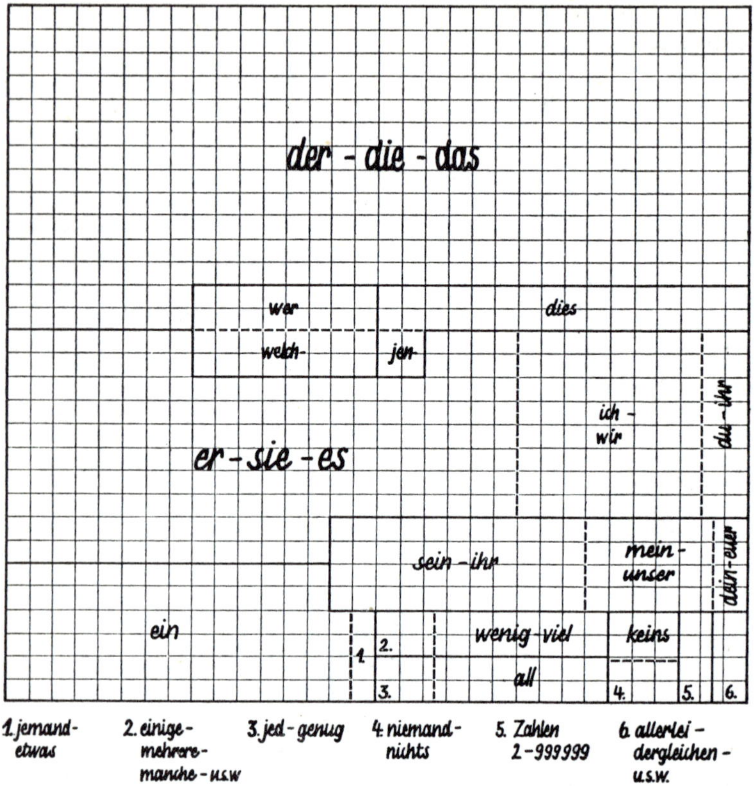

15 B 2 Präsentation der Wortarten in Büchern für den Laien

Diskutieren Sie die folgenden Auszüge aus Büchern, die sich die Aufgabe stellen, grammatische Phänomene dem Laien (Erwachsenen oder Schüler) nahezubringen.

15 B 2.1 Nomen und Adjektiv bei Erben 1968

2. Das Nennwort (Substantiv)

Wohl mehr als zwei Viertel des deutschen Wortschatzes sind „Nennwörter" (vgl. griech. *ónoma* „Name" im Unterschied zum verbalen rhēma „Aussage"). Sie nennen Größen, die bei der verbalen Seins- oder Verhaltens-Bestimmung einer Situation (s. o. § 41) als mitwirkende

„Handlungsfaktoren" des Verbalprozesses angesehen werden. Die Fachbezeichnung „Substantiv" (eigentlich *nomen substantivum*, zu lat. *substantivus* „selbständig, für sich selbst bestehen könnend") hebt vor allem die relative grammatische Selbständigkeit dieser Wörter gegenüber den „Ad-jektiven" (Bei-Wörtern) hervor, doch spielt auch der ontologische Begriff der „Sub-stanz" hinein (zu lat. *sub-stare* „standhalten"), also des Beharrenden, der beständigen „Unter-Lage" für zufällige Eigenschaften („Akzidentien") oder wechselnde Zustände, worauf noch die Verdeutschung „Dingwort" zielt. Sie trifft insofern zu, als ein Substantiv das Bezeichnete als „Ding" darstellt, ohne daß dieses Erfahrungselement in der Wirklichkeit ein „Ding" sein muß. Wir haben hier grundsätzlich mit der Erscheinung der „Verdinglichung" (Substantialisierung, Hypostasierung) zu rechnen, mit der sprachlich-geistigen Prägung zum „Gegenstand" (Beispiele sind *Fieber, Wärme, Reise, Loch*, s. o. § 40).

Besonders offensichtlich ist dies natürlich bei Tätigkeitsnamen *(nomina actionis)*, wo ein Prozeß gleichsam zur Größe „objektiviert" ist, die „stattfindet" oder „Gegenstand" menschlichen Tuns ist: *Eine Zusammenkunft findet statt. Man hat (veranstaltet) eine Zusammenkunft. Veränderungen geschehen. Man bewirkt (schafft) Veränderungen.*

3. Das Beiwort (Adjektiv — Adverb)

Nach den Nenn- und Aussagewörtern erscheinen die Bei-Wörter als drittgrößte Wortklasse (vgl. o. § 41). Fast ein Sechstel des Gesamtwortschatzes mag ihr zuzurechnen sein. Es sind Begleitwörter der in den ersten Kapiteln vorgestellten Wortklassen Substantiv und Verb. Sie kennzeichnen also Größen und Geschehnisse (Handlungen, Vorgänge, Zustände), unterstützen Substantive und Verben als charakterisierende Bei-Wörter (Ad-jektive ‚Eigenschaftswörter' /Adverbien Umstandswörter', zu lat. *nomen adiectivum* ‚das zum Beifügen dienende, dem Substantiv beigefügte Nomen' / *adverbium* ‚Nebenwort des Verbs').

Auch wo ein Beiwort — durch Ersparung übergeordneter Glieder — „absolut" gebraucht wird, dient es deutlich zur charakterisierenden oder wertenden Bestimmung. Es bestimmt etwas, das von der Situation gegeben oder verlangt wird und was auch substantivisch oder verbal gefaßt werden könnte: *gut* (der Wein)! (Verhaltet euch) *leise!* (Seid ihr) *zufrieden?* oder etwas, das der Gesprächspartner gefragt oder gesagt hat: ‚(Richter) ... *welchen Eindruck hatten Sie vom Angeklagten als Mensch"* (Generalfeldmarschall) *Musisch, durchaus musisch.* (R). *Wie verstehen Sie das?* (G). *Er spielte Flöte.* H. v. Cramer. *„Von welcher Seite denn?" „Von mütterlicher, Herr Hofrat"'* Th. Mann. *‚Alles, was sie* (die puppenhafte Ehefrau) *zur Konversation beitrug, bestand aus zwei Ausdrücken „Ach, wie hübsch" und „Ach, wie scheußlich". ... Als ich ihr dann erzählte, daß mein Bruder Leo konvertiert sei, zögerte sie einen*

Augenblick ..., um herauszufinden, in welche Kategorie für mich dieses Ereignis gehöre, sagte dann: „Scheußlich, was?"' H. Böll. In *Ehrlich* (sein) *währt am längsten* erscheint das Beiwort geradezu im Satzrang eines „Subjekts", doch ist auch hier der betonte Bezug auf ein Charakterisiertes (Sein/Verhalten) gegeben; ähnlich in einem Falle wie *Da sehe ich* (die Dinge) *schwarz,* wo eigentlich kein Adverb, sondern ein Objekts-Prädikativ (s. u.) vorliegt. Nur substantiviert (s. o. § 43), durch Pronomen oder „pronominale" Flexion unterstützt, vermag das Beiwort in die Satzrolle des Substantivs einzurücken. Doch auch hier bleibt der beiwortliche Charakter meist mehr oder minder deutlich: *der Blinde/ein Blind-er* (Mann), *Der Klügere* (Mensch) *gibt nach, klein und groß* (= jedermann, alle Menschen) *war zufrieden;* und die Fähigkeit, Gradbezeichnungen als Bestimmungsglieder zu behalten: *das ganz Neue/ganz Neu-es zeigen, mit ganz Neu-em aufwarten* (← *Das ist ganz neu*). Allein wortbildende Morpheme oder Kompositionsglieder bewirken gemeinhin eine echte Umstrukturierung zu Substantiven: *Starr-heit, Ehrbar-keit, Hell-igkeit, Feig-ling; Starr-kopf* („eigensinniger Mensch"), *Schnell-zug.*

Johannes Erben, Deutsche Grammatik, Fischer-Handbuch 1968, S. 78—79 und S. 195—96.

15 B 2.2 Personalpronomen im Klett-Sprachbuch 1970

4.2.2.

„Ich gebe jetzt genaue Anweisungen: Wahrscheinlich hat er sich im Unterholz versteckt. Dort müssen wir suchen. Ihr dürft aber nicht einfach drauflosIaufen. Dann entwischt er uns immer wieder. Wir müssen uns verteilen. Also du, Alice, gehst links vom Wald auf die große Wiese. Dort kannst du den ganzen Waldrand überblicken. Ihr beide geht rechts durch den Hochwald. Du, Erwin, bleibst dabei mit uns auf gleicher Höhe. Und du, Peter, läufst gleich vorweg auf die große Lichtung. Dort kletterst du auf den Hochstand und beobachtest das Gebüsch. Wir bilden eine Kette und durchkämmen das Unterholz. Dann kann er uns nicht entkommen."

Prüfen Sie — im Blick auf diesen Übungstext — wieviel Texte außerhalb eines Schulbuchs Sie finden, in denen die Personalpronomen n u r für Personen gebraucht werden. Diskutieren Sie dann die an diesen Text anschließenden Aufgaben (a, b, c) für die Schüler:

☐ a Der Text könnte der Mittelteil einer kleinen Geschichte sein. Kannst du Anfang und Schluß ergänzen?

☐ b Auch in diesem Text ist von mehreren Personen die Rede. Die wenigen Wörter, mit denen diese Personen angezeigt werden, sagen nicht genau, welche Personen wirklich gemeint sind. Weißt du es trotzdem? Wie hilft sich der Sprecher manchmal?

☐ c Die Wörter zeigen aber ganz genau:

Der Sprecher spricht zum Zuhörer

von sich selbst

ich Singular (Einzahl)

von sich und anderen

... Plural (Mehrzahl)

1. Person

Der Sprecher spricht zum Zuhörer

über ihn, den Zuhörer, selbst

... Singular (Einzahl)

über den Zuhörer und andere

... Plural (Mehrzahl)

2. Person

Der Sprecher spricht zum Zuhörer

über einen Dritten . . . .

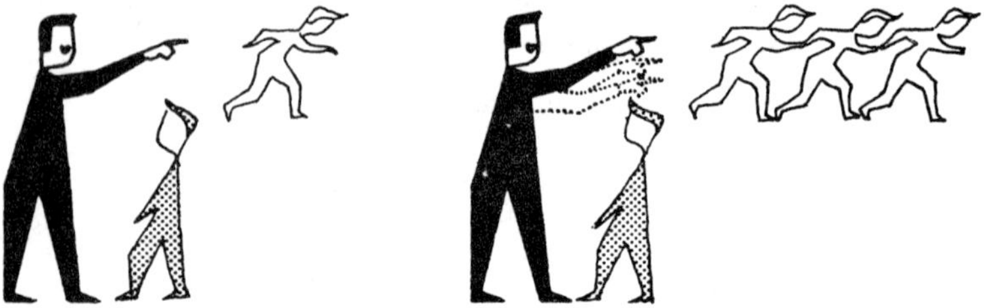

. . . Singular (Einzahl) . . . Plural (Mehrzahl)

3. Person

Wir nennen diese Wörter deshalb Personenzeigwörter (Personalpronomen). Ergänze die Tabelle!

Klett-Sprachbuch 5, fünftes Schuljahr, 1970, S. 58—59.

Dazu die folgenden Abschnitte aus dem Lehrerheft, S. 40:

4.2.2. Leistung des Personenzeigworts (Personalpronomens) in der Sprechsituation

Didaktische Absicht: Der Textausschnitt im Schülerband hat eine feste Sprecherperspektive, aber die in ihm erscheinenden Personenzeigwörter gehen nur teilweise eine feste Bindung an Personen ein. „Ich" ist durch die feste Sprecherperspektive festgelegt. „Er" erscheint nur mit einem Bezug, ist also auch festgelegt. „Du" wechselt in seinem Personenbezug, der Sprecher spricht mehrere Personen mit demselben Personenzeigwort an. Auch „wir" und „ihr" beziehen sich nicht immer auf dieselben Personen.

Es geht also um die erste Einsicht in die semantische Ungenauigkeit der Personenzeigwörter, im Gegensatz zu ihrer grammatischen Genauigkeit. Zugleich macht Aufgabe b aber dem Schüler bewußt, daß in einer unmittelbaren Sprechsituation eine ausreichende Fixierung des Angesprochenen erreicht werden kann, sei es durch Blick oder Gesten, sei es durch den Anruf mit dem Namen. — Im Vergleich dazu wird dann (in c) die grammatische Funktion der Personenzeigwörter deutlich: die grammatischen Relationen zum Sprecher, Angesprochenen oder Besprochenen sind eindeutig. — Siehe auch die Zeichnungen unter c.

15 B 2.3 Artikel und Pronomen im Sprachbuch 1 zu „Wort und Sinn" 1966 (5. Schuljahr)

Das Anzeigewort für das Substantiv — der Artikel

Der Fischer und ein stämmiger Junge, das ist **die** *ganze Besatzung.*
Ein Substantiv wird meistens durch ein Anzeigewort angezeigt.

▶ Das Anzeigewort *der (die, das)* weist auf das Substantiv als etwas Bestimmtes und Bekanntes hin. Wir nennen es den *bestimmten Artikel.*

Das Anzeigewort *ein (eine)* hebt ein Substantiv aus einer Reihe heraus; es ist der *unbestimmte Artikel*. Vgl. S. 63.

An der Verbindung des Substantivs mit dem Artikel ist Näheres über seine Bedeutung und seine Rolle im Satz zu erkennen.

(Sprachbuch 1 zu „Wort und Sinn", 1966, S. 35)

Das Pronomen

Die dunklen Adventstage mit ihrem geheimnisvollen, hintergründigen Treiben im Hause und ihrem prickelnden Ahnen, Harren und Bangen sind da . . . Ich sehe täglich meinen Vater so von den Feldern heimkommen, wo er stundenlang das Pflügen und Umstürzen der Brache beaufsichtigt hat. Selbst im Garten ist es zu naß, um zu spielen. Die Wege sind breiig und schlüpfrig. Alles Leben hat sich im Haus gesammelt, verdichtet. Eines Tages hat es plötzlich nach Pfeffernüssen und Pfefferkuchen und Backwerk geduftet. (WS 82)

Das Pronomen als Begleiter und Stellvertreter des Substantivs

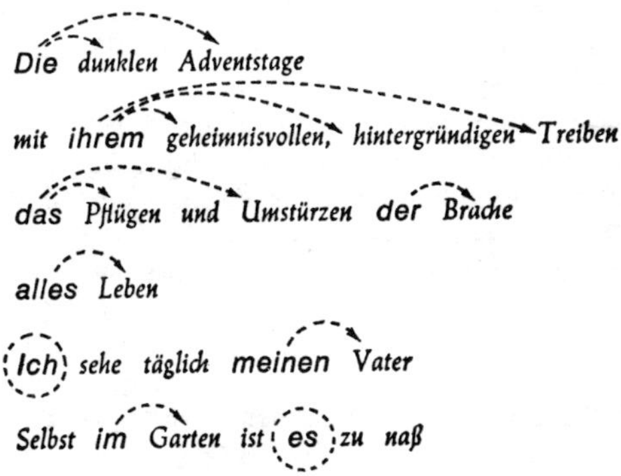

Die Wörter *die, das, der* hast du schon als Anzeigewörter vor einem Substantiv kennengelernt (S. 35). Auch *meinen, ihrem, alles* stehen als Begleiter vor einem Substantiv und zeigen dieses an. Die Wörter *Ich* und *es* dagegen stehen für sich; sie zeigen als Stellvertreter die Stelle einer Person oder Sache an.

▶ Anzeigewörter, die mit einem Substantiv verbunden sind, heißen *Begleiter* des Substantivs.
Anzeigewörter, die ein Substantiv vertreten oder unbestimmt lassen *(es)*, nennen wir *Stellvertreter* eines Substantivs.

In diesem Kapitel lernst du verschiedene Gruppen von Anzeigewörtern kennen. Man nennt sie auch Fürwörter. Der lateinische Name für das Anzeigewort oder Fürwort ist das *Pronomen* (Pl. die Pronomina oder die Pronomen).

Der bestimmte Artikel

Die dunklen Adventstage

Die Adventszeit mit ihren Erscheinungen und Dingen ist dem Dichter seit frühester Kindheit vertraut: er weist mit dem einfachen Anzeigewort — dem bestimmten Artikel — auf sie als etwas Bekanntes hin: *Die dunklen Adventstage ... von den Feldern ... das Pflügen und Umstürzen der Brache ... Die Wege ...* Auch in den Wörtern *im Hause, im Garten* erkennst du den bestimmten Artikel als Anzeigewort; denn *im* ist eine Zusammenziehung aus dem Verhältniswort *in* und dem Artikel *dem.*

▶ Der bestimmte Artikel ist ein Anzeigewort oder Pronomen. Er zeigt die Bekanntheit an. — Er läßt Kasus, Numerus und Genus des folgenden Substantivs erkennen (vgl. S. 35 bis 37).

Der unbestimmte Artikel

Eines Tages hat es plötzlich nach Pfeffernüssen ... geduftet; es wird nicht genauer gesagt, an welchem Tage, etwa am Nikolaustage oder am zweiten Sonntag im Dezember, sondern es ist *einer* in der Reihe der Adventstage, nicht näher bestimmt. Auch *einer* ist ein unbestimmtes Fürwort (ein Indefinitpronomen). Es wird häufig im Wechsel mit dem bestimmten Artikel gebraucht: vgl. *eines Tages — am Tage danach;* oder *Der Fischer und ein stämmiger Junge, das ist die ganze Besatzung* (WS 15). Deshalb nennt man dieses Anzeigewort *einer, eine, eines* auch den unbestimmten Artikel. *(ebenda, S. 61—63)*

15 B 2.4 Die Pronomen im „Deutschen Sprachspiegel", 1966

(4)

Der Wolf ward ärgerlich, faßte sich aber doch und ging auch zu dem vierten Schäfer. Diesem war eben sein treuer Hund gestorben, und der Wolf machte sich den Umstand zunutze.

„Schäfer", sprach er, „ich habe mich mit meinen Brüdern in dem Walde veruneinigt, und so, daß ich mich in Ewigkeit nicht wieder mit ihnen aussöhnen werde. Du weißt, wieviel du von ihnen zu fürchten hast! Wenn du mich aber anstatt deines verstorbenen Hundes in Dienst nehmen willst, so stehe ich dir dafür, daß sie keines deiner Schafe auch nur scheel ansehen sollen."

„Du willst sie also", versetzte der Schäfer, „gegen deine Brüder im Walde beschützen?" —

„Was meine ich denn sonst? Freilich."

„Das wäre nicht übel! Aber wenn ich dich nun in meine Horden einnähme, sage mir doch, wer sollte alsdann meine armen Schafe gegen dich beschützen? Einen Dieb ins Haus nehmen, um vor den Dieben außer dem Hause sicher zu sein, das halten wir Menschen —"

„Ich höre schon", sagte der Wolf, „du fängst an zu moralisieren. Lebe wohl!"

(5)

„Wäre ich nicht so alt!" knirschte der Wolf. „Aber ich muß mich leider in die Zeit schicken." Und so kam er zu dem fünften Schäfer.

„Kennst du mich, Schäfer?" fragte der Wolf.

„Deinesgleichen wenigstens kenne ich", versetzte der Schäfer.

„Meinesgleichen? Daran zweifle ich sehr. Ich bin ein so sonderbarer Wolf, daß ich deiner und aller Schäfer Freundschaft wohl wert bin."

„Und wie sonderbar bist du denn?"

„Ich könnte kein lebendiges Schaf würgen und fressen, und wenn es mir das Leben kosten sollte. Ich nähre mich bloß mit toten Schafen. Ist das nicht löblich? Erlaube mir also immer, daß ich mich dann und wann bei deiner Herde einfinden und nachfragen darf, ob dir nicht —"

„Spare der Worte", sagte der Schäfer. „Du müßest gar keine Schafe fressen, auch nicht einmal tote, wenn ich dein Feind nicht sein sollte. Ein Tier, das mir schon tote Schafe frißt, lernt leicht aus Hunger kranke Schafe für tot und gesunde für krank ansehen. Mache auf meine Freundschaft also keine Rechnung und geh!"

a) Zum Inhalt

. . . .

. . . .

b) Die drei Gesprächsrollen

„Kennst du mich?" — „Ja, ich kenne dich." Tatsächlich, er kennt ihn.

Was ist eigentlich der Unterschied zwischen „du", „ich" und „er"? Man kann sie ja alle drei für die gleiche wirkliche Person brauchen!

Schreibe aus Fabel 4 Rede und Gegenrede heraus (das „sprach er" usw. kannst du weglassen) und übermale darin alle Wörter, die die Gesprächsrolle anzeigen, mit rotem Farbstift:

Schäfer, *ich* habe *mich* mit meinen Brüdern im Walde veruneinigt, und so, daß ...

Achte dabei auf entsprechende Formunterschiede bei den zugehörigen Verben, wenn ein solches Wort als Subjekt dient:

weil *ich* mich mit ihnen veruneinigt *habe* — daß *du* nichts von ihnen zu fürchten *hast*

Ordne die übermalten Wörter nach den drei Personen und nach Singular und Plural:

ich	du	...	...	...	wir	...	sie
mich	...	...	...	...	...	...	...
mir	...	...	...	...	...	...	ihnen

Schreibe für die erste Rede des Wolfes aus allen Sätzen die verbalen Wortketten heraus:

sich mit seinen Brüdern im Wald veruneinigen

Wo tritt bei dieser Umwandlung an Stelle von „mich" ein „sich", und wo ein „ihn"? Erkläre diesen Unterschied, und suche weitere Beispiele in den beiden Fabeln.

c) Zugehörigkeit, je nach Gesprächsrolle

Deine Schafe? Ja, meine Schafe!

Übermale in den herausgeschriebenen Sätzen und verbalen Wortketten auch alle Wörter der Reihe „mein, dein ..." mit rotem Farbstift. Ordne sie nach folgendem System:

	etwas gehört zum Sprechenden	*es gehört zum Angesprochenen*	*es gehört zu jemand, von dem man spricht*
es gehört zu	mein (Schaf)	......	......
einem (einer)	meine (Schafe)	......	......
es gehört zu	unser	......	......
mehreren	......	......	......

d) Wer — was; niemand — nichts

Wer ist es? Was ist es? Wer sind Sie? Was sind Sie?

Was erwartet man als Antwort, wenn man eine Frage mit „wer" beginnt? Und wenn man sie mit „was" beginnt? Wie ist es hier mit Maskulin, Feminin, Neutrum? Und bei „jemand-niemand"?

e) Menge und Zahl

Vergleiche die folgenden Reihen:

einer	einer	einer	der erste
jeder	...	zwei	zweite
keiner	...	drei	dritte usw.
	viele	...	
	...	...	
	alle	...	

Wie könnte man die Lücken in der mittleren Reihe ausfüllen?

Wie weit läßt sich die dritte und vierte Reihe verlängern? Und die erste?

f) Wörter, die ein noch folgendes Nomen anmelden

Ein Schäfer
Der Schäfer } bewachte seine Herde
Dieser Schäfer

Was bedeutet hier die Unterscheidung von „ein ...", „der ...", „dieser ..."?

Lessing schreibt vom Wolf: „er ging auch zu dem vierten Schäfer (fünften Schäfer)" usw. Er hätte ja auch schreiben können: „er ging zu einem vierten (fünften) Schäfer." Welchen Unterschied erkennst du?

g) Zusammengehörigkeit aller dieser Wörter zur Sammelklasse „Pronomen"

Untersuche für alle in b—f behandelten Wörter, ob sie *nur* mit einem Nomen zusammen gebraucht werden können (als Begleiter), ob sie *nur* für sich allein gebraucht werden können (als Stellvertreter) oder ob beides möglich ist.

Schreibe die Fabel 5 ab und übermale darin: alle Verben (blau) — alle Nomen (braun) — alle Adjektive (gelb) — alle Pronomen (rot).

Zu welcher Wortart muß man wohl „deinesgleichen, meinesgleichen" rechnen?

Die Pronomen bilden nicht eine so geschlossene Wortart wie die Verben, Nomen oder Adjektive, sondern eine „Sammelklasse".
Die Pronomen können für folgendes dienen:

— sie zeigen, ob das Ausgesagte vom *Sprechenden selbst*, vom *Angesprochenen* oder von einem *Dritten* gelten soll („ich, du", usw.).
— sie zeigen die *Zugehörigkeit* von jemand oder etwas zum Sprechensein von Sachen („niemand, nichts")
dein" usw.)
— sie *fragen* nach Personen oder Sachen („wer, was") und stehen dann, wenn man den Namen der Person oder Sache nicht sagen kann oder will („jemand, etwas").
— sie *verneinen* die Anwesenheit von Personen oder das Vorhandensein von Sachen („niemand, nichts)
— sie geben die *Menge* oder *Zahl* an, entweder für sich allein oder zusammen mit Nomen („viele — viele Leute; sechs — sechs Schäfer")
— sie nehmen ein schon genanntes Nomen wieder auf („er; der Mann, der ...")
— sie melden ein erst kommendes Nomen an und weisen darauf hin, ob dieses Nomen dem Hörer oder Leser noch neu ist und etwas beliebig Auswählbares aus einer Reihe meint („gib mir *ein* Schaf") oder ob es etwas schon Bekanntes meint („gib mir *das* Schaf, *dieses* Schaf").

Alle diese Aufgaben lassen sich aber nicht scharf voneinander unterscheiden, und oft kann ein und dasselbe Pronomen mehrere solcher Aufgaben erfüllen.

Deutscher Sprachspiegel, Band 1 für Gymnasien, 1966 (erste Fassung 1956) S. 82—85.

15 B 3 Rückblick auf die eigenen Lernerfahrungen

Diskutieren Sie in entsprechender Weise die Präsentation der Wortarten in den Sprachbüchern, die Sie selber als Schüler benutzt haben (mit Beizug der betr. Lehrerhefte, soweit solche greifbar sind).

16 Satzglieder, gliedinterner Aufbau und Wortarten im Bereich des Kasusfremden

16 A 1 Ausgangslage; Präsentation des Materials

Wir haben nun das, was wir in den Kapiteln 12—15 für den Bereich des Fall*bestimmten* getan haben, noch für den Bereich des *Fallfremden* zu tun.

Der Gesamtbereich des Fallfremden ist, wie schon ein erster Blick zeigt, bei weitem nicht so groß wie der Bereich des Fallbestimmten. Wir finden oft Sätze, die *nur* aus verbalen Teilen und fallbestimmten Satzgliedern bestehen, dagegen sehr selten Sätze, die nur verbale Teile und fallfremde Satzglieder enthalten. Innerhalb dieses Bereiches treten aber so wichtige Momente auf wie Qualität, Negation, zeitliche Situierung, Wahrscheinlichkeit usw., und wir finden fließende Übergänge zum Bereich der Konjunktionen aller Art, die für das Verständnis der gegenseitigen Beziehungen von Teilsätzen so wichtig sein können. Es ist daher angezeigt — auch um für die Behandlung der komplexen Sätze (Teil III dieser Grammatik) eine genügend sichere Ausgangsposition zu gewinnen — daß wir hier das Problem der kasusfremden nichtverbalen Einheiten im einfachen Satz soweit behandeln, als das im Bereich der Morphosyntax möglich erscheint.

Als Probetext benutzen wir nochmals die 15 Gesamtsätze (404 Wörter) aus Lorenz („Das sogenannte Böse, zur Naturgeschichte der Aggression, 1963, S. 349—351). Wir präsentieren diesen Text nun in unmittelbaren Textelementen und innerhalb der Textelemente in Satzglieder abgeteilt, und wir identifizieren zuerst alle verbalen Teile, alle fallbestimmten Satzglieder und alles, was wir eindeutig als Konjunktion (subordinierend, neutral, Infinitivkonjunktion) einordnen können. Das ergibt zugleich eine gute Übung in der Anwendung der bisher erarbeiteten Satzgliedbegriffe und eine klare Aussonderung alles dessen, was an fallfremden, von uns noch nicht untersuchten Satzgliedern und Teilen von Satzgliedern am Aufbau dieses Textes beteiligt ist.

Für die Markierung verwenden wir die folgenden Abkürzungen: VF Finitum, VJ infiniter Teil (Infinitiv oder Partizip); sKjn subordinierende Konjunktion (z. B. „wenn, weil"); nKjn neutrale Konjunktion (z. B. „und"); InfKjn Infinitivkonjunktion („um . . . zu . . ."); attGen attributiver Genitiv; attPräpoDat attributiver Präpo-Dativ usw.

1.1 Mit anderen Worten
PräpoDat

1.2 Die natürlichen Neigungen des Menschen
Subjekt mit attGen
sind
VF
gar nicht so schlecht.
(1)

Zur Abgrenzung: die Frage, ob die Negation als eigenes Satzglied zu betrachten sei, behandeln wir später (unter S. 217—20).

2.1 Der Mensch
Subjekt
ist
VF
gar nicht so böse
(2)
von Jugend auf
PräpoDat

Zur Abgrenzung: Man kann sich fragen, ob nicht „böse von Jugend auf" als *ein* Satzglied zu betrachten ist; dann wäre der Präpokasus attributiv zum Adjektiv „böse"; es ist aber auch möglich „Von Jugend auf ist der Mensch gar nicht so böse" oder „weil der Mensch von Jugend auf gar nicht so böse ist"; wir betrachten daher „von Jugend auf" als eigenes Satzglied, das allerdings semantisch besonders eng zu „böse" gehört.

2.2 Er
Subj.
ist
VF
nur
(3)
nicht ganz gut genug
(4)
für die Anforderungen des modernen Gesellschaftslebens.
PräpoAkk mit Attgen

Zur Abgrenzung: es ist Verschiebung möglich „*nur* ist er nicht ganz gut genug"; „er ist *nur* für diese Anforderungen nicht ganz gut genug".

3.1 *Schon*
(5)
die Vergrößerung der zu einer Sozietät gehörenden Individuenzahl
Subj mit attGen mit verbaler Wortkette, die als Adjektivteil eingebaut ist
muß
VF
zwei Wirkungen
Objekt
entfalten
VJ

3.2 die
Subj
das Gleichgewicht zwischen den wichtigsten Instinkten der gegenseitigen Anziehung und Abstoßung
Objekt mit attPräpoDat mit attGen

3.3 das heißt Subj VF — als Formel zur Einführung eines Nachtrags

zwischen dem persönlichen Band und der inner-artlichen Aggression
Nachtrag zum attPräpoDat im Objekt von 3.2 (also nicht gewöhnliches Satzglied zu „das heißt", sondern etwas wie „zitierter Ausdruck")

3.4 stören.
VF zum Subj „die" in 3.2

Zwischenbemerkung: Der lange Satz 3 (36 Wörter) enthält also nur *ein* fallfremdes Satzglied, und dieses besteht aus einem einzigen Wort, nämlich „schön".

4.1 *Erstens* (6) — ist VF — es Subj — den persönlichen Neigungen Dativobjekt — *abträglich* (7)

4.2 wenn sKjn — ihrer GenObjekt — zu viele Subjekt — werden. VF

5.1 Es Subj — ist VF — alte Sprichwortweisheit, Prädikativ

5.2 daß sKjn — man Subj — *nur* (8) wenige *wirklich* (9) gute Freunde Objekt mit fallfremden Bestandstücken im Adjektivteil — haben VJ — kann. VF

Zur Abgrenzung: Die Umstellung „*nur* kann man wenige gute Freunde haben" gibt eine andere Information; das „nur" gehört also zum Pronomen „wenige" im Adjektivteil des Objekts, und das Adjektiv „wirklich" gehört zum deklinierten Adjektiv „gute"; Umformung: „nur wenige Freundschaften sind *wirklich gut*; zum semantischen Problem „guter Freund" vgl. oben S. 157—58).

6.1 Das große Angebot an „Bekannten"
Subjekt mit att PräpoDat

6.2	wie	jede größere Gemeinschaft	es	*zwangsläufig*	mit sich	bringt,
	sKjn	Subjekt	Obj	(10)	PräpoDat	VF

Zur Bestimmung von „wie" als subordinierende Konjunktion: Die wahrscheinlichste Umformung ist „jede größere Gemeinschaft bringt es mit sich (= ein großes Angebot ...)". Die Einführung eines *„so"*, das sonst oft einem „wie" entspricht, würde hier stören: „das große Angebot an Bekannten — jede größere Gemeinschaft bringt es so mit sich — vermindert daher die Festigkeit der Einzelbindung".

6.3	vermindert	*daher*	die Festigkeit der Einzelbindung.
	VF	(11)	Objekt mit attGen

7	*zweitens*	bewirkt	das enge Zusammendrängen vieler Individuen auf kleinem Raum	eine Ermüdung aller sozialen Reaktionen.
	(12)	VF	Subjekt mit attGen mit attPräpoDat	Objekt mit attGen

8.1	Jeder moderne Großstadtmensch,
	Subjekt

8.2	der	mit sozialen Beziehungen und Verpflichtungen aller Art	*zwangsüberfüttert*	ist,
	Subj	PräpoDat mit attGen	VJ	VF

Zu „zwangsüberfüttert": „man hat die Menschen zwangsüberfüttert mit ..."

8.3	kennt	die beunruhigende Erscheinung.
	VF	Objekt

8.4	daß	man	sich	über den Besuch eines Freundes,
	sKjn	Subj	Obj	PräpoAkk mit attGen

8.5	*selbst*	wenn	man	ihn	*wirklich*	liebt,
	(13)	Skjn	Subj	Obj	(14)	VF

8.6	und	ihn	*lange*	*nicht*	gesehen	hat,
	nKjn	Obj	(15)	(16)	VJ	VF

8.7	*nicht mehr ganz so*	freuen	kann,
	(17)	VJ	VF

8.8	*wie*	man	erwarten	sollte.
	(18)	Subj	VJ	VF

Zur Einordnung von „wie": Hier entspricht das „wie" einem „so": „man sollte sich *so* freuen" „*mehr* freuen"; das „wie" ist daher nicht als subordinierende Konjunktion, sondern als Relativ und als Satzglied zu betrachten (ähnlich wie in „die Freude zeigen, *die* man erwartet")

9.1	*Auch*	bemerkt	man	in sich	eine deutliche Neigung zu knurriger Abwehr,
	(19)	VF	Subj	PräpoDat	Objekt mit attPräpoDat

9.2	wenn	nach dem Abendessen	*noch*	das Telephon	klingelt.
	sKjn	PräpoDat	(20)	Subjekt	VF

Zur Abgrenzung von „noch": „Nun klingelt das Telephon *noch* nach dem Abendessen" „... nach dem Abendessen *noch*".

10.1	Vermehrte Bereitschaft zu aggressivem Verhalten	ist	eine kennzeichnende Folge des Zusammengepferchtseins,
	Subjekt mit attPräpoDat	VF	Prädikativ mit attGen

10.2	*(engl.*	crowding)
	(21)	

Nachtrag zum attGen „Zusammengepferchtsein" im Prädikativ von 10.1, zu explizieren: „das englisch „crowding" heißt".

10.3	wie	die experimentierenden Soziologen	*schon*	seit langem	wissen.
	sKjn	Subjekt	(22)	PräpoDat	VF

Zur Einordnung von „wie": Man könnte hier auch Relativ ansetzen, das dann durch „das" ersetzt wird: „die Soziologen wissen das (es) schon lange".

11.1	Zu diesen unerwünschten Folgen des Anwachsens unserer Sozietät	gesellen	sich	*noch* (23)	diejenigen der Unmöglichkeit,
	PräpoDat mit attGen mit attGen	VF	Obj		Subj mit attGen

Zur Abgrenzung des „noch": „diese Folgen gesellen sich *noch* dazu" „sie sind *noch* einzubeziehen".

11.2	aggressive Triebe	im *artgemäß* (24) vorgesehenen Ausmaße	abzureagieren.
	Objekt	PräpoDat mit in att verbaler Wortkette steckendem fallfremdem Satzglied	VJ mit Zusatz

12.1	Frieden	ist	die erste Bürgerpflicht,
	Subj	VF	Prädikativ

12.2	und	das feindliche Nachbardorf,
	nKjn	Subjekt

12.3	das	*einst* (25)	der intraspezifischen Aggression	befriedigende Objekte	bot,
	Subj		Dativobjekt	Objekt	VF

12.4	ist	in ideale Ferne	gerückt.
	VF	PräpoAkk	VJ

13.1	Mit der höheren Entwicklung der Zivilisation	werden	alle Voraussetzungen für das richtige Funktionieren unserer natürlichen Neigungen zu sozialem Verhalten	*immer ungünstiger* (26)
	PräpoDat mit attGen	VF	Subj. mit attPräpoAkk mit attGen mit attPräpoDat	

Zur Abgrenzung: eine Trennung *„immer* werden sie ungünstiger" oder *„ungünstiger* werden sie immer" ist bei der hier vorliegenden Information ausgeschlossen.

13.2	während	die Anforderungen,
	sKjn	Subjekt

13.3	die	an dieses	gestellt	werden,
	Subj	PräpoAkk	VJ	VF

13.4.	*immer größer*	werden.
	(27)	VF

Zur Abgrenzung: Hier wäre möglich „*immer* werden sie größer", aber wohl kaum „*größer* werden sie immer", und in Analogie zu „immer ungünstiger" ist daher *ein* Satzglied anzunehmen.

14.1	Wir	sollen	unseren „Nächsten"	*so*	behandeln,
	Subj	VF	Objekt	(28)	VJ

14.2	als	wäre	er	unser bester Freund,
	sKjn	VF	Subj	Prädikativ

Zur Bestimmung von „als" in dieser Position: das „als" nimmt zwar hier in einem Satz mit F-Zweitstellung den ersten Platz ein, wie ein Satzglied; es ist aber weder verschiebbar noch bei gleicher Verbstellung ersetzbar, und als spontaner Ersatz erweist sich „als ob . . ." mit F-Endstellung; wir klassieren daher dieses „als" nicht als fallfremdes Satzglied, sondern als einen Spezialfall einer subordinierenden Konjunktion.

14.3	obwohl	wir	ihn	*vielleicht*	*nie*	gesehen	haben,
	sKjn	Subj	Obj	*(29)*	(30)	VJ	VF

14.4	*ja,*
	(31)

14.5	wir	können	mit Hilfe unserer Vernunft	*durchaus*	einsehen,
	Subj	VF	PräpoDat mit attGen	(32)	VJ

14.6	daß	wir	verpflichtet	sind,
	sKjn	Subj	VJ	VF

Zur Einordnung von „verpflichtet" als infiniter Teil: „dazu *verpflichtet* uns unsere Vernunft . . .".

14.7	*sogar*	unsere Feinde	zu lieben,
	(33)	Objekt	VJ mit InfKjn

14.8 *worauf*	wir	auf Grund unserer na-türlichen Neigungen	*nie*	verfallen	wären.
(34)	Subj	PräpoDat mit attGen	(35)	VJ	VF

15.1 Alle Predigten der Askese,
Subjekt mit attGen

15.2 die	*davor*	warnen,
Subj	(36)	VF

15.3 den instinktmäßigen Antrieben	die Zügel	schießen zu lassen,
Dativobjekt	Objekt	VJ (Inf + InfKjn + Inf)

15.4 die Lehre von der Erbsünde,
Subjekt mit attPräpoDat

15.5 die	besagt,
Subj	VF

15.6 daß	der Mensch	*böse*	von Jugend auf	sei,
sKjn	Subj	(37)	PräpoDat	VF

15.7 sie alle	haben	den gleichen Wahrheitsgehalt:
Subj	VF	Objekt

15.8 die Einsicht,
Nachtrag zum Objekt in 15.7

15.9 daß	der Mensch	seinen ererbten Neigungen	*nicht*	*blindlings*	folgen	darf,
sKjn	Subj	Dativobjekt	(38)	(39)	VJ	VF

15.10 sondern	lernen	muß,
nKjn	VJ	VF

Zu „sondern": Das Wort ist nur am Satzanfang möglich und bei beliebiger F-Stellung (sondern er muß lernen — sondern daß er lernen muß); es ist daher wie „und“ als neutrale Konjunktion zu klassieren.

15.11 sie Obj	zu beherrschen VJ

15.12 und nKjn	ihre Auswirkungen Objekt	*vorausschauend* (40)	in verantwort- licher Selbst- befragung PräpoDat	zu über- prüfen. VJ

16 A 2 Einfachster Ersatz für Präpokasus; „Präpoausdrücke“

Wir haben in unsern 40 fallfremden Ausdrücken offenbar eine Sammlung von sehr Verschiedenem vor uns, von sehr gewichtigen Satzgliedern bis zu ganz beiläufig eingefügten. Als zentrale Probleme erscheinen die Angabe von Qualität („*wie* ist etwas, geschieht etwas? *gut? schlecht!*“), die *Negation* und *Graduierung* überhaupt („*nicht so* schlecht“) und die Situierung in Zeit und Erwartungsablauf („*noch, schon, sogar, ja*“). Bevor wir uns aber an diese Probleme wagen, lösen wir einen Typ heraus, der nicht so häufig ist, sich jedoch verhältnismäßig leicht abgrenzen läßt.

Wir betrachten die zwei folgenden Belege:

(35) *worauf* wir auf Grund unserer natürlichen Neigungen nie verfallen wären

(37) die *davor* warnen

Wenn wir in (35) das Relativ in gewöhnliches Satzglied umformen, bekommen wir „*darauf* verfallen“, und das identifizieren wir spontan mit „*auf etwas* verfallen“, *auf eine Sache* verfallen“. Entsprechend finden wir für „*davor* warnen“ als Äquivalent „*vor etwas* warnen“ „*vor einer Gefahr* warnen“ usw. Wir haben also in „darauf, davor“ einen allgemeinsten, in *ein* Wort zusammengefaßten Ersatz für einen Präpositionalkasus. Der Ersatz ist nur möglich, wenn im Kern des Präpokasus nicht eine Person, sondern etwas Nicht-Personales gemeint ist. Sonst aber ist „ich warne *davor*“ und „ich warne *vor dieser Sache*“ oder „ich bin *dagegen*“ und „ich bin *gegen das*“ durchaus äquivalent. Diese Möglichkeit gilt gleichermaßen für alle Wörter in den folgenden Reihen:

neutral		für Relativ oder Frage	mit stärkerem Hinweis
dabei		wobei	hierbei
dadurch		wodurch	hierdurch
dafür		wofür	hierfür
dagegen		wogegen	hiergegen
damit (zu unterscheiden vom Gebrauch als Konjunktion)		womit	hiermit
danach		wonach	hiernach
daneben			
daran	dran	woran	hieran
darauf	drauf	worauf	hierauf
daraus	draus	woraus	hieraus
darin	drin	worin	hierin
darüber	drüber	worüber	hierüber
darunter	drunter	worunter	hierunter
darum, drum		worum-warum (semantisch verschieden!)	hierum
davon		wovon	hiervon
davor		wovor	hiervor
dazwischen			
dazu		wozu	hierzu

Als phonomorphischer Sonderfall läßt sich zu „darin" usw. noch „darein — worein — hierein" stellen, mit der Äquivalenz „in diesen Bereich", also „in" + Akk.

Mit „darum" im kausalen Sinn sind äquivalent (können als Allomorphe betrachtet werden): „deswegen", „deshalb". Daran schließen sich „meinetwegen, deinetwegen" usw. Als Äquivalente zu „vor diesem, nach diesem, seit diesem (Ereignis, Zeitpunkt usw.)" kann man auch „vorher", „nachher", „seither" „seitdem" auffassen („vordem" ist altertümlich). Ebenso kann man „trotzdem", „demzufolge", „demnach" und andere offensichtliche Zusammenschreibungen von Präpokasus mit allgemeinstem Kern hierher rechnen. Dagegen können alle andern Wörter gleichen oder ähnlichen Typs („herein, heraus, herum, daher, umher, dahin, hinauf, vorhin" usw.) offensichtlich *nicht* als unmittelbarer allgemeinster Ersatz für Präpokasus dienen.

Wir haben damit innerhalb der Großklasse „fallfremde Satzglieder" einen besonderen Typ aufgewiesen. Wir nennen ihn „Präpo-Ausdruck" und wir definieren ihn „allgemeinster Ersatz für einen Präpokasus, und zwar so, daß das Wort, das in Verbindung mit einem Kasus als Präposition zu klassieren ist, noch irgendwie sichtbar ist". Dieser Definition entsprechen die oben in Tabelle dargestellten Wörter, dagegen *nicht* ein Wort wie „daher" (auch wenn es semantisch völlig einem „deshalb, darum" entspricht). Um so mehr werden Wörter wie „dort", das man ja semantisch auch als „allgemeinsten Ersatz für Präpokasus" (nämlich für „an jenem Ort") bezeichnen könnte, durch den zweiten Teil der Definition ausgeschieden.

Von vornherein inbegriffen sind natürlich die Ausdrücke wie „*von* nun an, *seit* gestern, *für* morgen, *von* unten *nach* oben" usw. Zu diesem Zweck erweitern wir die Definition für „Präposition" (siehe S. 44) wie folgt: *Wörter, die sich in fallbestimmten Satzgliedern als Präpositionen erweisen, gelten auch dann als Präpositionen, wenn in sonst entsprechendem Gefüge ein fallfremdes Wort als Kern eintritt* („*seit* dann" analog zu „*seit* diesem Augenblick" usw.). Diese Definition dehnen wir auch als ad hoc-Regelung auf das Wort „bis" aus, das in fallbestimmtem Ausdruck nur zusammen mit „zu" oder ähnlichem als komplexe Präposition dient, bei fallfremdem Wort aber auch ohne diese vorkommt („*bis zu* dieser Zeit, *bis ans* Ziel, *bis ins* Innerste" — „*bis* hinein, *bis* dorthin, *bis* jetzt"). Dagegen soll das „zu" in einem Ausdruck wie „*zu* gut, *zu* weit" ausgeschlossen sein, weil das „zu" hier eine andere Ersatzreihe (und einen ganz anderen semantischen Wert) hat als die Präposition „zu".

16 A 3 Die Begriffe „Gradual" und „Graduativ"

16 A 3.1 Graduierbarkeit als Kriterium

Nachdem wir die Präpo-Ausdrücke mit fallfremdem Kern ausgesondert haben, nehmen wir die Ausdrücke vom Typ „gar nicht so *schlecht*" in den Blick.

Der Teil „so schlecht" kann von der Negation „gar nicht" gelöst werden: „*so schlecht* ist er gar nicht". Die Negation „gar nicht" kann zwar nicht vor das Finitum gerückt werden. Das dürfte aber eine Restriktion besonderer Art sein, denn wenn wir „gar nicht" durch „keineswegs" ersetzen, wird Voranstellung möglich: „keineswegs ist er so schlecht, daß . . .". Wir schieben die Behandlung der Negation noch etwas auf (Abschnitt 16 A 5) und befassen uns nun mit den nicht negierten Ausdrücken „so schlecht", „so böse"", „gut genug", „immer ungünstiger", „immer größer".

Wir haben offensichtlich einen Kern („gut, schlecht, böse, ungünstig, groß") und einen diesem Kern vorausgehenden oder folgenden Teil, der etwas wie Grad, Intensität angibt. Ersatzproben ergeben folgende Reihen:

vorausgehender Teil

sehr gut, *so* gut
zu gut, *ganz* gut
ungewöhnlich gut
überraschend gut
überaus gut
durchaus gut
und ggf. einige weitere

nachfolgender Teil

gut *genug*

Kern

gut, schlecht, groß, ungünstig, klein, häßlich, reizbar, zufrieden, gern, ungern usw.
d. h. viele unflektiert vorkommende Adjektive und einige nicht als Adjektive zu klassierende Wörter wie „gern", „wohl", „allein".

Der Zusammenhalt im Satzglied ist nicht ganz fest, indem gelegentlich der Kern des Ausdrucks bei F-Zweitstellung vor das Finitum gerückt werden kann („*gut* ist er sehr"). Der vorausgehende Teil kann aber nicht an erste Stelle treten, (nicht: „*sehr* war er gut"). Bei „zu" ist überhaupt keine Trennung möglich.

Es liegt offensichtlich eine feste Struktur vor, die uns berechtigt, hier einen Satzgliedbegriff anzusetzen. Wir tun das nun nicht nur für die fallfremden Ausdrücke, die ein „sehr, zu, so" usw. vor sich oder ein „genug" hinter sich enthalten, sondern für alle fallfremden Ausdrücke, die einen solchen graduierenden Teil zu sich nehmen *können*. Ferner soll der Begriff per definitionem auch für die allgemeinsten Ersatzstücke solcher graduierbarer fallfremder Ausdrücke gelten, also vor allem für ein „*so*", das durch „derart, in dieser Weise" ersetzbar und durch „anders, sehr anders" variierbar ist. Diese Ersatzvorschrift trifft z. B. zu für „er soll es *so* machen", dagegen werden durch sie andere Gebrauchsweisen von „so" ausgeschieden, wie in den Sätzen „*So* soll er es doch so und nicht anders machen", „Will er nicht, *so* läßt er es eben bleiben". Der Einbezug des durch „derart" ersetzbaren „so" impliziert seinerseits, daß wir auch ein „wie" einbeziehen, das einem so = derart" entspricht, sei es als Frage („*wie* geht es?"), sei es als Relativ („*So* [gut] *wie* es ihm heute geht, ist es ihm noch nie gegangen").

Wir führen nun die entsprechenden Proben an allen unsern Beispielen durch.

Mit „*sehr, zu, genug*" usw. graduierbar, und allgemeinster Ersatz dafür, also in die oben beschriebene Kategorie einzureihen	Nicht in dieser Weise graduierbar, nicht derartiger Ersatz, also in noch zu erarbeitende Kategorien einzureihen
(1) gar nicht so schlecht sein sehr schlecht zu schlecht schlecht genug	
(2) gar nicht *so böse* sein wie oben	
	(3) *nur* nicht ganz gut genug sein (*nur* ist er . . .)
(4) nicht ganz *gut genug* sein wie bei (1)	
	(5) *schon* das bewirkt . . .
	(6) *erstens* ist es . . .
(7) einer Sache *abträglich* sein sehr abträglich zu abträglich als daß . . .) (schon) abträglich genug	
	(8), (9) *nur* wenige *wirklich* gute Freunde haben Graduierungen wie „zu wirklich gut", „wirklich gut genug" sind ausgeschlossen

(10) etwas *zwangsläufig* mit sich bringen

so zwangsläufig, daß ...
schon zwangsläufig genug, so daß ...

(11) „daher = Präpo-Ausdruck

(12) *zweitens* bewirkt das ...

(13) *selbst* wenn ...

(14) jemand *wirklich* lieben

nicht „zu wirklich lieben"
„wirklich genug lieben", ohne daß sich der Wert von „wirklich" verändert

(15) jemanden *lange* nicht gesehen haben

zu lange
lange genug

(16) *nicht* sehen

(17) sich *nicht mehr ganz so* freuen

„ganz so" (mit dem Kern „so") ist nicht graduierbar, aber es dient als allgemeinster Ersatz für Graduierbares („ehrlich genug, stark genug, sehr intensiv");

(18) *wie* man erwarten sollte

das „wie" ist relativ zu einem „so", („man sollte es *so* erwarten" im Sinne von „man erwartet, daß es *so* geschieht"), also wie (17) als allgemeinster Ersatz in die Klasse einzuordnen

(19) *auch* bemerkte man ...

(20) wenn nach dem Abendessen *noch* das Telephon klingelt

(21) *Engl.* crowding
der Ausdruck ist zu explizieren „englisch (auf englisch) crowding heißen"; Graduierbarkeit ist nicht gegeben; man kann zwar sagen, etwas sei „sehr englisch, zu englisch, englisch genug", aber dann liegt ein anderer Gebrauch des Wortes vor.

(22) etwas *schon* seit langem wissen

(23) sich *noch* zu etwas gesellen

(24) im *artgemäß* vorgesehenen Ausmaß
das Adjektiv „artgemäß" kann zwar in anderen Zusammenhängen graduiert werden („sehr, zu artgemäß"), aber hier für die meisten Informanten nicht;

(25) *einst* solche Objekte geboten haben

(26) *immer ungünstiger* werden
sehr ungünstig, zu ungünstig, ungünstig genug; spezielle Kombination von „immer" + Komparativ

(27) *immer größer* werden
wie (26)

(28) unsern Nächsten *so* behandeln
vgl. zu (17): so gut, sehr gut, gut genug

(29, 30) jemanden *vielleicht nie* gesehen haben
es liegt keine Graduierung im Sinne unserer Definition vor, denn „vielleicht" ist frei verschiebbar

(31) *ja,* wir können . . .

(32) etwas *durchaus* einsehen

(33) *sogar* unsere Feinde lieben

(34, 35) *darauf nie* verfallen (Präpo-Ausdruck)

(36) *davor* warnen (Präpo-Ausdruck)

(37) *böse* sein
sehr böse, zu böse, böse genug

(38) *nicht* blindlings etwas tun

(39) *blindlings* handeln
hier liegt ein Grenzfall vor; man kann sich fragen, ob das Wort so nahe an „blind" liegt, daß man sagen kann "zu blindlings handeln" „er tat es blindlings genug"

(40) etwas *vorausschauend* prüfen
vorausschauend genug überprüfen; „zu" hier ausgeschlossen, „sehr" ev. möglich

Obwohl Zweifelsfälle vorkommen („blindlings"), erbringt die Probe eine recht brauchbare Einteilung. Sie deckt sich nicht mit der Unterscheidung „Adjektiv — nicht Adjektiv", indem Wörter wie „allein, gern, oft" der Probe genügen, während (in diesem Kontext, nicht generell) Adjektive wie „artgemäß, wirklich" ausgeschieden werden.

16 A 3.2 Verhältnis zum Verb; besonderer Bezug auf ein fallbestimmtes Satzglied

Wir finden in unseren Beispielen die Struktur „graduierbarer fallfremder Ausdruck" und ihren allgemeinsten Ersatz durch „so" = „derartig" in Verbindung mit den Verben „sein, werden, mit sich bringen, überprüfen, sehen, sich freuen, erwarten, behandeln". Dabei sind „sein, werden" offensichtlich besonders häufig. Wir erproben daher nun die Kombinierbarkeit graduierbarer fallfremder Ausdrücke mit Verben überhaupt. Für unsere Beispiele ergibt sich:

(1, 3) „gut, schlecht"
Man kann gut oder schlecht *sein, werden, handeln, wirken,* jemanden gut oder schlecht *behandeln* usw.
Doppeldeutig ist „etwas gut/schlecht *machen*": die Handlung selbst (das Machen) kann gut oder schlecht erfolgen, oder das Resultat kann gut oder schlecht sein (d. h. man hat dann ein gutes oder schlechtes „etwas").

(2) „böse"
Man kann böse *sein, werden,* jemanden böse *finden,* etwas kann jemanden böse *machen,* man kann etwas böse *sagen* usw.

(7) „abträglich"
Etwas kann abträglich *sein, wirken,* man kann es im Blick auf irgendeinen Zweck abträglich *finden* usw.

(9) „zwangsläufig"
Etwas kann zwangsläufig *erfolgen,* eine Entwicklung kann zwangsläufig *sein.*

(15) „lange"
Man kann lange *warten,* jemanden lange nicht *gesehen haben,* die Zeit kann lang(e) *sein* oder einem lang(e) *werden,* man kann die Wartezeit lang(e) *finden* usw.

(26) „ungünstig"
Ungünstig *sein,* ungünstig *wirken,* etwas ungünstig *finden;* dagegen nicht: ungünstig *erfolgen,* ungünstig *handeln.*

(27) „groß"
Groß *sein,* etwas groß *machen,* groß *herausbringen,* groß *herauskommen.*

(39) „blindlings"
Man kann nur blindlings *handeln,* nicht blindlings *sein,* blindlings *werden* usw.

(41) „vorausschauend"
Vorausschauend *handeln,* vorausschauend *sein* (ein Mensch).

(17, 18, 28) „so"
So *sein,* so *werden,* so *handeln,* so *erfolgen,* jemanden so *machen,* etwas so *ansehen,* so *finden* usw.

Die Kombinierbarkeit ist also recht verschieden, schon für die wenigen in unserem Text vorkommenden Beispiele. Auf Grund ausgedehnter Gegenproben läßt sich verallgemeinernd folgendes aufstellen:

A Der graduierbare fallfremde Ausdruck bezieht sich auf das *Subjekt;* der Satz kann in einen fallbestimmten Ausdruck transformiert werden, wobei das Subjekt zum Kern, der graduierbare Ausdruck zum Adjektivteil wird:

Der D ist (wird, bleibt, scheint, wirkt) x-artig
→ ein *x-artiger (scheinbar x-artiger, äußerlich x-artiger) D*

B Der graduierbare fallfremde Ausdruck bezieht sich auf das *Objekt;* bei Transformation in fallbestimmten Ausdruck wird das Objekt zum Kern:

Der D macht (findet, sieht usw.) den E/das E x-artig
→ *ein x-artiger E/ein x-artiges E*

C Der graduierbare fallfremde Ausdruck bezieht sich auf das *Verb selbst* (oder einen Teil des Verbgefüges); bei Transformation in fallbestimmten Ausdruck ist aus dem Verb ein Kern zu entnehmen:

Der F arbeitet, handelt, verhält sich x-artig
das F gelingt, erfolgt usw. x-artig
→ das *x-artige Handeln, Arbeiten, Gelingen, Geschehen* usw.

Dabei darf bei dieser letzten Gruppe die Verallgemeinerung „x-artig" nicht zu eng aufgefaßt werden, denn auch „weit gehen", „spät kommen", „lange dauern" gehört dazu.

Daß die Zuordnung zu diesen Gruppen verstehenswichtig sein kann, läßt sich durch Konstruktion von Doppeldeutigkeiten und Mißverständnissen erweisen:

diesen Weg *sehr gut* finden <
- finden, daß es ein *guter Weg* ist (B)
- ein *müheloses Finden* (C)

der X wirkt *kräftig* <
- wirkt (sieht aus) wie ein *kräftiger Mann* (A)
- von ihm geht ein *kräftiges Wirken* aus (C)

Es können aber auch zwei Möglichkeiten so nebeneinander bestehen, daß man bei gleicher Information beide anerkennen muß:

Der Mann rief *ärgerlich* (ärgerliches Rufen — ein in diesem Augenblick ärgerlicher Mann)

Die Frau ging trotzdem *ruhig zur Tür* (ruhiges Gehen — die trotzdem ruhige Frau).

Bei Gruppe A und B ist der graduierbare fallfremde Ausdruck integrierender Bestandteil der verbalen Kette; man kann nicht verkürzen „er ist fröhlich → er ist" oder „sie wirkt unscheinbar → sie wirkt" (wenn, dann muß man ein „so" oder ein Pronomen als Prädikativ einfügen: „er ist *es*, er ist *das*, sie wirkt *so*").

Bei Gruppe C finden wir alle Stufen von integrierendem Bestandteil bis zu frei (ohne jede Struktur-Störung) weglaßbarem Bestandteil:

Er verhält sich *klug*	nicht:	er verhält sich
Sie fühlt sich *wohl*		„sie fühlt sich" ändert den semantischen Wert des Verbs
Er verhandelt *klug*	→	er verhandelt
das gelingt *gut*	→	das gelingt

16 A 3.3 Definition; Wahl des Terminus „Gradual"; Untergruppen

Wir formulieren nun zusammenfassend:

Es gibt fallfremde Ausdrücke, die ein graduierendes Element („sehr, zu, genug" oder andere) bei sich haben oder haben können; oft (nicht immer) können sie in allgemeinster Form ersetzt werden durch „so"; als Ersatz kann auch das Pronomen „es, das" als Prädikativ auftreten („er war *sehr unhöflich* — ja, *das* war er, ja, er war *es*"). Für Ausdrücke dieser Art bilden wir nun den Namen *„Gradual"*. Er ist so gewählt, daß er einen Hinweis auf das Identifikationskriterium gibt und daß er möglichst *keine* darüber hinausgehenden Assoziationen weckt (wie es die Termini „Artangabe" und „Qualitativ" tun konnten, die für frühere Begriffsfassungen in diesem Phänomenbereich benutzt worden waren, vgl. Abschnitt 16 A 4.2 und 4.3). Der Begriff umfaßt auch, wie gesagt, per definitionem die fallfremden Ausdrücke, die als allgemeinster Ersatz für graduierbare Ausdrücke auftreten, ohne selber graduierbar zu sein („so, derart, dergestalt", „wie" als Frage und als Relativ). Dagegen gelten die Pronomen „es" und „das", auch wenn sie als Ersatz für Graduale bei „sein, scheinen" usw. auftreten, als Prädikative.

Man kann die drei Untergruppen unterscheiden: Gradual *zum Subjekt,* — Gradual *zum Objekt* — Gradual *zum Verb* (zu einem Teil des Verbgefüges). Als Probe dient die Transformation des Satzes bzw. der verbalen Kette in einen fallbestimmten Ausdruck:

Dieses Werkzeug ist schlecht (→ schlechtes Werkzeug)

Dieses Werkzug funktioniert schlecht (→ schlechtes Funktionieren)

Diese Stelle finde ich schlecht { (→ eine schlechte Stelle) / (→ schlechtes Finden, schlecht auffindbare Stelle).

Es gibt aber eine nicht zu vernachlässigende Zahl von Fällen, wo eine eindeutige Einordnung in nur *eine* dieser Untergruppen unmöglich ist, ja stören würde.

Die Unterteilung „Gradual zum Subjekt, zum Objekt, zum Verb" darf also nicht als absolut betrachtet werden; eindeutige Einordnung in nur *eine* der drei Untergruppen ist nicht immer möglich, ja eine mehrfache Einordnungsmöglichkeit kann für die Wirkung einer Stelle konstitutiv sein.

Das gilt vor allem für dichterische Sprache, z. B. für die berühmten Faust-Verse:

Ich fühle junge, heilge Lebenslust
Neuglühend mir durch Nerv und Adern rinnen.

Hier sind nicht weniger als *vier* Beziehungen (aufzuweisen durch Transformationen) sinnvoll: ein neuglühender *Faust* (also: Gradual zum Subjekt) — neuglühende *Lebenslust* (also: Gradual zum Objekt) — neuglühendes *Gefühl* (also: Gradual zum Verb „ich fühle ...") — neuglühende *Nerven und Adern* (also: Gradual zum Kern des Präpokasus „... durch Nerv' und Adern).

Entsprechendes ist aber auch in nichtdichterischer Sprache möglich: „*Unwillig* gab er seine Zustimmung, dann ging er." Als sinnvolle Transformationen ergeben sich: „ein Unwilliger, als Unwilliger" (also: Gradual zum Subjekt) — eine unwillige Zustimmung (also: Gradual zum Objekt) — ein unwilliges Geben (also: Gradual zum Verb).

16 A 4 Andere kategoriale Fassungen der hier vorliegenden Phänomene

16 A 4.1 Traditionelle Grammatik

In der traditionellen deutschen Grammatik (von etwa 1830 bis etwa 1955) wurden die Satzglieder überhaupt nicht nach „fallbestimmt" und „fallfremd" eingeteilt, sondern nach ihrem „gedanklichen“ Verhältnis zum Verb (zum „Prädikat“). Dieses „Prädikat“ konnte neben dem Verb auch einen Nominativ (unser *Prädikativ*) oder ein Adjektiv umfassen:

Der Mensch A	*ist gut*
Der Mensch B	*ist schlecht*
Der Mensch A	*ist ein guter*
Der Mensch B	*ist ein Bösewicht*

Die fallfremden Ausdrücke „gut“ und „schlecht“ wurden also gar nicht als eigene Satzglieder betrachtet, sondern als bloße Teile des Prädikats.

Eine ganz andere Einteilung wurde aber vorgenommen, sobald als Verben nicht „sein, werden, bleiben“, sondern „handeln“, „jemanden behandeln“ eintraten:

Der Mensch A	*handelt gut*
Der Mensch B	*behandelt mich schlecht*

In einem solchen Satz wurden „gut“ und „schlecht“ nicht als bloße Teile des Prädikats, sondern als eigene Satzglieder betrachtet; man rechnete sie zur Klasse der Adverbialien und man unterteilte diese Klasse in vier Unterklassen: „Adverbialien des Ortes“ — „Adverbialien der Zeit“ — „Adverbialien des Grundes“ — „Adverbialien der Art und Weise“.

Nach dieser Auffassung mußte man scharf trennen:

die Entwicklung *war zwangsläufig* prädikatives Adjektiv Teil des Prädikats	die Entwicklung *erfolgte zwangsläufig* Adverbiale der Art und Weise eigenes Satzglied

und genau so:

seine Lösung *war gut*	er *löste* die Aufgabe *gut*
er schien sehr *freundlich*	er *half* mir sehr *freundlich*
usw.	usw.

Diese Einteilung entspricht dem, was man im Lateinischen, Französischen und Englischen beobachten kann:

vir *prudens* est	vir *prudenter* agit
homines *beati esse* volunt	homines *beate vivere* volunt
sa vie *était paisible*	il vivait *paisiblement*
he *was* very *kind*	he *said* very *kindly* . . .

Im Lateinischen, Französischen und Englischen liegt also ein klar signalisierter Unterschied vor, in den betr. Grammatiken gefaßt in folgende Begriffe (die für den vom Deutschen aus urteilenden Betrachter z. T. zwischen Satzgliedbegriffen und Wortartbegriffen schwanken): prädikatives Adjektiv — Adverb
adjectif attribut — adverbe de manière
adjective of quality — adverbe of manner.

Daß diese Einteilung auch im Lateinischen nicht immer so einfach ist, wie man sie oft darstellt („Socrates venenum *laetus* hausit") sei nur eben angemerkt.

Die Struktur des Deutschen ist aber offensichtlich anders, und eine so scharfe Trennung etwa von „er war *ärgerlich* — er antwortete *ärgerlich*" ist offensichtlich unangemessen. Die oben vorgeführte traditionelle Begriffsfassung wird denn auch heute kaum mehr vertreten.

16 A 4.2 „Artangabe" nach dem Kriterium der Umsetzbarkeit

Ein erster Schritt zu einer anderen Kategorisierung war der Begriff „Artangabe" („Innere Form des Deutschen", 1952). Bei dieser Kategorisierung legt man die Operation zugrunde, die wir schon bei der Bestimmung der Wortart „Adjektiv" benutzt haben: das Nebeneinander von

der A ist *gut*	—	der *gute* A
(„gut" als fallfremdes Satzglied)		(„gut" als Adjektivteil in fallbestimmtem Ausdruck)

Das fallfremde Satzglied, das eine Umwandlung in Adjektivteil gestattet, heißt dann „Artangabe". Man prüft nun, welcher der im Originalsatz vorhandenen Bestandteile bei der Umwandlung den Kern des fallbestimmten Ausdrucks liefert. Das ergibt folgende drei Typen als Unterklassen der Gesamtklasse „Artangaben":

I Der A ist *freundlich* → der *freundliche* A	Artangabe zum *Subjekt* (das Subjekt wird zum Kern der fallbestimmten Ausdrucks)
II Der A empfängt den B *freundlich* → *der freundliche Empfang*	Artangabe zum *Verb* (Der Kern des fallbestimmten Ausdrucks ist aus dem Verb zu gewinnen)

III Dieser Empfang stimmt auch den B *freundlich* → *der* jetzt auch *freundliche* B	Artangabe zum *Objekt* (Das Objekt wird zum Kern des fallbestimmten Ausdrucks)

Dabei wird ausdrücklich betont, daß die drei Unterklassen sich *nicht* gegenseitig ausschließen (gleichzeitiger Bezug der Artangabe zum Subjekt *und* zum Verb möglich) und daß noch andere, speziellere Unterklassen möglich sind („Innere Form des Deutschen", S. 207—218).

Man sieht leicht, daß diese Kategorialisierung insgesamt die Verhältnisse im Deutschen besser trifft als die traditionelle Unterscheidung von prädikativem Adjektiv einerseits und Adverbiale der Art und Weise andererseits. Sie hat aber den Nachteil, daß sie semantisch Zusammengehöriges oft zu sehr auseinanderschneidet und semantisch Nichtzusammengehöriges vereinigt:

er ist *einsam*	Artangabe, „ein *einsamer* Mensch"
er ist *allein*	*nicht* Artangabe
er handelt *klug* er überzeugte ihn *angeblich*	beidemale Artangabe, weil „*kluges* Handeln", „*angebliches* Überzeugen"
er war *gesund und wohl*	„gesund" Artangabe „wohl" nicht Artangabe

16 A 4.3 „Artangabe — Qualitativ"; „wie"-Frage als Kriterium

Als Ausweg, vor allem auch für die Schulpraxis, bot sich eine andere Operation an, nämlich die Anwendbarkeit der Frage „wie": „*wie* ist etwas, *wie* macht man etwas durch sein Handeln, *wie* geschieht etwas?" Dieser Weg wurde in dem Buch „Der deutsche Satz" (1957) vorgeführt und in den Schulbüchern „Deutscher Sprachspiegel" (von 1956 an) praktiziert. Um semantische Überdehnungen (und Verwechslungen mit der Dudenschen „Artangabe", vgl. unten S. 212—13) zu vermeiden, wurde im Universitätsunterricht und in den Lehrerheften zum „Deutschen Sprachspiegel" der Terminus „Artangabe" durch den Terminus „Qualitativ" ersetzt.

Die Kategorisierung führt im allgemeinen zu semantisch recht befriedigenden Ergebnissen, indem nun auch „er tat es *allein*", „die Tür war *zu*", „er fühlte sich *wohl*" zur Klasse der Artangaben (Qualitative) kommen, wie „sie taten es *gemeinsam*", „die Tür war *offen*", „er fühlte sich *krank*".

Umgekehrt werden durch diese Probe Beispiele wie „das war *vermutlich* ein Fehler", „er ist *tatsächlich* gekommen" aus der Kategorie der Artangaben (Qualitative), in die sie offensichtlich semantisch nicht passen, ausgeschlossen.

Auch bei dieser Lösung zeigen sich aber gewichtige Nachteile. Die Trennschärfe der Operation ist offensichtlich geringer als die Trennschärfe der meisten anderen zur Satzgliedidentifikation benutzten Operationen. Vor allem steckt in der wie-Frage ein starker Vorgriff auf nomosyntaktische Zusammenhänge, und das wirkt umso störender, je klarer sich auf allen übrigen Gebieten der Unterschied von Morphostruktur und Nomostruktur gezeigt hat. Daher wurde diese Operation und damit der Begriff „Artangabe, Qualitativ" aufgegeben und durch den oben vorgeführten, auf deutlichen morphosyntaktischen Kriterien ruhenden Begriff „Gradual" ersetzt.

16 A 4.4 Der Begriff „Artangabe" der Duden-Grammatik

Die von Paul Grebe bearbeitete Duden-Grammatik ([1]1959, [2]1966) hat nicht nur den (1952) neugefaßten Adjektiv-Begriff, sondern auch den Terminus „Artangabe" übernommen, mit diesem Terminus aber etwas ganz anderes bezeichnet. Die „Artangaben" stehen nach Duden neben den „Raumangaben", „Zeitangaben", „Begründungsangaben" (also im alten Schema), und dazu gehören morphosyntaktisch so verschiedene Dinge wie (Ziff. 6035, S. 542):

Karl singt *laut*
Ilse ist *schön*
Wir kämpften *auf Tod und Leben*
Ich habe mich *vielleicht* geirrt
Mein Freund fährt *mit seinen Eltern* nach Hamburg
Dieser Junge ist *keinen Schuß Pulver* wert
Diese Figur ist *aus Holz*

Man sieht leicht, daß hier nicht eine morphosyntaktische Kategorie gemeint ist, sondern eine *semantische* Einteilung (es heißt auch vor Ziff. 6025, S. 541: „Die Umstandsergänzungen und die freien Umstandsangaben kann man *ihrem Sachbezug nach* in vier Gruppen einteilen"); diese semantische Einteilung versammelt offenbar unter „Artangaben" alles, was man nicht unter den schärfer charakterisierten Gruppen der Raum-, Zeit- und Begründungsangaben unterbringen kann. Dabei wird innerhalb der Kategorie „Artangabe" noch unterschieden, ob diese Artangabe als „Artergänzung" (Ziff. 5285) oder als „freie Artangabe" (Ziff. 5650—55) gebraucht wird.

Man sieht, daß dieser Begriff „Artangabe" mit dem gleichnamigen Begriff, der in „Innere Form des Deutschen" aufgestellt und im „Deutschen Satz" leicht modifiziert wurde, nur wenig gemein hat. Nicht zuletzt aus diesem Grunde wurde dann der Terminus „Artangabe" durch den Terminus „Qualitativ" ersetzt, ohne Änderung des Begriffs. Mit der Aufstellung des auf anderen Kriterien ruhenden, klar morphosyntaktischen Begriffs „Gradual" ist aber die Verwechslungsmöglichkeit wohl völlig beseitigt.

16 A 5 Der Begriff „Graduativ"; Teil in komplexem Satzglied — eigenes Satzglied

16 A 5.1 Proben und Definition

Nachdem wir mit Hilfe der Graduierbarkeit das Satzglied „Gradual" aufgestellt haben, untersuchen wir nun die graduierenden fallfremden Ausdrücke selber.

Eine Gegenprobe zeigt sofort, daß solche graduierende Elemente nicht nur vor Gradualen vorkommen, sondern auch vor Adjektivteilen: „die Ausrüstung ist gar nicht *so schlecht* — eine gar nicht *so schlechte* Ausrüstung".

Eine Gegenprobe in anderer Richtung zeigt ebenso schnell, daß die gleichen graduierenden Elemente auch als eigene Satzglieder auftreten, nicht nur als Teile in komplexen Satzgliedern:

„Das finde ich *sehr* schade — das bedaure ich *sehr*".

Hierher gehört auch Beispiel (32) aus unserm Probetext: „Wir können *durchaus* einsehen" (Transformation: „es ist *durchaus einsehbar*"). Es wirkt offensichtlich störend, wenn wir hier zwei verschiedene Begriffe ansetzen wollten, weil das „durchaus" das eine Mal ein eigenes Satzglied ist (für sich allein verschiebbar, wenn auch kaum an erster Stelle in F-Zweitstellung, so doch unmittelbar vor das Verb: „das sehen wir *durchaus* ein" — „wir sehen das *durchaus ein*" — „weil wir das *durchaus* einsehen"), das andere Mal graduierender Teil in komplexem Satzglied (nicht unmittelbar vor dem Verb: „weil das *durchaus* einsehbar ist", von „einsehbar" nur zu trennen bei Vorausnahme des Kerns: *„einsehbar* ist es durchaus" oder bei Einschub eines Präpokasus: *„durchaus* für jeden Gutwilligen einsehbar“). Schon die komplizierten hier nötigen Proben zeigen, daß der Unterschied „eigenes Satzglied — nur ein Teil eines Satzglieds“ hier oft irrelevant wird, und wir bilden daher hier einen Begriff, der diese (anderswo relevante) Unterscheidung „eigenes Satzglied — nur ein Teil eines Satzglieds“ bewußt übersteigt. Wir formulieren:

Es gibt Wörter, die in gleicher Form mit gleicher Information sowohl als graduierende Elemente zu einem Adjektivteil wie zu einem Gradual wie unmittelbar als Satzglieder zu einem (der Graduierbarkeit fähigen) Verb treten können. Wörter in dieser Funktion nennen wir *Graduative.* Kriterium für die Einordnung als Graduativ ist, daß das betr. Wort so an einen fallfremden Ausdruck (ein Gradual) angefügt werden *kann,* daß es eine feste Stellung einnimmt (entweder vor oder hinter dem als Kern dienenden Gradual) und daß es *nicht* ohne den Kern an den ersten Platz bei F-Zweitstellung gerückt werden kann.

Beispiel: A war *ganz* gesund	nicht: *ganz* war A gesund also: ganz = Graduativ
B wurde *beinahe* krank	*beinahe* wurde B krank also: beinahe = nicht Graduativ

Dabei wird aus den Kriterien ausdrücklich die Vorausnahme ausgeschlossen, die bei Einfügen einer Negation u. U. möglich wird: „Herr X war *nicht ganz* gesund → *ganz* war er *nicht* gesund“.

16 A 5.2 Spezialfälle beim Graduativ

Wir diskutieren nun einige Spezialfälle, die Schwierigkeiten machen könnten.

Die Wörter *„zu, allzu“* können in dieser Form nur vor Gradual oder Adjektivteil auftreten, also nur als Teile in komplexem Satzglied; ist kein nichtverbaler Kern vorhanden, zu dem sie als Teile treten können, (d. h. fungieren sie als eigene Satzglieder), so wird die Form „zusehr, allzusehr“ gewählt (praktisch ohne Informationsänderung: „das ist mir zu [allzu] wacklig — das wackelt mir zu [allzu] sehr“).

Als Graduativ ist auch das Wort *„immer“* zu betrachten, wenn es vor Komparativ steht (Beispiele 26 und 27 aus unserem Probetext: „immer ungünstiger — immer größer“). Das „immer“ ist hier nicht ersetzbar durch „allezeit“, „zu jedem beliebigen Zeitpunkt“, sondern nur durch „ununterbrochen, ständig, kontinuierlich“ (von einem Zeitmoment oder einer Zeiteinheit zur andern in gleicher Richtung). Demgemäß kann man Beispiele konstruieren wie „man kann eben nicht *immer immer anspruchsvoller* werden“ (zu explizieren als: „man kann nicht in jedem beliebigen

Moment mehr fordern als man in einem darauf bezogenen früheren Moment gefordert hatte"). Ein Gegenbeispiel (in dem „immer" *nicht* Graduativ ist) wäre etwa: „die Ansprüche wurden *immer* (dann) größer, wenn sich eine neue Gelegenheit zeigte". Der semantische Unterschied ist ziemlich fein, und es empfiehlt sich daher, das „immer" nur als Graduativ zu betrachten, wenn es vor einem Komparativ steht, nicht wenn es sich als eigenes Satzglied erweist.

Eine besondere Situation besteht bei dem Wort „genug". Es ist primär als Pronomen zu klassieren (vgl. oben S. 174), denn es kann als Subjekt, Objekt, Prädikativ dienen („jetzt ist *genug* gesagt, jetzt hat er *genug* gesagt, das ist *genug*"). Es kann aber auch als Graduativ bei einem Gradual stehen, und es hat dabei die singuläre Stellung *hinter* dem zu graduierenden Kern, nicht vor ihm wie alle anderen Graduative: „gut *genug*, groß *genug*" usw. Daß nicht „genug" als Kern zu fassen ist, sondern „gut, groß" erweist sich bei der Transformation in Adjektivteil: „der A ist nicht *x-artig genug* — der nicht *genügend x-artige* A".

Ähnliche Möglichkeit, als fallbestimmter wie als fallfremder Ausdruck zu dienen, besteht für die Pronomen „etwas", „ein bißchen", „ein wenig". Als Graduative haben sie die normale Stellung vor dem Kern: „*etwas* groß, *etwas* größer, er kam *ein bißchen* zu oft" usw. Wenn sie als eigene Satzglieder stehen, kann man sie auch als Adverbialkasus auffassen: „er trank ein bißchen (Objekt) und dann schlief er ein bißchen (eine gewisse Zeit, Adverbialakkusativ)."

Als Gradual können auch die Pronomen „viel" und „wenig" gebraucht werden: „er ärgerte sich *zuviel* — er berücksichtigte das *wenig* — *sehr* wenig — *zu* wenig". Unter den Begriff „Graduativ" fällt der Gebrauch von „viel, wenig" bei Komparativ: „*viel* besser, *viel* mehr, *wenig* länger", und auch ohne Komparativ: „es war *wenig* angenehm (Probe: nicht „wenig war es angenehm").

In diachroner Betrachtung könnte man sagen, daß hier Übergänge von Adverbialkasus zu rein fallfremdem Gebrauch vorliegen. Synchron gesehen ist es beachtenswert, daß bei diesen sehr häufigen Wörtern wie „etwas, viel, wenig" der Unterschied „fallbestimmt — fallfremd" irrelevant ist, während dieser Unterschied sonst im Deutschen mit ziemlicher Konsequenz (man könnte sagen: mit ziemlicher Pedanterie) durchgehalten ist; man kann also in dem Bereich von „viel — wenig" auch für das Deutsche etwas von der „Irrelevanz des Kasus und der darauf gebauten Wortart-Unterscheidung" sehen, die für das Englische so charakteristisch ist.

16 A 5.3 Graduativ vor Präpokasus

Wir können nun den Begriff „Graduativ" auch ausdehnen auf Beispiele wie „er ist *sehr* auf Draht — *sehr* im Kommen — *zu sehr* in

Bewegung" usw. sowie auf Beispiele wie „*dicht* vor dem Ziel", (nicht: „dicht war er nun vor dem Ziel", „*unmittelbar* darauf" „*hoch* oben", „*tief* unten" usw. Kriterium ist überall der feste Einbezug in das Satzglied und die Unmöglichkeit, das betr. Wort ohne den zugehörigen Kern an die erste Stelle bei F-Zweitstellung zu rücken. Daß dabei viele solche Graduative ihrerseits graduierbar sind (also für sich allein auch als Gradual dienen können), ist uns klar; wir könnten daher hier auch von einer besonderen Art von Gradual sprechen; es erscheint aber insgesamt als befriedigender, den Begriff „Graduativ" entsprechend zu erweitern, als den Begriff Gradual.

Insgesamt kommen wir mit dem Einbezug der Präpokasus aus der Morphosyntax in die Nomosyntax, und wir haben hier einen Ansatz, die große Gruppe der Präpokasus nomosyntaktisch genauer aufzugliedern; wir können dieser Spur aber hier nicht weiter nachgehen, sondern begnügen uns mit der vorgeführten Erweiterung des Begriffes „Graduativ".

Schließlich sei noch darauf hingewiesen, daß das Adjektiv „wirklich" in den Belegen (9) und (14) unseres Probetextes *nicht,* wie man auf den ersten Blick meinen könnte, als Graduativ einzuordnen ist, weil man es vorausnehmen kann: „ein *wirklich* guter Freund — *wirklich* ein guter Freund", ja sogar (mit besonderer Betonung): „*wirklich* ist die Freundschaft gut".

Insgesamt muß auch hier betont werden, daß die Morphostruktur „Graduativ + Gradual" semantisch recht Verschiedenes signalisieren kann und keineswegs auf „Quantität-Intensität" beschränkt ist: „die Gestalt hielt sich *gespenstisch unbeweglich*", „*durchsichtig grüne* Wellen", „eine *kräftig braune* Dunkelheit".

16 A 6 Reine Negation, verstärkte Negation, Resultativnegation

16 A 6.1 Reine Negation, Graduative dazu

Wir kommen nun zu den negierenden Bestandteilen, die in unserm Probetext in markanter Weise mit Gradualen und Graduativen verbunden sind:

(1) *Gar nicht* so schlecht → *nicht* schlecht

(2) *gar nicht* so böse → *nicht* böse

(4) *nicht* ganz gut genug → *nicht* gut, *nicht* genügend

(17) *nicht mehr* ganz so → *nicht mehr* so

(39) *nicht* blindlings etwas tun

(15) jemanden lange *nicht* gesehen haben

Auch hier können wir (mit Ausnahme des letzten und ggf. des zweitletzten Beispiels) etwas wie ein Verhältnis von graduierendem Element und Kern erkennen. Es ist aber ein graduierendes Element von besonderer Art: es kann vor jeden anderen schon mit einfachem oder mehrfachem Graduativ versehenen Ausdruck treten, es kann überhaupt vor jedes (fallfremde wie fallbestimmte) Satzglied treten, und es kann unmittelbar vor dem Verb stehen (dann also, obwohl nicht am ersten Platz bei F-Zweistellung möglich, als Satzglied zu anerkennen): „*nicht* so gut, *nicht* heute, *nicht* mit Dir, *nicht* Du, *nicht* wollen" usw.

Zur Stellungsbeschränkung der Graduative paßt, daß die Wörter und Wortgruppen „nicht, gar nicht, nicht mehr" *nicht* den ersten Platz bei F-Zweitstellung einnehmen können. Schillers bekannter Vers „*Nicht* grauset dem Schützen auf schwindlichtem Weg" wird als poetische Abweichung vom Normalsprachlichen verstanden.

Diese Stellungsbeschränkung unterscheidet die reine Negation auch von der (semantisch äquivalenten) Negation durch negierten Adverbialkasus:

Ich will *nicht* behaupten nicht: „*Nicht* will ich behaupten"

Ich will *keineswegs* behaupten → *Keineswegs* will ich behaupten

Trotz dieser Ähnlichkeit mit den Graduativen setzen wir hier, auch schon für die Morphosyntax, einen besonderen Satzgliedbegriff an. Das ist gerechtfertigt durch die allgemeine Kombinierbarkeit (ein Graduativ kann nicht mit einem gewöhnlichen fallbestimmten Satzglied kombiniert werden) und durch die klare semantische Extremlage. Wir sprechen von „*reiner Negation*", („rein" als Namensbestandteil, weil wir hier nur „nicht" und seine Verstärkungen fassen wollen, nicht die Negationen „kein, niemand, nichts, nie").

Auch hier sehen wir per definitionem ab von der Unterscheidung „eigenes Satzglied — nur Teil in komplexem Satzglied". Die Verschiebeproben geben gerade hier nicht mehr genug her (Vorausnahme des negierten Wortes oder Satzglieds läßt das „nicht" unmittelbar vor das Verb treten), und die semantischen Unterschiede sind lange nicht so deutlich, wie man oft glaubt. Im Bedarfsfall können wir immer noch je nach Stellung von „Gliednegation" und „Satznegation" oder „Verbnegation" sprechen.

Als Graduative können wir innerhalb der mehrwortigen Negationen die Bestandstücke „gar, durchaus, absolut, bei weitem" betrachten: „gar nicht — durchaus nicht — absolut nicht — bei weitem nicht" usw. Es ist unmöglich, sie vorauszunehmen: „*Gar* kommt er nicht, *bei weitem* kommt er nicht" usw. Wir erweitern daher hier nochmals die Definition von „Graduativ", indem wir die verstärkenden, vor einem „nicht" möglichen Ausdrücke dieser Art auch als Graduative betrachten, auch dann, wenn sie nicht vor einem „nicht" stehen, sondern vor einer anderen Negation („gar keiner, absolut niemand" usw.). Mit dem Einbezug von „bei weitem" sind wir auch hier im Begriff, die Grenze zur Nomosyntax zu überschreiten, denn hier liegt an sich ein Präpo-Dativ vor. Kein Graduativ zu Negation haben wir aber bei „*in der Tat* nicht so sein", denn hier kann man trennen „in der Tat ist das nicht so".

16 A 6.2 Der Begriff „Negationszusatz"

Anders zu beurteilen ist das Wort „mehr" in Verbindung mit Negationen aller Art: „*nicht mehr — kaum mehr — nie mehr — keiner mehr*" usw. Hier können wir nicht von Graduativ sprechen, weil die Stellungsbindung nicht gegeben ist („*Niemand* will er *mehr* sehen", „*Keiner* hat ihn *mehr* gern" usw.). Das Wort „mehr" kann nur *nach* der Negation stehen, aber von ihr durch mehrere andere Teile des Satzes getrennt werden. Es liegt aber trotzdem eine klare morphosyntaktische Zusammengehörigkeit vor, denn das „mehr" muß wegfallen, wenn die Negation wegfällt, und es ist nicht ersetzbar; man kann es sogar mit einem gewöhnlichen, frei ersetzbaren „mehr" kombinieren: „er will *nicht mehr* mehr „=" „er will *nicht mehr* so viel").

Es bleibt uns hier nichts anderes übrig, als für dieses eine Wort in diesem Gebrauch einen besonderen Begriff anzusetzen. Wir definieren: „Das Wort, „mehr", wenn es mit einer Negation verbunden ist und wenn es nicht als fallbestimmtes Satzglied (z. B. Objekt) zu klassieren ist", und wir wählen als Terminus „Negationszusatz". Beispiele:

Er will *nicht mehr*	→ nicht *so viel, nur dieses = Objekt* → nicht *länger = Negationszusatz*
Er schläft *nicht mehr*	→ nicht viel (Adverbialakkusativ) → nicht länger (er hat vorher geschlafen = Negationszusatz)

16 A 6.3 Gewöhnliche Negation und Resultativnegation

Auch semantisch besteht zwischen einer Negation mit Graduativ („Negationsverstärkung") und einer Negation mit Negationszusatz ein deutlicher Unterschied. Die graduierte Negation „durchaus nicht, gar nicht, absolut nicht" usw. ist nur ein verstärktes „nicht". Dagegen liegt in „nicht *mehr*" der zusätzliche semantische Wert „Negation einer Aussage, die bis dahin noch galt, noch nicht negiert war". Wenn jemand sagt „ich rauche *nicht mehr*", dann sagt er damit zugleich, daß er früher geraucht hat. Hat er noch gar nie geraucht, so kann er nur sagen „ich rauche *nicht, gar nicht*" usw.

Wir stellen daher für die Negationen mit „mehr" („nicht mehr, keiner mehr" usw.) den besonderen Begriff „*Resultativnegation*" auf. Damit sind wir allerdings wieder im Begriff, die Grenze zur Nomosyntax zu überschreiten. Auffällig ist, daß eine Resultativnegation auch mit der Partikel „kaum" gebildet werden kann, obwohl das „kaum" nicht wie die sonstigen Negationen graduiert werden kann (kein „gar kaum, absolut kaum", wohl aber „kaum mehr").

16 A 7 Die Restklasse „Situativ"; Diskussion der Beispiele aus dem Probetext

Wir sind bei den Kategorien „Graduativ", „reine Negation", „Negationszusatz" von allgemeineren Gesetzmäßigkeiten, die für viele Wörter gelten, zu immer kleineren und spezielleren Gruppen gekommen, und wir mußten dabei eine generelle Definition mehr als einmal ad hoc, d. h. mit Bezug auf ganz bestimmte kleinere Gruppen von Wörtern, erweitern. Zugleich sahen wir, daß die hier anzusetzenden Kategorien zwar noch mit morphosyntaktischen Kriterien gestützt werden können, aber an sich nur Teilbereiche allgemeinerer, in der Nomosyntax zu beschreibender Kategorien sein dürften.

Damit sind wir nun an die Grenze des Gebietes gekommen, wo wir mit morphosyntaktischen Operationen genügend Klarheit und Trennschärfe erreichen und wo es daher Sinn hat, Satzgliedbegriffe im bisherigen Sinn anzusetzen. Das heißt nicht, daß wir nicht auf dem noch vor uns liegenden Gebiet wichtige semantische Unterscheidungen und entsprechende Gruppenbildungen antreffen, im Gegenteil. Wir müssen uns aber für den Bereich der *Morpho*syntax damit begnügen, hier eine Rest- und Sammelklasse anzusetzen, also einen allgemeinsten Begriff folgenden Inhalts: weitere als nichtverbale Einheiten (oder in nichtverbalen Einheiten) auftretende fallfremde Ausdrücke, ohne generell faßbare Innenstruktur und ohne scharfe Abgrenzung zwischen „eigenem Satzglied" und „bloßem Bestandstück eines komplexen Satzglieds". Für den damit definierten Begriff (auch eine negative Definition ist eine Definition) bilden wir den Terminus „*Situativ*". Wir sind uns dabei der Tatsache bewußt, daß zwischen Situativ und Konjunktion (und manchmal auch zwischen Situativ und Präposition, z. B. er ging *auf* den Berg *hinauf* — er ging *den Berg hinauf*) nicht immer eine scharfe Grenze zu ziehen ist.

Wir diskutieren zunächst die in unserem Probetext vorkommenden Situative — also alle fallfremden Ausdrücke, (vgl. S. 201—4), die wir nicht schon als Präpo-Ausdrücke, Graduale, Graduative, reine Negationen oder Negationszusätze eingeordnet haben. Dann versuchen wir, gestützt auf größeres Material und die eigene Kompetenz, eine semantische Skizze der im Deutschen überhaupt möglichen Situative zu entwerfen.

Wir behandeln zunächst die beiden Gebrauchsweisen des Adjektivs „*wirklich*" in den Belegen:

ein *wirklich* guter Freund (9)
jemanden *wirklich* lieben (14)

Daß in (14) kein Gradual vorliegt, wurde schon gezeigt (S. 202): man kann nicht graduieren „ihn *zu wirklich* lieben", „*sehr* wirklich lieben", und man kann nicht ins Gegenteil wenden „jemanden *unwirklich* lieben". Bei (9) denkt man wohl zuerst an eine Einordnung als Graduativ, indem man „*wirklich* gut" in eine Reihe stellt mit „*sehr* gut, *besonders* gut, *außerordentlich* gut". Dem widerspricht aber die Verschiebbarkeit:

Die Freundschaft ist *wirklich* gut —
Wirklich ist die Freundschaft gut.

Es sind denn auch mit praktisch gleichem semantischem Wert möglich:

Ein *wirklich* guter Freund sein —
Wirklich ein guter Freund sein.

Das Adjektiv „wirklich" gehört in diesem Gebrauch in die Reihe „tatsächlich, in der Tat, nicht nur scheinbar, nicht nur zum Schein", und daran schließen sich mit anderem semantischen Wert „vermutlich, anscheinend, scheinbar, wahrscheinlich". Wir haben die semantische Gruppe „Kennzeichnung der Sicherheit oder Unsicherheit von Aussagen" und damit einen Spezialfall des Bereichs „Redesituierung".

Eine Unterscheidung nach Situativ und Graduativ ist zu erwägen bei *„nur"*. In unserem Beispiel liegt eindeutig Situativ vor:

(3) Er ist *nur* nicht ganz gut genug → *nur* ist er nicht ganz gut genug

Ein Gegenbeispiel, wo „nur" nicht verschiebbar ist, wäre etwa: „Er liefert *nur* erstklassige Ware". Der Unterschied läßt sich auch in verschiedener Ersetzbarkeit fassen (Möglichkeit von „freilich" oder „ausschließlich"): Er ist *nur* nicht ganz gut genug
bloß
freilich

Er liefert *nur* erstklassige Ware
bloß
ausschließlich

Der Unterschied ist aber oft sehr klein, ja semantisch irrelevant:

Er ist *nur* zu gern bereit dazu < mit *nur zu großer* Lust / es ist *nur zu bedenken*, daß er zu gerne bereit dazu ist

Als semantische Gruppe ist anzusetzen: Einschränkung (gegenüber einer „Normal-Erwartung").

Als zusammengehörig erweisen sich *„schon"* und *„noch"*, die beide je zweimal vorkommen:

Schon die Vergrößerung bewirkt ...(3)
Etwas *schon* seit langem wissen (22)
Nach dem Abendessen *noch* klingeln (20)
Sich *noch* zu etwas gesellen (*noch* dazukommen) (23)

Bei (20) und (22) stehen „noch" und „schon" zusammen mit Zeitangaben, die durch Präpokasus gegeben sind („nach dem Abendessen — seit langem"). Daß nicht Graduative vorliegen, ergibt sich aus der Verschiebbarkeit (*„schon* seit langem wissen — seit langem *schon* wissen" und *„noch* nach dem Abendessen klingeln — nach dem Abendessen *noch* klingeln").

Beide Situative sind weglaßbar, ohne daß der betr. Satz seinen Sinn verliert und einen deutlich anderen Sinn annimmt. Trotzdem geht bei der Weglassung eine deutliche Nuance verloren: „Schon seit langem" ist intensiver als einfaches „seit langem".

Man kann den semantischen Beitrag von „schon" explizieren als „über die normale Erwartung hinaus, und zwar früher als erwartet (als durchschnittlich zu erwarten)"; das gilt für jede Verbindung des Situativs „schon" mit Zeitangaben: „schon heute, schon vor zwanzig Jahren, schon nach sieben Monaten" usw. Genau dasselbe „Übertreffen einer Erwartung" gilt aber auch für Beispiel (3), wo nicht primär eine zeitliche Abfolge anzunehmen ist, sondern ein anderes Gewicht bei der Beurteilung möglicher Folgen von etwas. „Schon A bewirkt ..." ist zu explizieren: A allein genügt, um diese Wirkung hervorzurufen, entgegen einer Erwartung, die man haben könnte, daß nämlich auch B und C für diese Wirkung nötig sei („*nicht schon* Ursache A ruft diese Wirkung hervor, sondern *erst* Ursache B und C" — auch wenn alle drei Ursachen durchaus gleichzeitig gegeben sind).

Eine ganz entsprechende Explikation bewährt sich für *„noch"*; man kann hier formulieren: „über die normale Erwartung hinaus, und zwar in der Fortdauer von etwas, was sonst nicht so lange dauert, oder im Hinzutreten von etwas, was nicht als selbstverständlich hinzutretend betrachtet wird". Damit haben wir auch Beispiel (23) expliziert; auch hier könnte das „noch" ohne Verstehensstörung wegfallen, aber es fiele dann die affektive Einbettung weg, die Betonung des Zusätzlichen, das die Erwartung (die vom Autor beim durchschnittlichen Leser vorausgesetzte Erwartung) übersteigt.

Mit „Erwartung" haben wir es auch bei den Beispielen mit *„auch"*, *„selbst"*, und *„sogar"* zu tun, und ebenso bei *„ja"*, das in Satz 14 ein eigenes Textelement (durch Komma vom folgenden abgegrenzt) ausmacht.

In *„auch"* haben wir neben der Konjunktion *„und"* das einfachste und häufigste Signal für „Zusätzlichkeit"; man kann ersetzen:

Auch beobachtet man in sich . . . (19)
Dazu
ferner
das bisher Gesagte verstärkend
über das bisher Gesagte hinaus

Bei *„sogar"* liegt die Explikation „hinausgehen über das sonst Erwartete" auf der Hand: *sogar* seine Feinde lieben (33). Das ist zu explizieren „über das sonst Verlangte hinaus", „entgegen der normalen Erwartung und allgemeinen Meinung". Mit „selbst" = „sogar": *Selbst* wenn man ihn liebt (ist er in solcher Lage nicht willkommen) (13). Explikation: Normale Erwartung ist, daß man nur durch den Besuch eines Außenstehenden, Gleichgültigen gestört wird, nicht aber durch den Besuch eines Freundes, den man wirklich liebt. Das Besondere der hier geschilderten Situation ist nun, daß man sich auch — entgegen dem, was man erwarten sollte und für richtig hält — vom Besuch des Freundes gestört fühlt.

Morphosyntaktisch ist zu sagen, daß das „selbst" hier mit dem „wenn" zusammen als komplexe subordinierende Konjunktion aufgefaßt werden kann.

Ganz ähnlich ist es bei *„ja"*. Wir konstruieren die allgemeine Folge: „Es gilt Aussage A, *ja*, es gilt auch Aussage B." Das „ja" läßt sich bei praktisch gleicher Information erweitern zu „ja sogar", „ja noch mehr", „ja darüber hinaus". Dieser semantische Wert gilt gleichermaßen, wenn

„ja" als eigenes Textelement gesetzt ist (klanglich abgehoben, was hier durch Komma signalisiert wird) und wenn es in ein Textelement eingebaut ist:

Es gilt Aussage A	ja, es gilt auch Aussage B
	ja es gilt auch Aussage B

Bei Setzung als eigenes Textelement ist nur die Intensität etwas größer.

Dieses „ja" ist zu unterscheiden von dem „ja" als Antwort auf eine Frage (Möglichkeit von „ja" oder „nein"); es ist ebenso zu unterscheiden von dem nur im Satzinnern vorkommenden „ja" (es gilt *ja* auch Aussage B", ersetzbar durch „es gilt eben ... es gilt nämlich ..."); dieses letzte „ja" signalisiert gerade nicht das *Anderssein* gegenüber dem Erwarteten, sondern das *Hineinpassen* der neuen Aussage in das schon bisher Gesagte, also die Übereinstimmung mit dem, was man erwarten kann.

Noch anders ist das „ja", mit dem man sich vor der Formulierung einer beliebigen Aussage eine Denkpause verschafft: „Jaaa — das ist schwierig — was soll man dazu sagen". Wir haben einen Schulfall für die Notwendigkeit der Unterscheidung von Morpho- und Nomostruktur und zugleich für komplizierte Durchdringungen der beiden.

Insgesamt haben wir damit bei den Situativen „schon, noch, auch, selbst, sogar, ja, nur, allerdings" eine semantische Gruppe, die man „erwartungssteuernde Situative" nennen könnte, mit den Untergruppen „Beurteilung des zeitlichen Eintreffens", „Zusätzlichkeit", „Einschränkung".

Wir kommen zu den Situativen *„einst"* und *„nie":* Das feindliche Nachbardorf bot *einst* der Aggression befriedigende Objekte (25) — Jemanden vielleicht noch *nie* gesehen haben (30) — Auf Grund der natürlichen Neigungen *nie* auf etwas verfallen (35).

Wir haben „Situierung in der Zeit", bei „einst" positiv und bei „nie" als Negation jeder denkbaren solchen Situierung. Dabei hat „einst" an sich nichts mit „Vergangenheit" zu tun, sondern es signalisiert nur „große zeitliche Entfernung", „großer Abstand eines zu denkenden Zeitpunktes von Jetzt-Punkt"; man kann sagen *„einst wird* das so sein — *einst war* das so". Das „einst" ist daher, wenn es neben Präteritum steht, weglaßbar, wenn auch unter Verlust an Intensität der Aussage. Das „nie" ist dagegen keineswegs weglaßbar, wegen der darin steckenden Negation; bei Weglassung könnte gerade die umgekehrte Information entstehen.

Zwischen „Erwartungssteuerung" und „zeitlicher Situierung" halten die Situative *„erstens, zweitens"* (6, 12) etwa die Mitte. Sie kennzeichnen eine geordnete Folge, aber nicht von Ereignissen an sich, sondern primär von *Aussagen* über irgend etwas, ob es nun zeitlich geordnete oder an sich koexistierende Zustände oder gleichzeitige Ereignisse sind. Man vergleiche:

Erstens muß man ... *zuerst* tat er x,
zuerst *dann* wendete er sich zu y
Zweitens muß man
dann
nachher

Wenn man das „zuerst" durch „erstens" ersetzt, bezieht sich die zeitliche Situierung nicht mehr auf die Handlung selbst, sondern auf die Aussage darüber. Wir können von einer Gruppe „ordnende Situative" sprechen, wobei diese Situative von Wörtern gebildet werden, die in fester Regularität (vorhersagbar) mit den Zahladjektiven „erste, zweite, dritte ..." und durch sie mit den Zahlpronomen „eins, zwei, drei ..." verknüpft sind.

Wir kommen zum Situativ „vielleicht":
jemanden *vielleicht* nie gesehen haben
vermutlich
bestimmt
sicher

Die semantischen Unterschiede in der Ersatzreihe zeigen, daß wir hier von „Sicherheit resp. Unsicherheit der Aussage" sprechen können. Die Gruppe gehört in die Nähe der schon behandelten Gruppe „redesituierende Situative" („wirklich, vermutlich", s. oben S. 220).

Als letzten Beleg für ein Situativ fanden wir „*englisch* (heißt das ...)" (21), (vgl. schon oben S. 203). Es liegt „Angabe einer Sprache" vor. Wir haben insofern einen Sonderfall, als hier eine Gruppe von Situativen gekoppelt ist mit einer lexikalischen Gruppe, die zu den Eigennamen zu rechnen ist, nämlich „Nennung von Sprachen".

Wir haben also für die Einordnung der Situative unseres Probetextes folgende semantische Gruppen anzusetzen: „Redesituierung, Wahrscheinlichkeit und Unwahrscheinlichkeit", „Sicherheit/Unsicherheit", „Erwartungssteuerung, Zusätzlichkeit, Einschränkung", „zeitliche Situierung", „Ordnung von Aussagen" und die Sondergruppe „Nennung einer Sprache".

16 A 8 Zusammenfassung

Wir haben nun die folgenden Begriffe für fallfremde Satzglieder aufgestellt:

Begriff	Kriterien für die Identifikation
Präpo-Ausdruck	Präposition vorhanden, mit fallfremdem Kern verbunden, oder bei einwortigem Ausdruck Präposition leicht erkennbar und herauslösbar (vgl. oben S. 197—99)
Gradual	graduierbar durch Voranstellung von „sehr", „zu" oder Anfügen von „genug"; Bildbarkeit des Ausdruckes „er ist (handelt) so x-ig, daß ..."; dazu „so, wie" als allgemeinste Ersatzstücke
Graduativ	Stellungsfestigkeit vor einem Gradual vorhanden, (bei „genug": nach) oder Stellungsfestigkeit vor einem fallbestimmten graduierbaren Ausdruck, oder (wenn unmittelbar auf ein Verb zu beziehen) solche Stellungsfestigkeit leicht herzustellen, indem man das Verb in eine verbale Kette von Verb + Gradual auflöst: „das stimmt *durchaus* — das ist *durchaus richtig*"
Besonderer Bezug des Graduals auf Subjekt, Verb, Objekt	Umformung in Adjektivteil, ggf. mit Entnahme eines Kerns für das Nominalgefüge aus dem Verb (vgl. oben S. 206); zur Relativität dieser Unterscheidung (kein gegenseitiges Ausschließen der Beziehungen) vgl. oben S. 208
reine Negation	das Wort „nicht" (ausgesondert auf Grund der Stellungsbeschränkung, der semantischen Extremlage und der Häufigkeit); Unterscheidung von „Gliednegation" und „Verbnegation" möglich, aber oft nicht eindeutig
Negationszusatz	das Wort „mehr" (gelegentlich auch „einmal") in fester Verbindung mit einer Negation (auch einer in fallbestimmtem Ausdruck enthaltenen), so daß eine *Resultativnegation* entsteht; Probe: Vorkommen neben dem als Situativ oder Objekt vorkommenden gleichen Wort („jetzt hat er *nicht mehr mehr als ich*" „*er hat es nicht einmal einmal* geschafft")

Situativ — Rest- und Sammelklasse, nicht mehr morphosyntaktisch aufzugliedern, aber mit reicher semantischer Auffächerung.

Dazu müssen wir hier den Begriff „Verbzusatz“ einbeziehen. Er ist offenbar in vielen Fällen als „besonders eng mit dem Verb verbundenes, mit ihm zusammengeschriebenes Situativ oder Gradual“ verstehbar: „hinausgehen, heimkommen, zugreifen, klarmachen (etwas nur zu klar machen)“ usw.

Insgesamt müssen wir feststellen, daß sich die Satzglied-Grenzen stark relativiert haben. Wir können noch von deutlichen Satzgliedern sprechen, wenn Graduative mit Gradualen (oder auch fallbestimmten graduierbaren Ausdrücken) verbunden sind. Schon bei den Negationen und noch mehr im Bereich der Situative verliert sich aber die klare Grenzziehung zusehends. Wir finden oft Folgen von zwei oder mehr Situativen, die einfach nebeneinander zu stehen kommen und bei denen oft verschieden segmentiert werden kann, ohne daß das Folgen für die Information hat:

Es ist *daher hier oft durchaus nicht* sicher

```
daher hier  oft  durchaus nicht  sicher
|________|  |__| |____________|

daher  hier oft  durchaus  nicht sicher
|___|  |______|  |______|  |_________|
```

Es *können* hier bestimmte Segmentierungen intendiert sein, vor allem beim Sprechen (beim Schreiben kommen sie kaum zum Ausdruck), und daher informationswichtig für den Hörer — es können aber auch rein zufällige, nicht intendierte Segmentierungen vorliegen.

16 A 9 Semantische Skizze des durch Situative Darstellbaren

Wir entwerfen nun eine semantische Skizze, die die wichtigsten als Situative auftretenden Wörter enthält und zugleich die Übergänge zur Darstellung durch schärfer geprägte Satzglieder zeigt (semantisch benachbarte Möglichkeiten, die nicht Situative sind, in Klammern):

„Fortgangs-Charakteristiken"

Zusätzlichkeit, neutral

auch
ebenfalls, ebenso
gleichfalls
ferner

Zusätzlichkeit, unerwartet

ja
sogar, gar

Betonen gegen mögliche Vernachlässigung

gerade

Hervorgehen aus dem Bisherigen

so *halt*
also *eben*

leichtes Erstaunen
(was ist) *denn?*

Abweichungen, Absetzen vom Bisherigen

aber
doch, jedoch
allein
(dagegen)
vielmehr

Kausalität und deren Überwindung

(deshalb) *(trotzdem)*
(deswegen) usw.
usw.

Hervorhebung

besonders
insbesondere
(vor allem)

Einschränkung

nur, bloß	*nur, bloß*
(ausschließlich)	*allerdings*
(nichts als)	*freilich*
(als Graduativ auffaßbar)	*immerhin*

explizite Verknüpfungen

Gleichgewichtigkeit:

sowohl — als auch
nicht nur — sondern auch
weder — noch

Setzung + Abweichung:

zwar — aber usw.

Wählbarkeit, aus mehreren Äquivalenten

etwa
beispielsweise
(zum Beispiel)

Erläuterung

nämlich
und zwar

Zusammenfassung und Hauptgewicht

überhaupt

Abheben von anderen Möglichkeiten

sonst
andernfalls

Zeitliche und räumliche Einordnung

Zeitliche Einordnung

„erwartungsbezogen“

noch *(bald)*
schon *(früh)*
erst *(spät)*
bereits
neulich
(vor kurzem)

„neutral (absolut)“

einst
jetzt, nun
dann
(*nachher* usw.,
viele Präpo-
Ausdrücke)

Situierung im Raum

wo-da *oben*
hier *unten*
dort *hinten*
irgendwo *vorn*
überall *links*
nirgends *rechts*
außen
innen

(*darin, dabei* usw.
viele Präpo-Ausdrücke)

„Eintretens-Charakteristik“

sofort *(plötzlich — allmählich)*
sogleich
alsbald *(jäh — langsam)*

Vorkommens-Häufigkeit

einmal *wieder*
x-mal *nochmals*
(oft) *(von neuem)*
(selten)
(zeitweise)
(gelegentlich)
immer — kaum — nie

Ordnung von Aussagen

erstens
zweitens
usw.

einerseits
andererseits
(und allgemein
Zusätzlichkeit
und zeitliche
Einordnung)

Richtung von Bewegungen

her- *hin-*
-her *-hin*
-wärts
fort
weg
heim
(oft als Verb-
zusätze; viele
Präpo-Ausdrücke)

„Geltungs-Charakteristiken“

Sicherheit/Unsicherheit von Aussagen

wirklich *wahrscheinlich,*
tatsächlich *vermutlich*
faktisch *offenbar*
(in der Tat) *vielleicht*
sicher
scheinbar

Bekanntheit

bekanntlich

Anerkennungsgrad

natürlich
(= „jedermann
wird zustimmen“)
einfach
(= „keine Diskussion
nötig“)
sogenannt
(man distanziert sich)

Gesichtspunkt, unter dem die Aussage gelten soll		Vollständigkeitsgrad
grundsätzlich	*praktisch*	*ganz* *völlig*
allgemein	*theoretisch*	*halb* *beinahe*
	politisch (unklug sein)	*teilweise* *fast*
	technisch (gelöst sein)	
	x-technisch	

Wörtlich zu nehmen	nur metaphorisch
eigentlich	*gewissermaßen*
(wenn man streng ist)	*sozusagen*

Wünschbarkeit Beurteilung	*Erfolg*	Beteiligung (von Handelnden)
gern — ungern	*umsonst*	*selber, selbst (persönlich)*
leider	*vergebens*	*allein* *zusammen*
dummerweise		*zu zweit* *(gemeinsam)*
klugerweise		*zu dritt*
usw.		usw.
hoffentlich		*individuell — kollektiv*

Die ganze semantische Skizze ist nicht als erschöpfend zu betrachten, sondern nur als Hilfe zur Gewinnung einer Übersicht und als erste Vorarbeit zur Aufstellung eines vollständigen Systems semantischer Merkmale.

Sozusagen alle aufgeführten semantischen Werte können nicht *nur* durch Situative dargestellt werden, sondern auch durch schärfer geprägte Satzglieder (Graduale, fallbestimmte Glieder, verbale Konstruktionen). Auf der anderen Seite bestehen fließende Übergänge zu den Konjunktionen. Das zeigt sich z. B. sehr deutlich bei „noch"; in der Kombination mit „weder" ist es anders zu beurteilen als in freiem Vorkommen; man kann Sätze konstruieren, wo zwei verschiedene „noch" auftreten: „Man konnte ihn *weder* schon durchaus erfahren *noch noch* völlig unerfahren nennen". Es läßt sich die verbale Wortkette bilden „jemanden *noch als noch* unerfahren bezeichnen". Die neutrale Konjunktion „sondern" (in der Doppelsetzung „nicht ... sondern") ist meistens ersetzbar durch das Situativ „vielmehr", aber nicht umgekehrt.

Wir gehen hier noch nicht genauer auf diese Probleme ein, da eine zureichende Behandlung der Konjunktionen, auch der neutralen (nicht subordinierenden) erst im Rahmen der Behandlung des komplexen Satzes sinnvoll ist. Dann wird auch der Beitrag der Situative aller Art nochmals aufzugreifen sein. Wir schließen daher hier die Behandlung der Situative ab, mit ihnen die Behandlung der fallfremden Satzglieder und überhaupt der Satzglieder im einfachen Satz, und wir wenden uns zum Abschluß dieses ganzen Teils zu der Frage, wie die fallfremden Wörter auf der Ebene der *Wortart* zu klassieren sind.

16 A 10 Die Wortart „Partikeln" als Rest- und Sammelklasse

Wenn wir, nach den beschriebenen Operationen und Kriterien, aus irgendeinem Text alle Verben, Nomen, Adjektive und Pronomen bestimmt haben, bleibt uns ein Rest von größtenteils kleinen, aber recht häufig vorkommenden Wörtern. Dieser Rest besteht z. B. für den Probetext aus Lorenz (siehe oben S. 151—52) aus folgenden Wörtern (geordnet nach der Häufigkeit des Vorkommens im Text):

zu	(11 mal)
nicht und	(je 6 mal)
daß mit	(je 5 mal)
auf in so	(je 4 mal)
von wie für	(je 3 mal)
an wenn gar immer noch *nie nur schon zwischen*	(je 2 mal)
als auch blindlings daher davor *durchaus einst erstens ja mehr* *nach obwohl seit selbst sogar* *sondern über vielleicht während* *worauf zweitens*	(je 1 mal)

Es sind insgesamt 41 Wörter, und sie kommen im Text von 404 Wörtern insgesamt 94 mal vor, also (aufgerundet) 23%.

Zum Vergleich die übrigen Zahlen aus dem gleichen Text:

Wortart	verschiedene Wörter	Gesamtzahl	Prozentanteil	Vorkommenshäufigkeit für jedes Wort
Verben	49	73 mal	18%	1,5 mal
Nomen	72	85 mal	21%	1,18 mal
Adjektive	37	51 mal	13%	1,38 mal
Pronomen	16	102 mal	25%	6,3 mal
Rest	41	94 mal	23%	2,3 mal

(Summe mehr als 404, wegen Auflösung von Zusammenschreibungen wie „im".)

Die Wörter, die wir nun zu diskutieren haben, werden von der traditionellen Grammatik auf drei, ja vier Wortarten verteilt: Adverbien (nach Abzug der früheren Adjektivadverbien, die zu den Adjektiven gerechnet werden) — Präpositionen — Konjunktionen — Interjektionen.

Nun haben wir bereits festgestellt, daß die Begriffe „Präposition" und „Konjunktion" sich gar nicht auf *Wörter als solche* beziehen, sondern (auch schon in der traditionellen Grammatik, nur dort nirgendwo klar ausgesprochen) auf *Strukturstellen,* sei es im Satzglied (Präpositionen) oder im Satz (Konjunktionen). Ebenso haben wir festgestellt, daß längst nicht alle diese Wörter auf *eine einzige* solche Strukturstelle beschränkt sind. Das Wort „zu", das in unserem Text 11 mal vorkommt, dient 5 mal als Präposition („*zu* einer Sozietät, *zu* knurriger Abwehr, *zu* sozialem Verhalten" usw.), 5 mal dient es als Infinitivkonjunktion („abzureagieren, seine Feinde *zu* lieben" usw.), und 1 mal dient es als Graduativ („*zu* viele"). Wir können hinzufügen, daß es auch als Verbzusatz dienen kann („er dachte *zu*zugreifen") und daß es in „das Fenster ist *zu*" in Analogie zu „geschlossen, offen" als Gradual eingeordnet werden kann („das Fenster ist *so zu,* daß nicht der geringste Luftzug durchkommt"). Das Wort „seit" kann als Präposition und als Konjunktion dienen: *seit* jenem Abend — *seit* der es wußte. Das gleiche gilt für „während": *während* dieser Zeit — *während* er schlief.

Wir verkennen nicht, daß es in unserer Sammlung auch viele Wörter gibt, die *nur* „Adverbien" sind, d. h. die nur als Situative dienen, nicht auch als Präpositionen und/oder Konjunktionen. Aber wir konstatieren soviele Übergänge, und wir *haben die nötigen Differenzierungen durch die Satzgliedbegriffe und ihre Innenstrukturen so klar herausgearbeitet,* daß es sinnlos erscheint, diese Differenzierungen im Bereich der *Wörter als solcher,* im Bereich des in Wortarten zu unterteilenden Wortvorrats *noch einmal* zu machen. Wir bilden daher hier für *alle* diese Wörter eine *Rest- und Sammelklasse.* Ihre Definition ist rein negativ: zu dieser Klasse gehören alle Wörter, die *nicht* (nach Ausweis der dafür jeweils beschriebenen Operationen und Kriterien) zu den schärfer bestimmten Klassen der Verben, Nomen, Adjektive und Pronomen gehören. Wir nennen die Wörter dieser Rest- und Sammelklasse mit einem alten Grammatiker-Terminus *„Partikeln"* (Singular: eine Partikel).

Was man noch am ehesten als eigene Klasse unterscheiden könnte, sind die *Interjektionen.* Aber hier handelt es sich nur um ganz wenige

Wörter („ja, nein, ob, ah, ach" u. a. m.). Sie haben die Eigentümlichkeit, daß sie nicht als Glieder in den Satz einbezogen sind (vgl. dazu die Anredenominative, oben S. 61). Wenn man aber genauer zusieht, erkennt man, daß mit „Interjektion" eigentlich gar keine Wortart, sondern eine *Ausdrucksmöglichkeit als solche* angezielt ist. So ersetzt man „ach" ganz spontan durch „dumm, zum Teufel" oder „ah! oh!" durch „schön, herrlich, wunderbar". Es erweist sich daher auch hier als die beste Lösung, keine besondere Wortart anzusetzen, sondern die Wörter „ach, oh, ah, ja, nein" als eine besondere Untergruppe zur Rest- und Sammelklasse „Partikeln" hinzuzunehmen.

16 A 11 Zur Häufigkeit von Partikeln

Im Kaedingschen Zählkorpus von fast 11 Millionen laufenden Wörtern finden sich folgende Partikeln, die 100 mal oder mehr vorkommen (nach Meier, Deutsche Sprachstatistik, vgl. dazu S. 168):

und	320 072	durch	40 555	jetzt	11 859
in		wenn	40 422	immer	11 664
im	242 750	nur	39 507	(wohl/Wohl	11 356)
ins		noch	39 179	sondern	10 482
zu		oder	30 329	weil	10 473
zum	218 697	um	30 206	also	9 197
zur		über	25 587	ob	8 211
von	126 837	da	23 497	erst	7 242
vom		doch	21 994	einmal	7 115
nicht	114 518	vor	21 887	allein	6 878
mit	91 552	selbst	18 677	während	6 845
daß	87 969	selber		damit	6 399
auf	82 220	denn	18 488	gar	6 375
an		nun	17 891	zwischen	6 130
am	74 767	unter	17 792	darauf	5 996
ans		sehr	17 293	bald	5 768
so	74 767	schon	16 727	(eben	5 683)
auch	60 750	hier	16 667	zwar	5 353
als	58 331	bis	16 399	dort	5 314
nach	54 760	dann	15 545	heute	5 259
wie	51 425	wieder	14 693	vielleicht	5 081
für	50 752	gegen	14 430	dazu	4 995
aber	44 201	wo	13 145	oft	4 956
bei	43 311	ohne	12 895	nie	4 834
beim		ja	12 527	(gleich	4 822)

ab	4 559	zusammen	2 595	heraus	1 318
daher	4 539	freilich	2 539	obgleich	1 279
dadurch	4 504	damals	2 535	sogleich	1 274
fast	4 417	(lieber	2 471)	innerhalb	1 262
besonders	4 364	hinter	2 319	gestern	1 224
(gerade	4 243)	zuerst	2 451	jedenfalls	1 202
dabei	4 214	durchaus	2 420	desto	1 184
bereits	4 016	statt	2 379	hinein	1 145
seit	4 011	anders	2 372	nunmehr	1 142
zurück	3 959	(bloß	2 356)	lediglich	1 134
neben	3 942	bisher	2 344	insbesondere	1 102
davon	3 909	warum	2 327	links	1 094
(wegen, Wegen	3 796)	(ehe, Ehe, eh	2 320)	einst	1 081
		(ferner	2 310)	höchst	1 080
etwa	3 744	oben	2 278	meist	1 071
irgend	3 706	her	2 235	unten	1 048
sonst	3 684	außer	2 231	keineswegs	1 046
nachdem	3 599	(bitte, Bitte	2 011)	wobei	1 016
hin	3 575	vielmehr	1 949	längst	953
je	3 572	(trotz, Trotz	1 927)	eher	942
jedoch	3 567	weder	1 898	wodurch	917
darin	3 438	überall	1 857	indes	892
überhaupt	3 385	rechts	1 837	nachher	844
ebenso	3 355	sobald	1 828	voraus	842
gegenüber	3 271	niemals	1 793	hinzu	836
(weg, Weg	3 257)	daraus	1 768	wider	831
darüber	3 193	sowohl	1 741	obwohl	821
nein/Nein	3 173	mal	1 714	mindestens	817
dagegen	3 164	indessen	1 645	nebst	811
kaum	3 148	hervor	1 636	worauf	796
deshalb	3 116	ach	1 628	sodann	781
wenigstens	2 994	hinaus	1 589	falls	774
indem	2 888	teils	1 515	wiederum	772
fort	2 838	dennoch	1 476	wohin	768
zugleich	2 801	vorher	1 460	hierbei	763
daran	2 723	eigentlich	1 463	mitten	749
sowie	2 716	möglichst	1 417	hindurch	745
dahin	2 705	ebenfalls	1 411	ander(er)seits	742
zunächst	2 698	übrigens	1 402	inzwischen	740
dafür	2 691	entweder	1 362	somit	733
nämlich	2 644	zuletzt	1 358	seitdem	715
allerdings	2 642	(dank, Dank	1 349)	gleichsam	709
gern	2 610	außerdem	1 348	manchmal	706
stets	2 606	leider	1 332	infolge	700

worin	697
per	692
zuweilen	686
gleichfalls	684
vorwärts	684
anfangs	677
trotzdem	671
hierauf	666
außen	647
wozu	647
hierzu	641
weshalb	636
hinauf	634
(halt, Halt	629)
heut	625
geradezu	617
wann	614
außerhalb	613
herum	605
beinahe	603
zuvor	597
immerhin	584
danach	580
insofern	580
herab	571
deswegen	565
beziehungsweise	564
öfter, öfters	556
hierher	536
womit	552
zumal	552
gerne	550
bevor	543
vorüber	543
höchstens	533
pro	533
daselbst	524
diesmal	523
demnach	522
gewissermaßen	522
vorn	518
nochmals	512
hiermit	508
vergebens	503
nirgends	501
hierdurch	482
(lauter	481)
dar	480
sofern	480
(mittels, Mittels	474)
einigermaßen	472
herein	472
hinsichtlich	472
heran	469
hinweg	464
allzu	461
hingegen	457
jemals	457
umher	449
dorthin	442
(ei, Ei	442)
wovon	427
anstatt	422
abermals	419
daneben	418
soeben	413
hinab	408
meistens	407
demnächst	396
empor	391
hierüber	385
mittelst	384
sicherlich	376
neuerdings	374
jenseits	372
nimmer	368
nebenbei	356
überaus	356
schwerlich	355
hierin	354
draußen	353
umsonst	352
darnach	349
au	348
woher	340
behufs	339
hinten	336
herbei	335
überdies	332
(samt, Samt	330)
gleichwohl	327
demgemäß	322
innen	322
hiernach	318
garnicht	314
derart	312
vorhin	312
alsbald	307
wehe	304
zweimal	299
binnen	298
einerseits	294
zirka	293
sodaß	291
nachts	287
vornherein	268
ohnehin	267
äußerst	266
mithin	266
zufolge	262
angesichts	256
bisweilen	255
hie	252
mitunter	252
zudem	252
hieraus	251
ihrerseits	250
vollends	249
hierfür	248
unterdessen	247
dazwischen	246
ha	246
zweitens	241
woran	241
davor	239
gefälligst	236
größtenteils	236
rings	236
an	235

na	230
voran	229
unterwegs	226
worüber	224
fortan	223
jeher	222
inne	221
ausnahms-weise	217
irgendwie	217
wofür	217
folglich	216
sonach	216
längs	214
heutzutage	212
anheim	211
nimmermehr	209
nahezu	207
hinunter	204
seinerseits	204
allemal	204
entlang	202
obschon	196
ungeachtet	196
woraus	193
allenfalls	193
allenthalben	191
immerfort	190
insoweit	190
herauf	189
einstweilen	185
zumeist	184
(schade, Schade	183)
herüber	180
drauf	179
mehrmals	178
daheim	177
erstens	175
inmitten	175
ergebenst	172
dergestalt	170
dahinter	169
dran	168
meinerseits	168
wiewohl	168
jüngst	166
oberhalb	166
kund	165
unterhalb	164
gleichviel	159
abwärts	154
allezeit	136
seither	134
(zeitweise	136)
bestens	134
nächstens	122
erstemal	118
dereinst	112
geradeaus	111
weithin	111
infolgedessen	110
hieran	109
drin	106
oh	105
Hurra	104
darein	101
nächst	101

Zahlen in Klammern: in der Zahl sind auch Adjektive oder Nomen enthalten.

Wir haben also 394 Wortformen, die aber im laufenden Text fast 26% aller Wörter ausmachen (reine Partikeln 2 800 000, dazu geschätzter Anteil an den eingeklammerten Zahlen, so daß sich etwa 2 810 000 Wörter ergeben oder 25,85%). Anteil im Text von Lorenz: 23%.

16 A 12 Zusammenfassung für die Wortarten

Wir haben also insgesamt fünf Wortarten angesetzt:

Verben

Nomen (Substantive)

Adjektive

Pronomen (Sammelklasse)

Partikeln (Rest- und Sammelklasse)

Diese Einteilung korrespondiert sehr klar mit den großen Möglichkeiten der *Flexion*, die das Deutsche als indoeuropäische Sprache kennzeichnen (immer noch, obwohl sie im Lauf der Geschichte schon etwas reduziert wurden) und auf die wir uns beim operationalen Aufbau der Morphosyntax, die hier vorliegt, weitgehend gestützt haben.

Die *Verben* sind dadurch gekennzeichnet, daß man sie konjugieren kann (Finita, Infinitformen, Person und Zahl, Tempus und Modus, vgl. den Teil I dieser Grammatik). Dadurch ist in beliebigen deutschen Texten das Verb mit praktisch 100%iger Sicherheit identifizierbar (Ausnahmen etwa: „sozusagen", „bitte").

Die *Nomen* sind diejenigen als fallbestimmte Glieder auftretenden Wörter, die bei den mit ihnen kombinierten oder sie aufnehmenden Adjektiven und Pronomen die Wahl eines bestimmten Genus (Maskulin — Feminin — Neutrum) bedingen. Sie zeigen neben Unterschieden in Kasus (sehr wenig deutlich) und Genus (meist nur an der Auswirkung auf andere Wörter ablesbar) die Unterscheidung von Singular und Plural.

Die *Adjektive* sind in ihrer Hauptmasse dadurch charakterisiert, daß sie sowohl fallbestimmt wie fallfremd auftreten können. Nur bei den Adjektiven gibt es die Bildung regulärer Vergleichsformen (Komparativ, Superlativ); Ausnahmen: Komparative „eher" und „öfters" bei Partikeln.

Die *Pronomen* sind die Sammelklasse aller fallbestimmten Wörter, die nicht als Nomen oder Adjektive zu klassieren sind. Sie zeigen die Fallkennzeichnung z. T. besonders deutlich, z. T. aber auch gar nicht — dann sind sie dadurch als fallbestimmt ausgewiesen, daß sie ohne weiteres als Subjekt oder Objekt dienen können. Es handelt sich hier um wenige, dazu in irregulärer Weise in Subklassen verteilte, aber außerordentlich häufig auftretende Wörter (insgesamt ca. ein Viertel aller laufenden Wörter in beliebigen Texten).

Die *Partikeln* schließlich sind die Sammel- und Restklasse, bei der die Kategorien Kasus, Numerus und Genus nicht anwendbar sind und die nicht ohne weiteres (nicht ohne Einbau in pronominale Gefüge) als Subjekt oder Objekt dienen können. Auch hier lassen sich verschiedene Unterklassen ansetzen, die aber alle auf ziemlich breiten Übergangsstreifen ineinander übergehen.

Insgesamt läßt sich feststellen, daß vom Verb hinunter über die Nomen, Adjektive, Pronomen und Partikeln die Trennschärfe unserer Operationen immer mehr abnimmt und sich Übergangsstreifen ergeben, in deren Bereich wir nur durch Konvention abgrenzen können.

Wir fassen dieses Abnehmen der Trennschärfe auch ganz bewußt in den Blick. Wir sind uns klar, daß sich hier offensichtlich von der Sache her, aus den Phänomenen selbst nicht immer die Abgrenzungsschärfe ergibt, die wir als Wissenschafter gerne hätten, die wir in höheren Bereichen tatsächlich finden (bei den Verben) und die in andern Sprachen (z. B. im Französischen) auch im Bereich der Wörter vorliegt, die wir im Deutschen zur Sammelklasse „Partikeln" zusammennehmen müssen. Es gehört für uns gerade zur Wissenschaftlichkeit des Vorgehens, daß man nirgendwo eine höhere Abgrenzungsgenauigkeit postuliert, als sie in den Beobachtungsdaten eben verifizierbar ist und demgemäß in der Sache offenbar vorliegt. Wahre Genauigkeit liegt darin, daß man sich der *Relativität* aller Genauigkeit und der jeweils konstitutiven *Unschärfe* aller Abgrenzungen klar bewußt ist.

16 A 13 Semantische Tragweite der Wortartbegriffe

Für die so herausgearbeiteten Wortarten liegt nun eine semantische Gesamtinterpretation sehr nahe.

Verben: sie fassen ihren Inhalt als *Geschehen*, als *Prozeß*, oft als Handlung belebt gedachter „Wesen"; sie charakterisieren irgend etwas als in der *Zeit* ablaufend, in die Zeit hineingestellt.

Nomen: sie präsentieren irgend etwas als eine *Einheit*, als etwas für sich Abgegrenztes oder Abgrenzbares, eben als ein „Etwas"; an ihnen kann man daher *Einzahl* und *Mehrzahl* unterscheiden (*eine* Einheit — ein Gesamt *mehrerer* Einheiten); sie sind die *Namen* alles dessen, was es auf der Welt gibt.

Adjektive: sie präsentieren etwas als ein „wie", als ein Moment, das zu einem „Etwas" gehört, das diesem „Etwas" zugeschrieben werden kann, auf gewisse Zeit oder dauernd; sie zeigen daher auch *Grad*unterschiede, man kann zu ihnen und mit ihnen *Vergleichsformen* bilden.

Pronomen: sie geben Hinweise auf ein „Etwas"; sie nennen es nicht, sondern sie *zeigen* es nur („deiktische" Funktion); vor allem weisen sie auf *Person*, auf *Zugehörigkeit* zu Personen, auf *Bekanntheit/Unverwechselbarkeit* oder beliebige *Wählbarkeit;* oft geben sie auch Menge oder Zahl an.

Partikeln: sie kennzeichnen „das, was noch bleibt", d. h. die „Situation", das „wann", das „wo", die Erwartung, die Sicherheit oder Unsicherheit usw.; sie sind als Rest- und Sammelklasse am wenigsten klar geprägt, dadurch aber auch am offensten, und sie enthalten neben stellungnehmenden und nuancierenden Wörtern auch zentrale Ausdrücke für Logisches, wie „und, oder, nicht, wenn" usw.

Diese Semantik der Wortarten darf man keineswegs als „bloße Interpretation" abtun; sie ist ein Ausfluß elementarer linguistischer und anthropologisch-psychologischer Tatsachen, und manches aus ihr leuchtet daher schon Kindern vom 8. und 9. Lebensjahr an ein; die Wortarten sind denn auch der gegebene Ansatzpunkt für allen grammatischen Unterricht — angefangen beim Nomen (Namenwort), dann zum Verb („Tuwort") und Adjektiv („Wiewort") gehend.

Zugleich muß aber ganz klar sein, daß es sich hier um *mögliche* und *nicht* um *zwingende* semantische Interpretation (= „semantische *Zurechtlegung*") von primär morphosyntaktischen und *nicht semantisch intendierten* Fakten handelt und daß solche Zurechtlegung bei jedem Sprachteilhaber in verschiedenem Maß und z. T. in verschiedener Richtung erfolgen kann, ohne daß die Kommunikation gestört wird. Diese Phänomene gehören daher grundsätzlich in den Bereich der „idiosemantischen" oder „subsemantischen" Phänomene, der hier erst einmal angedeutet, noch nicht behandelt werden kann. Es kann hier erst darauf aufmerksam gemacht werden, daß diese Phänomene sehr wichtig sind, nicht nur für die ästhetische Wirkung der Sprache, sondern auch für die Spracherlernung — und nicht zuletzt für die Werbewirksamkeit bestimmter sprachlicher Gebilde.

Es gibt also durchaus eine mögliche „Eigensemantik" der Wortarten im oben angedeuteten Sinn. Diese Eigensemantik wird aber meistens überspielt von höheren semantischen Faktoren; sie zeigt sich nur selten in einigermaßen reiner Gestalt (daher ihre erste konsequente Demonstration an recht singulären Texten, nämlich an Hölderlin-Gedichten, im Buch „Der deutsche Satz", 1957); sie kann also per definitionem nur eine Hilfe für zusammenfassenden und ordnenden Überblick sein; sie ist nicht der Ausgangspunkt der linguistischen Arbeit, und auch nicht ihr eigentliches Ziel, sondern nur ein freilich nicht unwillkommenes, jedenfalls nicht zu verachtendes Nebenprodukt.

Es ist daher auch ausdrücklich davor zu warnen, daß man bei der Analyse, ja beim ersten Verstehen eines schwierigen Textes, z. B. eines Gedichtes, von den Wortarten ausgeht, deren Vorkommen und Häufigkeit analysiert und daraus Schlüsse zieht auf den Charakter des Textes und auf die ggf. damit intendierte Information oder den „Kunstwert" (die „Poetizität"), wie es bei der in den fünfziger und sechziger Jahren geübten „Interpretation" nicht selten geschah. Solche Analysen sind nicht etwa nutzlos, aber sie können insgesamt nur als zusätzliche Mittel betrachtet werden, die im Gesamt der Analyseverfahren nur einen relativ kleinen Platz beanspruchen können und deren Ergebnisse nur zusammen mit anderen, wichtigeren Kriterien als aussagekräftig beurteilt werden dürfen.

16 A 14 Methodischer Rückblick und Ausblick; Wissenschafts-Ökonomisches

Wir sind damit am Ende der morphosyntaktischen Analyse des einfachen Satzes. Dabei haben sich deutliche, ja z. T. recht starre Strukturen gezeigt, vor allem im Bereich der fallbestimmten Satzglieder. Es hat sich aber auch immer wieder gezeigt, *wie kompliziert* die Sprachstruktur sein kann, wie verschlungen die Beziehungen zwischen Morpho- und Nomostruktur sein können. Es hat sich gezeigt, wie wenig man bei allen oft deutlich greifbaren Ansätzen an *ein* durchlaufendes System denken darf — und *wie wenig* sich oft der semantische Wert eines komplexen Ausdrucks aus seinen Bestandteilen und der vorhandenen morphosyntaktischen Struktur *vorhersagen* läßt. Daraus müssen wir als Wissenschafter zwei Konsequenzen ziehen:

1. Wir dürfen bei der wissenschaftlichen Analyse und bei der Beurteilung von *Verstehen* nie in ein zu kurzschlüssiges Verfahren geraten. Wir dürfen nie glauben, wir könnten die mit irgendeiner sprachlichen Zeichenkombination intendierte Information *mit Sicherheit* aus ihren kleinsten Bestandteilen und den zugrundliegenden Elementarstrukturen *deduzieren;* wir müssen stets ebensosehr von der *umgreifenden* Struktur, vom Kontext (vom sprachlichen Kontext wie vom Situationskontext) aus-

gehen und von hier aus den Beitrag jeder einzelnen Zeichenkombination bestimmen. Methoden dafür werden in einem besonderen Band dieser Reihe vorgeführt.

2. Wir sollten uns keine Illusionen machen über die Möglichkeit einer „synthetischen Herstellung" von Sprache und über den Beitrag, den eine solche Synthese (eine „Simulation" des sprachlichen Produktionsprozesses auf Grund der erkannten Regularitäten und ihrer systematischen Verknüpfung in einem System von Computer-Befehlen) für das praktische Verstehen und für die wissenschaftliche Beurteilung von Texten und von Sprachgebilden überhaupt leisten kann.

Diese zweite Konsequenz bedeutet nicht, daß man nicht immer wieder die Möglichkeiten einer solchen Simulation erproben sollte. Aber man muß sich darüber klar sein, welchen Aufwand es erfordert, wenn man es einigermaßen zureichend leisten will. Es dürften Regelsysteme nötig werden, die die heute in der generativen Transformationsgrammatik üblichen um ein Vielfaches an Kompliziertheit übertreffen, und diese Regelsysteme (Systeme von Einheiten, Strukturen und Kombinations- und Selektionsbefehlen) werden wohl überhaupt nicht mehr von „bloßem Auge" überblickbar sein, sondern sich nur mit Hilfe datenverarbeitender Maschinen handhaben (und überprüfen!) lassen. Eine Frage der Wissenschaftsökonomie ist es dann, wann man mit der analytischen Durcharbeitung der Grammatik einer Sprache (von Texten aus, und mit Einbezug von Informanten-Reaktionen) und mit dem Entwurf eines entsprechenden Gesamtmodells von Sprache soweit zu sein glaubt, daß man sinnvoll zur Synthese und Simulation weiterschreiten kann. Der Verfasser dieses Bandes hält es noch auf einige Zeit hinaus für nötig, die Analyse als solche weiterzutreiben. Er glaubt, daß man nicht nur das hier Erarbeitete voll einbeziehen, sondern dazu noch eine zureichende Rechenschaft vom komplexen Satz und dann eine Nomosyntax des deutschen Satzes überhaupt erarbeiten muß, damit man die komplizierten Beziehungen zwischen den verschiedenen Struktur-Ebenen in der Sprache durchschaut und damit auf Grund dieser Einsicht eine Synthese und Simulation in der Art der generativen Transformations-Grammatik (im Sinne einer „Gegenprobe" zur operational-analytischen Grammatik) überhaupt wissenschaftlich sinnvoll und praktisch leistbar wird.

AUFGABEN zu 16

16 B 1 Gesamtanalyse einer Textprobe

Bestimmen Sie im folgenden Text alle Satzglieder und diskutieren Sie, insbesondere für die fallfremden Satzglieder, die Sicherheit der Identifikation und ggf. den besonderen semantischen Wert.

1 Die dabei[2] gewesen sind[4], die letzten[6], die ihn[8] noch gesprochen[10]
haben, Bekannte[12] durch Zufall[14], sagen, daß[16] er am[18] Abend nicht[20]
2 anders war[22] als sonst[24], munter, nicht[26] übermütig. Man speiste[2]
reizvoll, aber[4] nicht üppig[6]; geredet wurde[8] viel, Palaver[10] mit
Niveau[12], wobei er[14] wenigstens zu[16] Anfang, scheint[18] es, nicht[20]
3 stiller war[22] als die[24] anderen. Jemand will[2] sich gewundert[4] haben
über[6] seinen müden[8] Blick, wenn[10] er zuhörte[12]; dann wieder[14] be-
teiligte er[16] sich, um[18] vorhanden zu[20] sein, witzig[22], also nicht[24]
4 anders als[26] man ihn[28] kannte. Später ging[2] die ganze[4] Gruppe noch[6]
in eine[6] Bar, wo[10] man vorerst[12] in Mänteln[14] stand, später[16] sich
zu[18] andern setzte[20], die ihn[22] nicht kannten[24]; vielleicht wurde[26] er
5, 6 deswegen[28] still. Er bestellte[2] nur noch[4] Kaffee. Als er[2] später aus[4]
der Toilette[6] zurückkam, sagen[8] sie, war[10] er bleich[12], aber eigentlich[14]
bemerkte man[16] es erst[18], als er[20], ohne sich[22] nochmals zu[24] setzen,
um[26] Entschuldigung bat[82], er möchte[30] nachhaus, fühle[32] sich plötz-
7 lich[34] nicht besonders[36]. Er machte[2] es kurz[4], ohne Handschlag[6],
8 leichthin, um[8] ihr Gespräch[10] nicht zu[12] unterbrechen. Jemand sagte[2]
9 noch: so[4] warte doch[6], wir werden[8] hier auch[10] nicht alt[12]! Er war[2]
aber, sagen[4] sie, nicht[6] zu halten[8], und als[10] die Garderobiere[12] end-
lich seinen[14] Mantel brachte[16], zog er[18] diesen nicht[20] an, sondern[22]
10 nahm ihn[24] nur auf[26] den Arm[28], als habe[30] er Eile[32]. Alle sagen[2],
er habe[4] nicht viel[6] getrunken, und[8] sie waren[10] nicht sicher[12], ob er[14]
sich wirklich[16] unwohl fühlte[18], ob das[20] nicht ein[22] Vorwand war[24];
11 er lächelte[26]. Vielleicht hatte[2] er noch[4] eine andere[6] Verabredung.
12 Die Damen[2] foppten ihn[4] schmeichelhaft; er[6] schien auf[8] die Ver-
dächtigung[10] einzugehen, aber[12] ohne noch[14] ein Wort[16] zu sagen[18].
13, 14 Man mußte[2] ihn gehen[4] lassen. Es war[2] noch nicht[4] einmal Mitter-
15 nacht[6]. Als man[2] dann seine[4] vergessene Pfeife[6] auf dem[8] Tisch
bemerkte[10], war es[12] zu spät[14], ihm nachzulaufen[16] . . .

Aus: Max Frisch, Mein Name sei Gantenbein, Roman, 1964, S. 7—8

Eine Möglichkeit der Darstellung (vgl. S. 190 ff.):

1.1	Die Subjekt (zugleich Relativ)	dabei[2] Präpo-Ausdruck (oder Verbzusatz: „dabeisein")	gewesen sind[4] VJ + VF

1.2 die letzten[6]
Nachtrag zum Subjekt
(„es waren die letzten, die . . .)

1.3	die Subj. (Relativ)	ihn[8] Objekt	noch Situativ (zeitliche Einordnung)	gesprochen haben[10] VJ + VF

1.4 sagen[12]
VF, zu dem der Relativsatz 1.1 mit Nachtrag 1.2 und Relativsatz 1.3 *zusammen* das Subjekt bilden

1.5	daß sKjn	er[14] Subj.	nicht anders[16] Gradual mit Negation	war VF	als sonst[18] zugeordnetes Situativ („Abheben von anderen Möglichkeiten")

1.6 munter[20]
Gradual zum Subjekt
(Zustand des Subjekts zu dieser Zeit)

1.7 nicht übermütig[22]
Gradual zum Subjekt, parallel zu „munter" in 1.6, mit Negation (Korrektur einer möglichen zu weiten Auslegung des „munter" durch den Leser)

2.1	Man Subj.	speiste[2] VF	reizvoll Gradual zum Verb („reizvolles Speisen")

2.2	aber[4] Situativ (Erwartungs- steuerung, einschränkend)	nicht üppig[6]; Gradual zum Verb, mit Negation parallel zu „reizvoll" in 2.1 (Bezug dieser beiden Graduale auf das Subjekt wäre sinnstörend: „reizvolle, üppige Menschen, die speisen . . .")

2.3 geredet VJ — wurde[8] VF — viel
zwei Auffassungen möglich:
- geredet wurde *vieles* = Subjekt
- geredet wurde *intensiv* = Gradual zum Verb (dann kein Subjekt, wie in „jetzt wurde geredet")

2.4 Palaver[10] mit Niveau[12]
absoluter Nominativ („es war ein Palaver ..."), mit attributivem Präpo-Dativ
Auffassung als Subjekt zu „geredet wurde viel" (dann „viel" als Gradual) wäre nicht ausgeschlossen, erscheint aber als an den Haaren herbeigezogen

2.5 wobei
Präpo-Ausdruck, zugleich Relativ — er Subj. — wenigstens zu Anfang
Präpo-Dativ mit Graduativ (Verschiebung von „wenigstens" gibt einen anderen Sinn: „wenigstens war er zu Anfang nicht stiller ...")

2.6 scheint VF — es Subj. — (das Ganze ist ein eingeschobener redesituierender Satz)

2.7 nicht stiller
Gradual zum Subjekt („er" in 2.5) — war VF — als die andern
zugeordneter Nom. zum Subjekt („Zuordnung einer Vergleichsgröße")

16 B 2 Zum Bestand an Partikeln; Sprache und Idiolekt

Überprüfen Sie an den Listen der Partikeln (S. 232—35), welche Partikeln Ihnen bisher unvertraut waren (wenn es überhaupt solche gibt) und welche ihnen altertümlich und heute nicht mehr gebräuchlich vorkommen, ggf. von welchen Häufigkeiten sie überrascht sind. Entwerfen Sie für einige Partikeln, die im Text dieses Kapitels nicht diskutiert sind, die für Sie damit verbundenen semantischen Werte (z. B. für „alsbald", „daselbst", „obenhin", „leichthin", „denn" in „was hast du denn?").

16 B 3 Zur Häufigkeit der Interjektionen

Stellen Sie fest, was Sie an Hand der Listen auf den S. 232—35 aussagen können über die Häufigkeit derjenigen Wörter, die **nur** als Interjektionen dienen können („ah, oh, ach, ei" usw.).

16 B 4 Allgemeine Häufigkeit und Auftreten im Einzeltext

Vergleichen Sie das Auftreten der komplexen Partikeln aus „da-", „hier-, hie-" und „wo-" + Bestandteil, der auch als Präposition vorkommt (Aufzählung in der folgenden Tabelle) in einem beliebigen längeren Text (Abhandlung, Buch) mit der Häufigkeit, wie sie bei Kaeding-Meier gebucht ist. Lesen Sie zu diesem Zweck den Text mit dem Blick auf solche Partikeln durch und setzen Sie bei jedem Auftreten einer in der Tabelle aufgeführten Partikel ein Kreuz in ein Feld des betr. Streifens. Die Länge der Streifen ist proportional zur bei Kaeding-Meier gebuchten Gesamtzahl, jedes Feld entspricht einer Häufigkeit von 250. Unter den Streifen sind die Häufigkeiten für die einzelnen zu dem Streifen zusammengefaßten Wortformen angegeben; diese Unterscheidungen innerhalb des Streifens (ob also ein „damit, hiermit, hiemit, somit, womit" vorliegt) wird aber bei der Eintragung vernachlässigt, damit sich nicht ein zu unübersichtliches Bild ergibt.

Da die Wörter, deren Auftreten im von Ihnen untersuchten Text in der Tabelle zu markieren ist, im Zählkorpus von Kaeding (einer „Groß-Stichprobe von 10 910 777 laufenden Wörtern) einen Anteil von 67 244 ausmachen, müßten Sie im Durchschnitt (wenn die Verhältnisse in der von Ihnen untersuchten Stichprobe denjenigen in der „Groß-Stichprobe" von Kaeding entsprechen) nach je etwa 162 Wörtern einen Eintrag in irgend ein Feld der Tabelle zu machen haben (11 910 777 dividiert durch 67 244). Auf Druckseiten umgerechnet, zwecks größerer Anschaulichkeit: im Durchschnitt etwa 2 Einträge je Druckseite, wenn man eine Seite zu 40 Zeilen und jede Zeile zu durchschnittlich 8 Wörtern annimmt. Zum Vergleich: das ganze Kaedingsche Zählkorpus entspricht bei solcher Berechnung einer Zahl von 34 100 Seiten, oder rund 171 Bänden zu je 200 Seiten.

— mit
8207

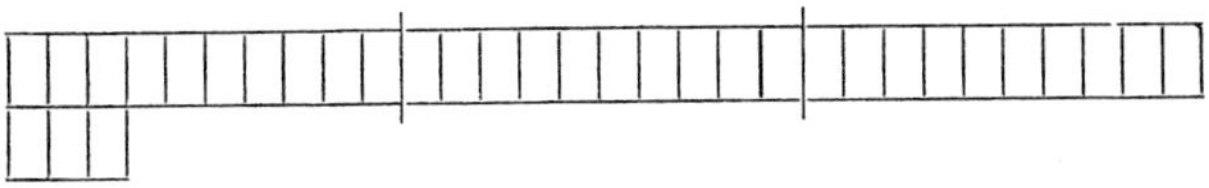

(damit 6399, hiermit 508, hiemit 15, somit 733, womit 552)

— auf
7637

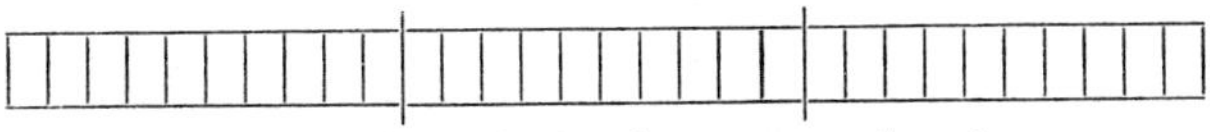

(darauf 5996, drauf 179, hierauf 666, worauf 796)

— zu
6319

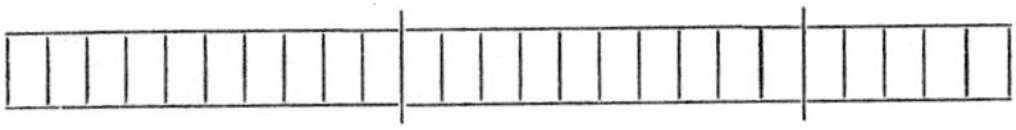

(dazu 4995, hierzu 641, hiezu 36, wozu 647)

— bei
6026

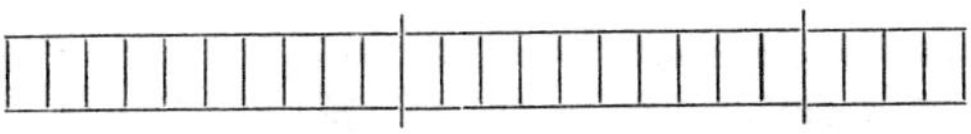

(dabei 4214, hierbei 763, hiebei 33 wobei 1016)

— durch
5115

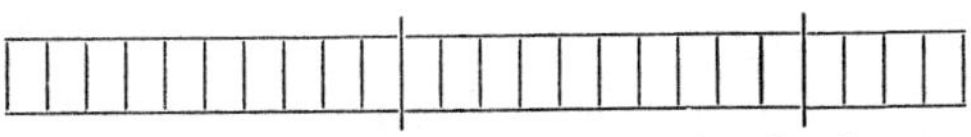

(dadurch 4504, hierdurch 482, hiedurch 12, wodurch 917)

— in
— ein
4790

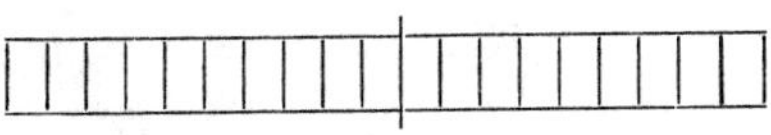

(darin 3438, drin 106, hierin 354, worin 697, darein 101, drein 76, worein 18)

— um
4699

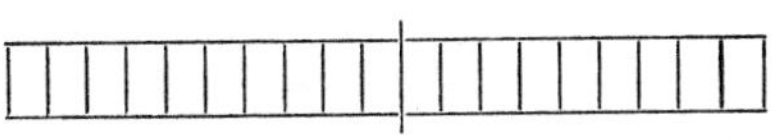

(darum 2366, warum 2327, worum 6)

— von
4599

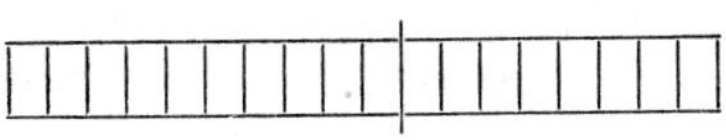

(davon 3909, hiervon 235, hievon 28, wovon 427)

— über
3897

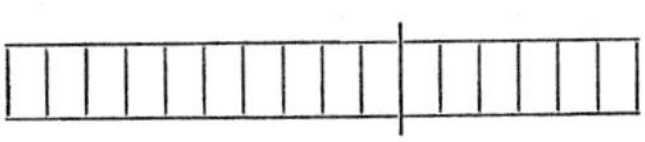

(darüber 3193, drüber 95, hierüber 385, worüber 224)

— gegen
3375

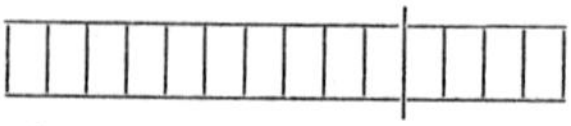

(dagegen 3164, hiergegen 63, wogegen 148)

— an
3241

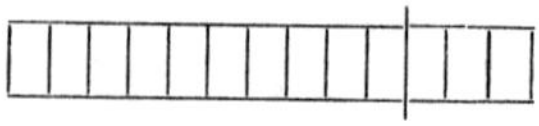

(daran 2723, dran 168, hieran 109, woran 241)

— für
3173

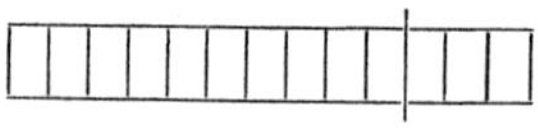

(dafür 2691, hierfür 248, hiefür 17, wofür 217)

— aus
2254

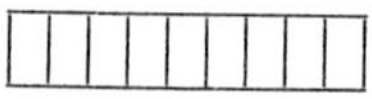

(daraus 1768, draus 42, hieraus 251, woraus 193)

— nach
1253

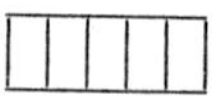

(danach 580, wonach 326, hiernach 318, hienach 29)

— unter
769

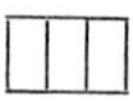

(darunter 648, worunter 65, drunter 37, hierunter 19)

— neben
418

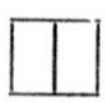

(daneben)

— vor
257

(davor 239, wovor 18)

— zwischen
246

(dazwischen)

— hinter
169

(dahinter)

16 B 5 Auftretenshäufigkeit und Semantisches bei den komplexen Partikeln mit „her" und „hin"

Untersuchen Sie nach dem in 16 B 4 beschriebenen Verfahren auch die Häufigkeit der komplexen Partikeln mit „her-, hin-, -her, -hin" in längeren Texten, mit Hilfe der folgenden Tabelle.

her –
6334

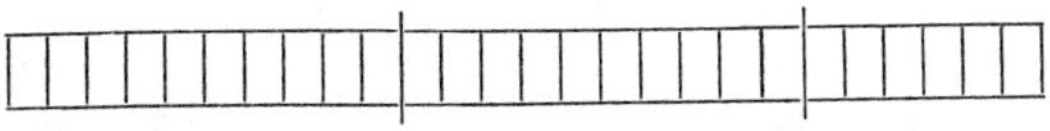

(herab 571, heran 469, herauf 189, heraus 1318, herbei 335, herein 472, hernach 186, hernieder 71, herüber 180, herum 605, herunter 266, hervor 1636 herzu 36)

hin –
6929

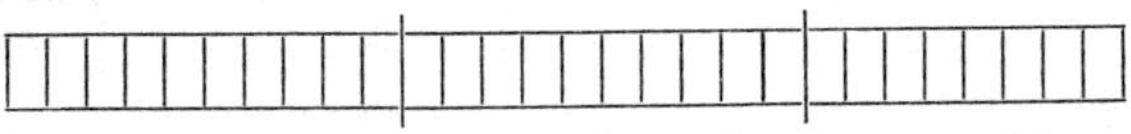

(hinab 408, hinan 93, hinauf 634, hinaus 1589, hinein 1145, hindurch 745, hinfort 68, hingegen 457, hinüber 286, hinunter 204, hinweg 464, hinzu 836)

– her
10415

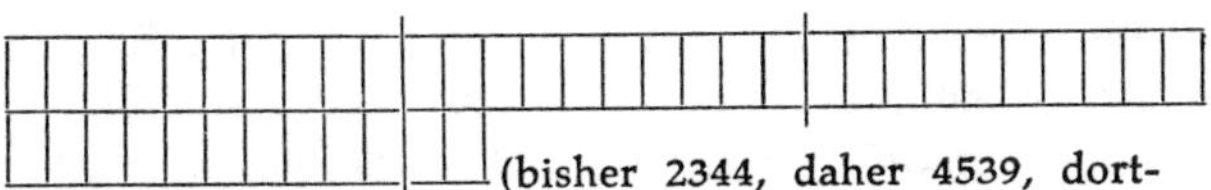

(bisher 2344, daher 4539, dorther 28, einher 36, hieher 99, hierher 563, nachher 844, nebenher 53, umher 449, vorher 1460)

– hin
5345

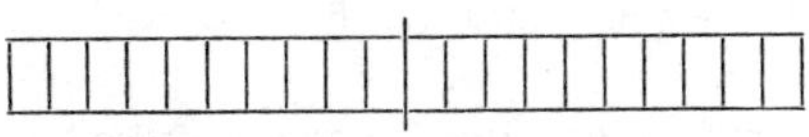

(dahin 2705, dorthin 442, hierhin 51, immerhin 584, leichthin 23, ohnehin 267, schlechthin 99, umhin 94, vorhin 312, wohin 768)

Beachten Sie bei der Einschätzung der Häufigkeit, daß die hier gegebenen Zahlen sich nur auf die als eigene Wörter auftretenden Partikeln beziehen (also nicht auf Zusammenschreibungen wie „hervorgehen, hervorgegangen" usw.).

Untersuchen Sie, wieweit bei diesen Partikeln Gruppen vorliegen, innerhalb deren sich formale Ähnlichkeit und semantische Ähnlichkeit entsprechen (z. B. „hinauf, hinab, hinein, hinaus"), und für welche der hier zusammengestellten Partikeln ein solcher Zusammenhang nicht besteht (z. B. „hernach" gegenüber „hervor", „umhin" gegenüber „umher").

16 B 6 Komplexe Partikeln überhaupt

Entwickeln Sie selbst eine Tabelle für die Untersuchung der Häufigkeit derjenigen komplexen Partikeln, die nicht in den Tabellen von 16 B 4 und 16 B 5 aufgeführt sind oder in die dort vorhandenen Reihen passen. Schreiben Sie zu diesem Zweck aus den Listen (S. 232—34) bis hinunter zu einer Häufigkeit von 500 alle Partikeln heraus, die nicht in die schon vorhandenen Tabellen gehören, und setzen Sie die Zahlen dazu (also: „einmal 7115, vielleicht 5081, zurück 3959, nachdem 3599" usw.). Zeichnen Sie entsprechende Streifen (proportional zur Häufigkeit, ein Feld für die Häufigkeit 250; die Streifen am besten nicht nach der Länge geordnet, sondern nach alphabetischer Reihenfolge der Wörter). Untersuchen Sie nun in der in 16 B 4 beschriebenen Weise einen beliebigen Probetext.

Prüfen Sie, bei welchen von diesen komplexen Partikeln der semantische Wert aus den Bestandteilen und aus der Kenntnis ähnlicher Partikeln gewonnen werden kann (z. B. „einmal" aus „ein Mal", „seitdem" aus „seit dem ..." „weshalb" aus „deshalb" oder umgekehrt) und welche komplexen Partikeln einen semantischen Wert (oder mehrere semantische Werte) haben, der n i c h t auf diese Weise erschlossen werden kann, sondern je besonders gelernt werden muß (z. B. „zumal", „dennoch", „vielleicht").

Prüfen Sie dabei auch, wieweit die Erschließbarkeit oder Nichterschließbarkeit des semantischen Wertes von verschiedenen Informanten verschieden beurteilt wird (d. h. die semantischen Verknüpfungen zwischen benachbarten Stücken des Wortschatzes von einem Idiolekt zum andern, von einer individuellen Kompetenz zur andern verschieden sind).

Prüfen Sie, wieweit verschiedene Informanten überhaupt ein und dieselbe Partikel als „komplex" (= „auflösbar") oder als „nicht auflösbar" betrachten (z. B. für „vielleicht", „allein", „jedoch", „überhaupt").